Grenzgänge

Religion und die Alpen

TVZ

Anna-Katharina Höpflinger
Daria Pezzoli-Olgiati
Boris Previšić
Marco Volken (Hg.)

Grenzgänge

Religion und die Alpen

TVZ
Theologischer Verlag Zürich

Publiziert mit freundlicher Unterstützung von Arge Alp, des DG Kunstraums Diskurs Gegenwart, des Kantons Graubünden, des Kantons Obwalden, des Kantons Uri, des Kantons Wallis, der Ludwig-Maximilians-Universität München, von pre-art, der Stiftung Lucerna und des Urner Instituts Kulturen der Alpen.

Der Theologische Verlag Zürich wird vom Bundesamt für Kultur mit einem Strukturbeitrag für die Jahre 2021–2024 unterstützt.

Bibliografische Informationen der Deutschen Nationalbibliothek
Die Deutsche Nationalbibliothek verzeichnet diese Publikation in der Deutschen Nationalbibliografie; detaillierte bibliografische Daten sind im Internet über http://dnb.dnb.de abrufbar.

Umschlaggestaltung, Layout und Satz
Mario Moths, Marl
Bild: Die Ausläufer des Böshorns, Simplongebiet
Foto: Marco Volken

Druck
AZ Druck und Datentechnik, Kempten

ISBN 978-3-290-18666-1 (Print)
ISBN 978-3-290-18667-8 (E-Book: PDF)

2. Auflage
© 2024 Theologischer Verlag Zürich
www.tvz-verlag.ch

Alle Rechte vorbehalten

INHALT

Dank	8

Eine Grenzbeschreitung
Anna-Katharina Höpflinger und
Daria Pezzoli-Olgiati   9

● Grenzen **darstellen**

Fotografien von
Marco Volken   76

● Grenzen **erzählen**

1. **Legenden der Valle Verzasca**
Erzählungen, die die alpine
Lebenswelt erhalten
Baldassare Scolari   18

2. **Die letzte Unverfügbarkeit erzählen**
Zu Charles-Ferdinand Ramuz'
Alpenromanen
Pierre Bühler   32

3. **Zwischen Gotthard und Schreckhorn**
oder wie *Die Alpen* Hallers
an ihre Grenzen kommen
Boris Previšić   46

4. **Mysterienraum Gotthard**
Eine Exkursion im Rausch
der konservativen Revolution
Andreas Bäumler   60

● Grenzen **gestalten**

5. **Mit Glockenläuten gegen Unwettergefahren**
Eine klangliche Spurensuche
in den Innerschweizer Alpen
Aline Stadler   96

6. **Das schein-heilige Kreuz**
Zur Geschichte unseres
prominentesten Gipfelzeichens
Martin Scharfe   103

7. **Es ist vollbracht!**
Passionsspiele in Oberammergau
Hannah Griese   114

8. **Im Rückblick auf das gute Leben**
Edle Alpenräume an der
Belle Epoque Woche in Kandersteg
Verena Marie Eberhardt   125

● Grenzen **überbrücken**

Umrisse
Vier Stücke für Lupophon,
Violoncello und Akkordeon (2023)
Matthias Arter   **137**

Ouroboros
Vier Stücke für Oboe, Violoncello
und Akkordeon (2023)
Darija Andovska   **147**

● Grenzen **verdichten**

9 **Mythos Placidus Spescha**
Ein «kurioser» Mönch auf Abwegen?
David Atwood   **160**

10 **Drei sakrale Bauten der Lavizzara**
Annäherungen
Rudolf Meyer   **172**

11 **Korrespondenzen**
Sondierungen zwischen
Himmel und Höhle
Jens Badura   **182**

12 **Die Religion des Tunnels**
Den Berg bezwingen im Zeitalter
von Mobilität und Technik
Daria Pezzoli-Olgiati   **194**

● Grenzen **verschieben**

13 **Christlich, katholisch,
protestantisch?**
Zur Geopolitik der Religion im
Alpenraum, 16.–19. Jahrhundert
Jon Mathieu   **212**

14 **Der wiederverzauberte Berg**
Von Musil bis zur zeitgenössischen
Suche nach dem Wesentlichen
Paolo Costa   **224**

15 **Die Sehnsucht nach dem ganz
Anderen**
Buddhistische Gemeinschaft im
italienischen Bergdorf Bordo
Jochen Mündlein   **233**

16 **Die wilde Bergfee im
Freizeitparadies**
Inszenierungen von Madrisa
im Wandel der Zeit
Anna-Katharina Höpflinger   **243**

Die Alpen als Raum der Grenzerfahrung
Ein imaginärer Reisebericht
Boris Previšić   **254**

Literatur   *260*

Bildnachweis   *296*

Dank

Dieses Buch wäre nicht möglich gewesen ohne die Hilfe verschiedener Personen und Organisationen. Folgenden Kantonen und Institutionen danken wir herzlich für ihre finanzielle, ideelle oder künstlerische Unterstützung: Arge Alp, Kanton Graubünden, Kanton Obwalden, Kanton Uri, Kanton Wallis, Ludwig-Maximilians-Universität München, Stiftung Lucerna, Urner Institut Kulturen der Alpen.

Ein grosser Dank geht an alle Autorinnen und Autoren für die angenehme Zusammenarbeit. Wir danken Darija Andovska und Matthias Arter, Vladimir Blagojević und Karolina Öhman für die Kompositionen und Aufführungen im Rahmen von pre-art. Unser Dank gilt auch Benita Meissner, die zwei Ausstellungen im DG Kunstraum in München zum Thema des Buchs kuratiert hat, sowie Lion Bischof für die Kurzfilme, die von den Originalkompositionen dieses Projekts ausgehen. Hannah Griese und Luise Merkert sei für ihr Lektorat, Lisa Briner, Corinne Auf der Maur und Mario Moths vom Theologischen Verlag Zürich für die Begleitung und die Produktion des Buchs herzlich gedankt. Der Schweizerischen Generalkonsulin in München, Elisabeth Bösch Malinen, sowie Willy Hartmann und der zentralen Kulturkommission des Schweizer Alpen-Clubs danken wir für die Ermutigung, dieses unkonventionelle Projekt zu realisieren.

Eine Grenzbeschreitung

Anna-Katharina Höpflinger und Daria Pezzoli-Olgiati

In diesem Buch besichtigen wir die Alpen als einen Ort von Grenzen, die zugleich teilen und verbinden. Die Berge sind einerseits geografische Barrieren, andererseits sind sie zugänglich und können bestiegen werden. Vom Gipfel aus fällt der Blick auf mit Bergen unterteilte Gebiete, die von oben gesehen Teil eines Ganzen sind. Grenzen sind also gleichzeitig fest und verschwimmend. Sie sind nicht per se vorgegeben, sondern werden durch menschliches Handeln geformt: Grenzen werden erzählt, sie nehmen anhand von Dingen und Praktiken Gestalt an. Beschritten werden können aber auch Grenzen der Imagination. Auch sie sind in diesem Spannungsfeld angesiedelt und werden durch die jeweilige Epoche und Region geprägt: Was gilt in einer Zeit oder an einem bestimmten Ort als undurchdringbare soziale oder religiöse Grenze? Welche Regeln sind fest, welche können fliessen? Grenzen wohnt also ein Widerspruch inne. Auf der einen Seite trennen sie Orte, Menschen, Dinge, Ideen. Auf der anderen Seite verbinden Grenzen das, was sie eigentlich trennen sollten: An materiellen oder imaginären Grenzorten finden Aushandlung, Austausch und gegenseitige Bereicherung, umgekehrt auch Konflikte statt. In diesem Sinne verdichten Grenzen Widersprüchliches, sie bringen verschiedene Dimensionen auf eigene Art und Weise zusammen. Grenzen sind mobil. Sie können verschwinden oder neu markiert werden. Übertretungen, Umdeutungen und Verschiebungen erfolgen stetig.

Alpine Grenzgänge

Die in diesem Buch versammelten Beiträge zeigen deutlich, dass Grenzen flexibel sind. Das Buch lädt zu Grenzbeschreitungen im Rahmen einer Besichtigung ausgewählter alpiner Orte ein: Einen Bogen vom Wallis bis nach Oberbayern spannend, führt der Weg zu verschiedenen Stationen in der Schweiz, Italien, Österreich und Deutschland. Im Fokus steht somit der westeuropäische Teil der Alpen. Wir erkunden in den Beiträgen die Gegenden, in denen wir als Forschende und Suchende unterwegs sind, die uns im Alltag begegnen oder zu denen wir eine biografische und persönliche Beziehung haben. Obwohl nur ein kleiner Teil der Alpen betrachtet wird, fällt auf, dass es sich um ein Gebiet mit einer bemerkenswerten kulturellen und religiösen Vielfalt handelt. Höhe und Unzugänglichkeit machen die Alpen zu einer natürlichen Barriere, eben zu einer Grenze, die kulturell angeeignet, herausgefordert und überwunden wird.

Die Autorinnen und Autoren haben Orte ausgesucht, an denen unterschiedliche Aspekte von Religion beobachtet und erfahren werden können. An jeder Station wird exemplarisch ein Aspekt von Religion betont, der besonders ist. Einige Beiträge beschäftigen sich mit Figuren und Gestalten – guten und bösen –, die Erzählungen beleben und das Leben alpiner Gemeinschaften prägen. Andere interessieren sich dafür, welche Rituale und Praktiken alpine religiöse Gemeinschaften auszeichnen. Das Bedürfnis nach einem Schutz vor der gewaltigen und manchmal gewaltsamen Natur hat deutliche Spuren in der alpinen Religionsgeschichte hinterlassen. Heute, mitten in der Klimakrise, scheint es eher umgekehrt zu sein: Transzendente Erfahrungen und religiöse Anlehnungen thematisieren die alpine Landschaft als etwas, das vor den Menschen zu schützen ist. Das Buch wandert also durch alpine Regionen, ebenso wie durch religionsgeschichtliche Epochen.

Wir präsentieren diese Wanderungen als «Grenzgänge», weil die Auseinandersetzung mit Religion in alpinen Gebieten Trennlinien überschreitet und infrage stellt: Wir überqueren eine Zeitgrenze, indem wir auf traditionelle Formen zurückschauen und auf Transformationen achten, die im Laufe der Zeit stattgefunden haben. Auch Kulturgrenzen spielen in diesem Band eine Rolle: Die verschiedenen Kapitel des Buchs überschreiten sprachliche, nationale und konfessionelle Grenzen. Einige betrachten

Religionsformen, die institutionalisiert sind, andere widmen sich Themen, die auf die Rolle von Religion als grundlegende Dimension der Kultur hinweisen.

Religion als Grenzerfahrung

Das Verhältnis von Religion und den Alpen ist erstaunlicherweise ein vernachlässigtes Thema in der Religionsgeschichte und der Religionswissenschaft. Dabei ist gerade der alpine Raum ein Ort intensivsten Kultur- und Religionsaustauschs, sowohl als Lebensraum als auch als Raum von Imaginationen und Projektionen. Das Projekt begegnet der Vielschichtigkeit und Komplexität des Themas mit einer Auswahl unterschiedlicher Dimensionen des Vorkommens, der Bedeutung und Funktion von Religion in alpinen Kulturen. Damit verzichten wir auf Überblickswissen zugunsten von aussagekräftigen Vertiefungen einzelner Phänomene. Aus religionswissenschaftlicher Perspektive könnte man die Alpen als einen Bereich deuten, in dem sich das Verhältnis von Kontrollierbarem und Unkontrollierbarem – um einen Bezug zum Schweizer Religionswissenschaftler Fritz Stolz hervorzuheben – an verschiedenen Orten in unterschiedlichen Epochen spezifisch artikuliert. Die Alpen bleiben bis heute ein für die Menschen nicht völlig kontrollierbarer Raum. Sie begegnen dieser Unkontrollierbarkeit je nach Zeit und Ort sehr unterschiedlich. Religionen können diesem Unkontrollierbaren eine Form geben, es erklären und einen rituellen oder gedanklichen Umgang damit bieten. Das Projekt vertieft solche religiösen Umgangsformen mit der Ambivalenz der Alpen in Welt- und Menschenbildern, aber auch in Handlungen und Praktiken. Dabei geht es von der religionswissenschaftlichen Annahme aus, dass Religion der Spannung zwischen Kontrollierbarem und Unkontrollierbarem eine Gestalt verleiht, ohne diese Spannung jedoch lösen zu können. Daraus speist sich eine existenziell relevante Orientierung. Die Fragen und Unsicherheiten, die im Leben vorkommen, können – eingerahmt in ein gesamtes Weltbild – eingeordnet werden.

Das vorliegende Buch zeigt die Vielfalt von religiösen Phänomenen, die das Verhältnis der Menschen zum Alpenraum charakterisieren, auf und betont die Transformationen, die diese Beziehung jeweils im Laufe der Zeit formen. Religion ist dabei stets als eine Frage zu verstehen, nicht als eine feste Definition oder ein konkreter Fakt. Verbreitete (Vor-)Urteile gegenüber diesem vielschichtigen Phänomen, das die Menschheit seit jeher begleitet, und die vermeintliche Bedeutungslosigkeit von Religion sollen zugunsten einer beschreibenden Betrachtung diverser Facetten religiöser Symbolsysteme und ihrer Transformationen überwunden werden.

Grenzüberschreitungen im Wechselspiel von Fotografie, Wissenschaft und den Künsten

Dieses Buch ist durch einen intensiven Dialog zwischen unterschiedlichen wissenschaftlichen Disziplinen, der Fotografie, der Kunst und der Musik entstanden. Der Bergfotograf Marco Volken, der Komponist und Oboist Matthias Arter, der Flötist und Kulturwissenschaftler Boris Previšić, wir als Religionswissenschaftlerinnen und die Kuratorin Benita Meissner haben einen innovativen Forschungsverbund gebildet, um diesem herausfordernden Thema auf die Spur zu kommen. Denn Religion ist ein komplexes und kontroverses Phänomen, das sich kaum auf eine einfache Art und Weise erklären lässt. Um die Vielfalt der Formen zu erkunden, mit denen Menschen und Gemeinschaften in den Alpen die Grenze von Kontrollierbarem und Unkontrollierbarem erzählen, darstellen, gestalten, überbrücken, verdichten und stets verschieben, haben wir ein auf verschiedenen Ebenen Grenzen beschreibendes Projekt realisiert, das nun in diesem Band dokumentiert wird.

Das Buch ist in sechs Teile gegliedert. Der erste, *Grenzen erzählen,* widmet sich den vielschichtigen Narrationen, die die Welt der Alpen prägen und ausmachen. Unheimliches wird dabei mit der Idealisierung und Mystifizierung der Berge verbunden. Im zweiten Teil, *Grenzen darstellen,* werden religiöse und durchaus ambivalente Dimensionen der Alpen fotografisch erkundet. Die Bilder von Marco Volken weisen auf konkrete Deutungen des Religiösen hin: Sie stellen Spuren von Erzählungen, Lebenswegen oder Kritiken durch anonyme Hände dar. Wir können die dazugehörenden Erzählungen nur vermuten. Auch in *Grenzen gestalten* werden Gegenstände und Praktiken thematisiert, die den Alpenraum religiös formen und die kultur- und religionswissenschaftlich erforscht werden. *Grenzen über-*

brücken thematisiert die musikalische Forschungsarbeit, die es uns in diesem Projekt erlaubt, uns Religion in den Alpen auch aus einer kompositorischen und akustischen Perspektive zu nähern. Die Kompositionen von Darija Andovska und Matthias Arter erweitern die Texte und die Fotos, die in diesem Buch zusammenkommen, mit einer der Musik eigenen Abstraktion und Tiefe. Ausgehend von narrativen Kurzfassungen ausgewählter Studien aus dem Projekt haben sie acht Stücke komponiert, die die Grenzen der wissenschaftlichen Rekonstruktionsarbeit, der Fotografie sowie der Erzählung überbrücken und zusammenführen. In kurzen Texten verraten sie uns, welche textlichen Momente und Stichworte sie beim Komponieren inspiriert und begleitet haben. Zu den Musikstücken, die am Festival *Alpentöne* am 19. August 2023 in Altdorf uraufgeführt wurden, führen die QR-Codes, die Sie an verschiedenen Stellen im Buch finden. Die Studien, die unter *Grenzen verdichten* versammelt sind, adressieren die Komplexität von Religion in den Alpen. Sie zeigen auf, wie und welche Grenzen in unterschiedlichen Zeiten gezogen und gleichzeitig verwischt und aufgelöst wurden. Der letzte Teil des Buchs, *Grenzen verschieben*, widmet sich der Frage nach den Transformationen, die den Alpenraum im Laufe der Zeit prägen und zu neuen Formen und Reflexionen über die Spannung zwischen dem Kontrollierbaren und dem Unkontrollierbaren führen. Den Abschluss macht Boris Previšić mit einem Nachwort, in dem die polyphone Herangehensweise an Religion in den Alpen anhand einer Reise quer durch die Alpen und durch die Beiträge des Buchs reflektiert wird.

Den roten Faden durch dieses experimentelle Buch bildet, wie bereits erwähnt, die Spannung zwischen Unkontrollierbarem und Kontrollierbarem, die anhand von Einzelstudien vertieft wird. Dabei lassen sich einige Beobachtungen herauskristallisieren, die auch für andere Gebiete und Phänomene fruchtbar gemacht werden können.

Wir wünschen Ihnen als Leserin und Leser mit diesem Buch eine mehrschichtige Begegnung mit Bekanntem und Unbekanntem, mit Grenzen und Fluidität. Und vielleicht treffen Sie bei einer Reise, einer Wanderung oder einem Spaziergang in den Bergen auf weitere Verbindungen zwischen Religion und den Alpen, die Sie gedanklich in den Facettenreichtum der hier aufgezeigten Phänomene einordnen können.

erzählen

Grenzen

Religion als Gestaltung der Grenze zwischen dem, was verfügbar ist, und dem, was sich im Bereich des Jenseitigen bewegt, findet sich in verschiedenen literarischen Erzählungen, die als Spiegel von Vorstellungen dienen können. In ihnen reflektiert sich das, was man erzählt, um sich in der alpinen Lebenswelt zu orientieren. Ein gutes Beispiel dazu liefert der Text des Tessiner Religionswissenschaftlers Baldassare Scolari, der sich auf die Suche nach unterschiedlichen transzendenten Figuren in Legenden aus dem Verzascatal macht. Erzählungen, die in seiner Familie weitergegeben werden. Die verschriftlichten Legenden dienen ihm als Ausgangspunkt, um das Weltbild der Menschen in diesem abgeschiedenen Tal in der italienischen Schweiz zu rekonstruieren.

Ähnlich geht Pierre Bühler vor, wobei seine Erkundung auf ein literarisches Werk fokussiert. Der Hermeneutiker und Theologe aus Neuchâtel untersucht die Darstellung des Unverfügbaren in drei Romanen von Charles-Ferdinand Ramuz. In der literarischen Bearbeitung steht das Spannungsverhältnis zwischen Menschen, dem Berg und den unverfügbaren, dämonischen Kräften im Mittelpunkt. Die alpine Welt wird zu einem Ort von Grunderfahrungen inszeniert und als solche einem städtischen Publikum literarisch zugänglich gemacht.

Nach diesen «Tiefenbohrungen» in den Tessiner und Walliser Alpen des 20. Jahrhunderts führt uns der Kulturwissenschaftler Boris Previšić in die Zeit der frühen Aufklärung zurück und bietet eine Betrachtung von Albrecht von Hallers Gedicht *Die Alpen*. Hier werden die Alpen zum Ort, an dem die Menschen, die dort wohnen und hart arbeiten, im Einklang mit der paradiesischen Natur stehen. Die Sakralität, die die Alpen auszeichnet, durchdringt dieses Bild einer Gesellschaft, die keine vermittelnde Institution zum Heiligen braucht. Diese Idealisierung der Alpen wird als positive Gegenwelt zum dekadenten städtischen Leben stilisiert – doch ganz im Bewusstsein ihrer prekären literarischen Konstruktion.

Auf die Alpen und insbesondere das Gotthardmassiv werden unterschiedliche Vorstellungen von Gemeinschaftsidealen mit einer religiös aufgeladenen Beziehung zur Natur projiziert, wie der Beitrag des Literaturwissenschaftlers Andreas Bäumler zeigt. In seinem Essay stellt er literarisch erarbeitete und esoterisch aufgeladene radikale Bilder des Gotthards vor. In der Krisenzeit der 1930er Jahre wird der Stellenwert des Gotthards kontrovers debattiert. Für die einen bildet der Gotthard den Mittelpunkt einer christlichen Schweiz, für andere gar den Mittelpunkt eines Europas, das durch faschistische Regierungen vereint werden soll. Diese konservativen, totalitaristischen Sehnsüchte nach einer heilen Welt mit den Alpen in ihrem Zentrum ist mit esoterischen Vorstellungen angereichert und überhöht. Der Beitrag zeigt auf eindrückliche Weise das Legitimationspotenzial auf, das aus religiösen Weltbildern generiert werden kann.

Legenden der Valle Verzasca
Erzählungen, die die alpine Lebenswelt erhalten

Baldassare Scolari

Die Valle Verzasca, auf Deutsch das Verzascatal, gilt als eines der wildesten und unzugänglichsten Täler in der Region um den Lago Maggiore. Wie in anderen Alpentälern war die Bevölkerung hauptsächlich mit Ackerbau und Weidewirtschaft beschäftigt, und es gab dort zahlreiche Weiden und Alpen, zu denen die Hirten und ihre Herden aufstiegen. In der 1991 erschienenen Tessiner Sammlung *Il Meraviglioso* kommen verschiedene Legenden mit religiösen, magischen und fantastischen Elementen aus dem Verzascatal zusammen, die sich genau an diesen Orten des alpinen Bauernlebens abspielen. In diesem Beitrag möchte ich drei Legenden vorstellen und miteinander vergleichen. Leitend für meine Lektüre sind folgende Fragen: Welche religiösen Figuren, Motive, Symbole und Erzählmuster lassen sich innerhalb dieser Erzählungen identifizieren? Welche Rolle und Funktion nehmen die religiösen Elemente innerhalb der Erzählungen ein? Was sagen uns diese Erzählungen über die Rolle der Religion in der alpinen Lebenswelt? Die drei Geschichten sind unterschiedlich überliefert. Eine kenne ich aus mündlichen Erzählungen, die anderen sind in der oben genannten Sammlung wiedergegeben. Mich interessiert, wie diese Legenden aufgebaut sind, welche Figuren die Geschichten beleben, welche Handlungen die Geschichte vorantreiben und wie die alpine Lebenswelt charakterisiert wird.

Die Legende der antiken Kirche von Brione

Der Legende nach lag das Dorf Brione einst auf der östlichen und nicht auf der westlichen Seite des Flusses Verzasca, in der Ortschaft Sott Carasca. Ein riesiger Erdrutsch, der vom Poncione d'Alnasca, einem die Landschaft dominierenden Massiv, herabstürzte, hatte das Dorf irgendwann in früherer Zeit vollständig ausgelöscht. Vor Jahrhunderten drang jedoch ein junger Hirte in eine tiefe Höhle ein und erreichte das Innere der alten Kirche, die unter gigantischen Felsbrocken fast intakt geblieben war. In grosser Erregung ging der Junge ins Dorf, um von der wunderbaren Entdeckung zu berichten. Eine grosse Anzahl an Einwohnern, darunter auch der Gemeindepfarrer, machte sich daraufhin auf den Weg, um die verlorene Kirche zu bewundern, doch trotz aller Bemühungen gelang es ihnen nicht, den Eingang zur Höhle, von der der Hirte gesprochen hatte, wiederzufinden.

Meine Urgrosstante erzählte meinem Vater diese Geschichte, als er noch ein Kind war. Sie fasziniert mich, weil sie so kurz und schlicht ist: eine grösstmögliche Mitteilung mit minimalem Einsatz an Ausdrucksmitteln. Auffallend ist auch das Ineinandergreifen von Vertrautem und Unvertrautem, Geschichte und Fantasie, Normalität und Ausnahme, Erklärung und Mysterium. Auf der einen Seite vermittelt sie Faktisches und Informatives: In geologisch weitentfernten Zeiten fand ein Erdrutsch statt und deswegen musste Brione auf die andere Seite des Flusses versetzt werden, an die Talgabelung, an der das Ossolatal westwärts abzweigt, unter den Schutz einer mächtigen Felswand. Wer von Brione aus auf den südöstlich liegenden Poncione d'Alnasca schaut, dessen Südseite aus einer Felswand mit pyramidenförmiger und fast vertikaler Form besteht, wird unweigerlich von Ehrfurcht ergrif-

Abb. 1: Der jähe Poncione d'Alnasca, Valle Verzasca.

fen. Dass hier in archaischen Zeiten das «ursprüngliche» Dorf von einem riesigen Erdrutsch zerstört worden sein soll, erscheint – unabhängig davon, ob tatsächlich einmal auf der rechten Seite des Flusses ein Dorf lag – zumindest plausibel: also keine wundersame Erklärung der jetzigen geografischen Lage des Dorfs, sondern eine rational nachvollziehbare.

Doch die Geschichte bringt auch das Unerklärliche und Unplausible ins Spiel: Ein junger Hirte entdeckt eine wundersam intakt gebliebene Kirche, die dann genauso mysteriös verschwindet, wie sie aufgefunden worden ist. Wie soll ein einziges Gebäude nach einem Erdrutsch, der ein ganzes Dorf zerstört haben soll, völlig erhalten geblieben sein? Wie sollen Betrachterinnen oder Betrachter, die auf die riesige Felswand des Poncione d'Alnasca schauen, glauben können, dass dies möglich ist? Völlig unmöglich ist das vielleicht nicht – die Erzählung selbst versucht das Ereignis durch den Verweis auf riesige Felsblöcke, die die Kirche geschützt haben sollen, zu erklären –, aber in jedem Fall sehr unwahrscheinlich. Unerklärlich ist aber, dass

Abb. 2: Starlarèsc ob Brione, Valle Verzasca.

die Kirche bei der erneuten Suche nicht mehr aufgefunden wird. Eine Kirche ist kein Schlüsselbund, den man – wie ich aus eigener Erfahrung weiss –, wenn man ihn einmal zwischen den Steinen, Aushöhlungen und Felsspaltungen des Verzascatals verloren hat, nie mehr findet. Der wundersame Kern der Geschichte liegt darin, dass das intakt gebliebene Gebäude kein profanes Gebäude, sondern ausgerechnet das «Haus Gottes» ist. Tatsächlich waren Kirchen in gewisser Hinsicht für die Menschen wichtiger und beständiger als das eigene Heim. Das Leben der Bevölkerung spielte sich für Jahrhunderte vorzugsweise im Freien ab. Die Menschen im Verzascatal besassen wegen ihres jahreszeitlichen Nomadismus zwar oft mehrere Häuser, diese bestanden aber meistens nur aus einem Raum mit einer Feuer- und Kochstelle und eventuell aus einem Schlafzimmer darüber, das in der Regel über eine externe Treppe erreicht wurde und in dem auf mit knisterndem Buchenlaub gefüllten Säcken geschlafen wurde.

In dieser Legende überlebt gerade die Kirche die Naturkatastrophe. Ist dies ein Zeugnis der Bedeutsamkeit sakraler Bauten in der Lebenswelt der Menschen des Tals? Aber warum geht gerade das, was wundersam heil geblieben ist, wieder verloren, sobald es gefunden wurde? Wie in anderen Geschichten, wird die Offenbarung des Göttlichen stets als etwas Augenblickliches, Momenthaftes thematisiert. So wie im Lukasevangelium (24,21) der auferstandene Jesus genau in dem Moment verschwindet, in dem er sich zwei Jüngern in Emmaus zu erkennen gibt, verschwindet auch die Kirche, kurz nachdem sie gefunden wurde. So wie der auferstandene Jesus besteht die Kirche weiterhin, sie bleibt jedoch bis zum Ende der Zeiten verborgen.

Die Legende von Marias Laken

Vor langer Zeit gab es in der Nähe von Mergoscia, einem Dorf auf der westlichen Seite des Eingangs des Verzascatals, einen kleinen See, in dem die Frauen täglich die Wäsche wuschen. Eines Tages hörten die Frauen auf, sich dem See zu nähern, weil er zu einem Hexentanzplatz geworden war. Seit Monaten, seit Jahren hallten die Ufer des Mergoscia-Sees nicht mehr von den Schlägen der Wäscherinnen wider, und die glatten Steine des Ufers färbten sich nicht mehr vom Seifenschaum weiss. Eines Tages tauchte jedoch aus dem Waldweg, der von der Alp hinunterführt, eine Frau auf, gebeugt unter dem Gewicht des Räfs, ihrer hölzernen Rückentrage. Anstatt beim See ihren Schritt zu beschleunigen, wie alle anderen Dorffrauen es taten, blieb sie stehen, warf das Räf ins Gras und begann, die Wäsche zu waschen.

Etwa eine halbe Stunde lang hatte die Frau still und mit präzisen Gesten am Ufer des Sees gearbeitet, als plötzlich eine Wolke die Sonne verhüllte, das Wasser des Sees eine unheimliche Farbe annahm und die Hexen aus dem See sprangen und sich drohend der Frau näherten. Diese hob, als sich plötzlich das Licht veränderte, ihr Gesicht und schaute die Hexen an. Es war ein junges Gesicht, in dem die Süsse zweier grüner Augen leuchtete, die die Hexen ruhig anstarrten. Da ihre Erscheinung auf sie nicht die Wirkung hatte, die sie sonst auf allen menschlichen Wesen hatte, begannen die Hexen alle zusammen die unheilvollen Schreie der Eule und des Waldkauzes zu erzeugen.

Daraufhin beugte sich die Frau über den Stapel nasser Wäsche, nahm das grösste Laken, das sie hatte, öffnete es mit meisterhaftem Schwung und breitete es auf der Oberfläche des Sees aus, der zwischen ihr und den Hexen lag. Die bösen Kreaturen sprangen darauf und blieben regungslos stehen, festgehalten von einer mysteriösen Kraft. Als sie alle da waren, zog die Frau das Laken an den Strand, packte es an den vier Zipfeln, stand auf, hob es hoch und warf das Leintuch in die Schlucht in der Nähe, wo der Bach, der aus dem See kam, versank und verschwand. Die Luft hallte von einem Schrei des Entsetzens wider. Die Frau setzte sich auf einen Stein in der Haltung einer Person, die auf jemanden wartet. Nach ein paar Augenblicken sprang ein Hund jubelnd um sie herum; ein Jäger erschien am Waldrand und blieb mit einem rufenden Pfiff stehen. Der Hund drehte sich gehorsam zu ihm um, aber nach ein paar Schritten kehrte er zu der Frau zurück und legte sich zu ihren Füssen.

Die Frau streckte ihre Hand aus, um den Kopf des Tieres zu streicheln, drehte sich dann zu dem Mann um und sagte: «Hab keine Angst, ich gehöre nicht zu den Hexen, die euch so grosse Angst machen. Die Hexen sind verschwunden und werden nie wiederkommen, weil ich allein hier herrschen möchte: Maria, die Mutter Jesu Christi.»

Der Jäger fiel auf die Knie und schlug sich auf die Brust. Ein Lichtblitz zwang ihn, die Augen zu schliessen: Als er sie öffnete, waren die Frau, ihre Packtasche und die Wäsche verschwunden. Der Mann rannte ins Dorf und erzählte von diesem Wunder. Alle glaubten ihm. Denn jeder kannte die Macht der Allerheiligsten Maria und jeder kannte ihr barmherziges Herz. Am selben Abend kehrten die Dorffrauen von Mergoscia zurück, um die Ufer des Sees mit ihrer Arbeit, ihren Diskussionen und ihren Gebeten zu beleben.

Annina Volonterio – die erste Frau aus dem Tessin, die einen Doktortitel an der Universität Fribourg erlangte – verfasste und publizierte diese Legende im Jahre 1945. Neben ihrer Arbeit als Lehrerin war Volonterio als Schriftstellerin tätig. Ihre literarische Tätigkeit zeichnete sich durch ihr Interesse für religiöse Traditionen, mündliches Erzählen und das Wirken von Frauen in Literatur und Gesellschaft aus. Sie verfasste insbesondere Porträts von Mystikerinnen aus dem 15. Jahrhundert und widmete sich der Sammlung von Legenden aus der Region rund um Locarno. Die von Volonterio er- und verfasste Legende von Marias Laken unterscheidet sich von der vorherigen aus Brione zunächst durch den reichhaltigeren Stil und die detailliertere Beschreibung der Figuren, Objekte und Handlungen. Dies kann entweder auf eine bewusste literarische Entscheidung der Verfasserin oder auf den Erzählstil derjenigen Personen, die die Geschichte mündlich erzählt haben, zurückgeführt werden. Sicher kann man festhalten, dass die Entscheidung der Verfasserin, gerade *diese* Legende schriftlich wiederzugeben, begründet ist. Als überzeugte Feministin engagierte sich Volonterio in verschiedenen Organisationen, die sich für Frauenrechte einsetzten. In den 1960er Jahren schrieb sie Artikel für den *Corriere della Donna* mit, und als Mitglied der Konservativen Katholischen Partei setzte sie sich für Frauenrechte und das politische Mitwirken von Frauen ein.

Abb. 3: Poncione d'Alnasca von Süden.

So kommt es nicht von ungefähr, dass Annina Volonterio eine Legende schriftlich festhielt und wahrscheinlich literarisch bearbeitete, in der nicht nur die Heilige Maria als zentrale Figur auftritt, sondern auch eine Alltagspraxis der Bäuerinnen die Erzählung szenisch einrahmt. Die nicht ausschliesslich in der alpinen Kultur traditionell weibliche Tätigkeit des Waschens dient hier nicht nur der Charakterisierung der idyllischen Seelandschaft, sondern macht den Wendepunkt der Geschichte aus. Die Erzählung schafft somit eine bedeutungsschwere Verbindung zwischen einer weiblichen Alltagspraxis und dem ausserordentlichen, wundersamen Wirken einer heiligen Figur, die stellvertretend für Gott die Mächte des Bösen bekämpft und vertreibt. Es handelt sich um eine Analogie, die einen wechselwirkenden Bedeutungszusammenhang konstruiert: So wie die Dorffrauen durch das Waschen die Wäsche vom Schmutz reinigen, «bereinigt» Maria durch den Einsatz eines reinen Lakens die von teuflischen Kreaturen heimgesuchte Lebenswelt der Dorfgemeinschaft. Die Alltagspraxis des Waschens wird somit moralisch konnotiert und als Ausdruck des göttlichen Heilswerks aufgewertet.

Wie in der Legende der alten Kirche von Brione greifen hier das Wundersame und das Normale, das Ausserordentliche und das Alltägliche, die Regel und die Ausnahme ineinander. Die Verbindung ist besonders subtil, weil sich diese entgegengesetzten Pole überlappen und gegenseitig bedingen. Die für das Gemeinschaftsleben wesentliche Arbeit der Dorffrauen wird aus dem Alltag gehoben, wodurch sie eine moralische und fast sakrale Bedeutung erhält. Die Reinigung der Wäsche ist nicht nur eine hygienische, sondern auch eine kulturell und religiös bedeutsame Handlung, die den

Abb. 4: Corte di Starlarèsc di Sotto, Valle Verzasca.

Erhalt der Gemeinschaft heilsgeschichtlich sichert. Umgekehrt wird Gottes Wirken durch die Erscheinung der Heiligen Maria mit etwas in Verbindung gesetzt, das im Alltag stattfindet und stattfinden muss. Transzendentes und Immanentes verflechten sich hier so, dass der Alltag als Teil eines kosmischen Geschehens erscheint und sich umgekehrt das Wirken Gottes im Alltag manifestiert.

Diese moralische, kulturelle und religiöse Aufwertung einer im Alltag des alpinen Dorflebens traditionell von Frauen verrichteten Arbeit ist umso bemerkenswerter, da sie das Handeln von Hexen, also anderen Frauen, kontrastiert. Hexen sind gängige Figuren in den Legenden und Märchen des alpinen Lebensraums. Diese Geschichten stellen die Frau meistens als böses Wesen dar, das sich den Verführungen des Teufels nicht entziehen kann und sich mit Zauberei die Welt gefügig macht. Hexenglaube ist unter anderem eng mit tabubehafteten Aspekten der weiblichen Sexualität, Fruchtbarkeit und Fortpflanzung sowie der Ablehnung von Keuschheitsidealen, klassischen Geschlechterrollen und gesellschaftlich vorgegebenen Normen verbunden. Traditionelle Hexenerzählungen werden in der Forschung zu Recht als Ausdruck einer patriarchalen Gesellschaftsform kritisiert, innerhalb derer Frauen, die sich «anders» verhalten, als es die kulturelle Norm vorgibt, diskriminiert, aus dem Gemeinschaftsleben ausgeschieden oder, wie die Hexenverfolgungen bis in die Neuzeit hinein belegen, brutal gefoltert und getötet werden. Tatsächlich drang um 1600 die Verfolgung vermeintlicher Hexen auch ins Verzascatal und forderte seine Opfer: Die Hexen wurden am Talausgang verbrannt, in der Nähe von Contra. Hexenerzählungen können in dieser Hinsicht als Mittel und Ausdruck einer Normierung des Weiblichen angesehen werden, die bestimmte Handlungen und Verhaltensweisen sanktioniert, um die patriarchalen Gesellschaftsstrukturen aufrechtzuerhalten und zu legitimieren.

Die Legende von Marias Laken scheint diesbezüglich keine Ausnahme zu sein, denn sie lädt den Unterschied zwischen abnormalen und normalen «weiblichen» Verhaltensweisen moralisch auf. Das Waschen der Wäsche, das die Legende aufwertet, ist sicherlich keine Tätigkeit, die wir heute mit weiblicher Emanzipation verbinden. Gerade der Fokus auf Reinheit als weibliche Tugend, die in der Legende durch das Sinnbild des Waschens und das Auftreten Marias zum Ausdruck gebracht wird, bestätigt diese religiös-patriarchale Normierung des Weiblichen. Zudem kommt man nicht umhin zu beobachten, dass der Fokus der Erzählung nicht auf den Hexen liegt, die hier eigentlich nur Nebenfiguren sind, sondern auf der reinigenden Kraft des Waschens. Wenn es also stimmt, dass die Legende nicht als Plädoyer für die Entfaltung der Frau als Individuum ungeachtet jeglicher kulturell verankerten Verhaltensnormen gelesen werden kann, so ist sie immerhin Ausdruck einer religiös-metaphorischen Aufwertung der Rolle und Wichtigkeit der Frauen im Alltagsleben des alpinen Lebensraums.

Die Legende von der Spitze des Mönchs

> Der Legende nach gab es auf der Alp Sgiof, die auf der westlichen Seite des Tals ungefähr 1000 Meter über dem Dorf Brione Verzasca liegt, ein Schlangennest. Die schleimigen Schlangen sonnten sich in der Sonne oder bewegten sich stehend, mit hängenden Köpfen und dem Mund wie eine Pfeife geformt, zu einem sehr seltsamen Tanz. Mehrmals hatten kühne junge Männer mit knorrigen Stöcken Schläge auf die Giftschlangen ausgeführt, doch es hatte nur den Effekt, dass die Biester weiter angestachelt wurden, sodass diese wütend auf ihre Angreifer losgingen. Da die Älpler diesem Grauen nicht entkommen konnten, mussten sie die Alp aufgeben.
>
> Eines Morgens im Juni kam eine Wandermönch nach Sgiof hinauf. Zügig versammelten sich Männer und Frauen um ihn mit der Bitte, diese verfluchten Reptilien durch Beschwörung zu vertreiben. Der gute Mönch befahl, Holz auf einem nahegelegenen Hügel aufzuhäufen und auch einen Behälter mit Wasser dorthin zu bringen. So wurde es getan.
>
> Die Menschen zogen sich an den Rand der Bauernhöfe zurück. Nur der Mönch blieb oben; er segnete das Wasser und zündete die Holzhaufen an. Dann tauchte er das Aspergill in den Kessel und begann, die Flammen abzuspritzen, wobei er jedes Mal das Kreuzzeichen machte. Sofort sah man von allen Seiten schwarze Schlangen auftauchen, die zum Gipfel krochen, wo

das Feuer brannte, sich davor verneigten und sich voller Wollust in die Glut warfen.

Die Flammen loderten in roten Spiralen auf und erzeugten schreckliche Funken und Pfiffe.

Unbeeindruckt setzte der Mönch seine Beschwörung fort und immer mehr Schlangen strömten ins Feuer, alle glücklich, wie der berühmte Phönix zu brennen, aber ohne jede Hoffnung, aus ihrer Asche aufzuerstehen.

Was für ein fantastisches Spektakel! Verzaubert beobachteten ihn die Älpler.

Als das Wasser im Behälter aufgebraucht war, schien es, als wären alle Reptilien verbrannt. Doch plötzlich wand sich aus einer Felsspalte eine gewaltige Schlange mit mehreren Köpfen, ähnlich der Haare der Medusa, und einem langen, schuppigen Körper. Augenblicklich war das Monster über dem Mönch, wickelte sich um ihn und drückte zu. Von Angst ergriffen flüchteten die Älpler in ihre Hütten.

Nur der alte Almhalter, mit starker und beständiger Seele, blieb an seinem Platz, zur riesigen Schlange gewandt, die den Mönch gefangen hielt, und malte mit seinem Stab ein grosses Kreuz in die Luft. In diesem Moment lockerte die Schlange ihren Griff, wand sich und sprang mit Giftspritzern und grausamem Zischen ebenfalls ins Feuer. Daraufhin sah man eine gewundene zinnoberrote Säule zum Himmel aufsteigen.

Und noch ein Wunder wurde gesehen; der Mönch wurde zu Stein, im Felsen verwurzelt und diesem ähnlich. Dieser Fels wurde nach ihm benannt und heisst bis heute so: Spitze des Mönches.

Von dieser Legende, die in der soeben erzählten Version vom Lehrer, Lokalhistoriker, Forscher und Publizisten Virgilio Chiesa im Jahre 1934 veröffentlicht wurde, gibt es mehrere Fassungen. Die ähnlichste publizierte Aurelio Garobbio in der Sammlung *Montagne e valli incantate.* Hier ist der die Alp Befreiende jedoch kein Wandermönch, sondern «ein noch nie gesehener Mönch», der wie durch ein Wunder auf der Alp ankam. In einer anderen von Giuseppe Zoppi 1933 veröffentlichten Variante kommt ebenfalls kein Wandermönch zu Hilfe, sondern Fra Bernardo, «der Einsiedler, der allein oberhalb von Locarno lebte», um dessen Hilfe der älteste Älpler bittet. In beiden Versionen wird der Mönch jedoch ebenfalls zu Stein verwandelt.

Verglichen mit den anderen Legenden fällt auf, dass in der hier wiedergegebenen Erzählung alle Figuren – die «kühnen jungen Männer», der «Wandermönch», der «alte Almhalter» – männlich sind. Das Fehlen von Frauen in der Erzählung kann man nicht soziohistorisch mit dem Argument erklären, dass auf der Alp eher Männer gearbeitet hätten. Die Hauptlast der

Abb. 5: Màtar ob Brione, Valle Verzasca.

Arbeit im Bauernbetrieb, neben den Pflichten der Hausfrau und Mutter, ruhte nämlich auf den Schultern der Frauen. Im Sommer verbrachten die Frauen oft mehr Zeit auf der Alp als die Männer, die normalerweise auf der Talsohle blieben, um unter anderem Heu für den Winter zu mähen. Oft wurden im Sommer sogar nur die Mädchen auf die Alp geschickt, um die Tiere zu pflegen. So erzählte mir eine Urgrosstante, dass sie schon als zwölfjähriges Kind mit zwei jüngeren Schwestern ungefähr einen ganzen Monat auf der Alp Sciupada, nicht weit entfernt von der Alp Sgiof, verbrachte. Am Morgen tauchten die Schwestern die Füsse in einen Kuhfladen, weil diese nach den kalten Nächten Wärme spendeten. Mein Grossvater und sein Bruder kamen nur am Ende des Sommers auf die Alp, um die von den Mädchen vorbereiteten Käseformen abzuholen und nach Brione zu bringen.

Richten wir nun aber die Aufmerksamkeit auf die Rolle und die Darstellung des Religiösen innerhalb der Erzählung. Die Präsenz des Bösen und des Diabolischen, hier symbolisch von Schlangen verkörpert, fällt auf. Insbesondere die Riesenschlange, deren Beschreibung an Drachenerzählungen erinnert, beeindruckt. Die Charakterisierung des Teufels als Schlange hat eine lange Tradition im Christentum und ist stark von der Johannesoffenbarung geprägt. Um die Schlangen zu zerstören, zündet der Wandermönch in seinem Ritual ein Feuer an. Die zentrale Handlung der Geschichte ist im Grunde genommen ein Exorzismus, der durch den Einsatz von vier Elementen gelingt: gesegnetes Wasser (Weihwasser), Feuer, ein liturgisches Gerät (das Aspergill) und das Kreuzzeichen. Diese sind in der christlichen Tradition alles bekannte Dämonenaustreibungsmittel und werden schon von Kirchenvätern beschrieben.

Abb. 6: Poncione d'Alnasca, Profilansicht.

Sehr untypisch für die christliche Tradition ist hingegen die Schilderung einer Metamorphose. Metamorphose bezeichnet die Verwandlung einer Gottheit, eines mythischen Wesens oder eines Menschen. Während in den christlichen Traditionen Verwandlungen kaum vorkommen, sind sie in griechischen Mythen verbreitet. Hier fällt der Verweis auf die Medusa auf, deren Anblick jeden zu Stein erstarren lässt.

Die Metamorphose, mit der diese Erzählung endet, zeigt exemplarisch auf, wie sich in Legenden des alpinen Lebensraums Themen, Figuren und Rituale aus der christlichen Tradition mit Motiven aus anderen Erzähltraditionen vermischen und überlagern. Welche, ist schwer zu sagen, da wir sehr wenig über die Kulturen kennen, die vor der Christianisierung den alpinen Lebensraum bewohnten. In den Obertessiner Bergtälern sind Funde aus allen Epochen selten, wohl bedingt durch die starke Überschüttung der Täler mit Gesteinsmasse, aber auch wegen der ständigen Besiedlung. Vermutlich besiedelten die Ligurer als Erste die Tessiner Täler; um 350 v. Chr. fielen die Kelten in Italien ein und drangen auch in die Tessiner Täler vor. Unter Claudius Marcellus um 225 v. Chr. wurde das untere Tessin erobert, es vergingen aber ungefähr zwei Jahrhunderte, bis auch die letzten oberen Tessiner Täler in römischem Besitz waren. Der heutige Kanton Tessin gehörte damals zur Provinz Raetia. Nur der Südtessin und die Gegend von Locarno wurde vollständig romanisiert. Die anderen Teile des Sopraceneri zeigen eine starke Mischung keltisch-etruskischer Kultur.

Könnte das Motiv der Metamorphose ein Überbleibsel keltischer, etruskischer oder römischer Kultur sein? Oder ist es vielmehr ein Motiv, das erst spät, durch die Zirkulation von Märchen, Sagen und Legenden ab dem

18. und 19. Jahrhundert, ins Verzascatal eindrang und die Imagination der Menschen, die im Tal wohnen, beflügelte? Oder ist es eine genuine Erfindung, die womöglich darauf zurückzuführen ist, dass es auf der Alp Sgiof einen Felsblock gibt, der vage an eine menschliche Gestalt erinnert? Diese Fragen wird man wahrscheinlich nie abschliessend beantworten können.

Legenden, die die Welt erzeugen

Die Frage, welche Rolle Religion innerhalb dieser Erzählungen innehat, ist keine, auf die eine einzige einfache Antwort gegeben werden kann. In der Forschung wurde und wird Religion oft als eine «Maske» von philosophischen, wissenschaftlichen, ästhetischen, moralischen, oder weltlichen (bzw. pragmatischen) Bedürfnissen angesehen, die in eine Über- oder Gegenwelt projiziert und in dieser befriedigt werden. Insbesondere religiöse Mythen und Rituale wurden und werden oft auf ideologische, ökonomisch-soziale oder sexuelle Strukturen und Bedürfnisse zurückgeführt. In gewisser Hinsicht hat auch diese Untersuchung bestätigt, dass Legenden gesellschaftliche Strukturen und Hierarchien widerspiegeln und symbolisieren können. Die hier untersuchten Legenden können darüber hinaus auch als Antworten auf das Bedürfnis nach Erklärung angesichts des Unerklärlichen oder der Bändigung des Unerwarteten und des Bedrohlichen interpretiert werden.

Vielleicht aber spiegeln diese Legenden auch die beständige Notwendigkeit des Menschen, die eigene Lebenswelt zu gestalten und zu erhalten. Das «Mängelwesen» Mensch, das keine Krallen, keinen Pelz und keine scharfen Zähne sowie keinen optimal für die Flucht vor Gefahren ausgestatteten Körperbau hat, durch die es seine Überlebenschancen in der Natur steigern kann, muss als Ersatz kulturelle Strategien und Techniken entwickeln, durch die es sich eine Welt gestaltet, in der es leben kann. So wie die Falle und der Bogen technisch erzeugte Werkzeuge sind, die es dem Menschen erlauben, die bedrohliche Natur auf Distanz zu kontrollieren und zu bändigen, so könnte man die hier vorgestellten Legenden als Erzählungen verstehen, die stets die Grenze zwischen der menschlichen Lebenswelt und der Un-Welt des Kontingenten, der Natur, des Todes, des Bedrohlichen, des Unbeständigen markieren. Alle drei Legenden fokussieren auf die Zerbrechlichkeit der Welt, indem sie Orte inszenieren, die vom Verschwinden bedroht sind. Wir finden hier typische Elemente der alpinen Lebenswelt: die Kirche als Zentrum des Dorflebens, die Alp, die den Lebensunterhalt sichert, und den See als täglichen Arbeits- und Treffplatz der Frauen.

In den norditalienischen Dialekten gibt es ein Wort, das im Verzascatal nach wie vor geläufig ist: Das Verb *mondaa* wird für die Tätigkeit des Putzens des Hauses, des Stalles oder der Weide verwendet. Im übertragenen Sinne kann es auch für die Seele verwendet werden, die von der Sünde gereinigt wird. Wortwörtlich bedeutetet *mondaa* «Welt machen, Welt erzeugen». Es bezeichnet die Alltagspraxis, die den Erhalt der Lebenswelt sichert und die Grenze zwischen Lebenswelt und Un-Welt aufrechterhält. Jede Weide, jedes Gebäude, jede Alp, jeder Ackerboden ist mit ständiger Bemühung über Generationen hinweg verteidigt und gepflegt worden. Die hier untersuchten Legenden sind in gewisser Hinsicht das narrative Spiegelbild dieser Bemühungen. Die religiösen Motive, Figuren, Symbole und Erzählmuster nehmen darin diejenige Rolle ein, die das Wort *mondaa* in der Alltagssprache verdichtet: Sie schaffen einen Bedeutungsrahmen, innerhalb dessen die alpine Lebenswelt – physisch, sozial und kulturell – ständig von Neuem erhalten, bestätigt und fortgeführt wird.

Die letzte Unverfügbarkeit erzählen
Zu Charles-Ferdinand Ramuz' Alpenromanen

> Die unsichtbare Macht, welche über das Schicksal der Menschen gebietet, zu ihrem Vorteil zu lenken, ist eine Absicht, die sie alle haben; nur, wie das anzufangen sei, darüber denken sie verschieden.
>
> *Immanuel Kant*

Pierre Bühler

Nicht ganz von ungefähr steht dieses Zitat Kants in seiner Religionsschrift *Die Religion innerhalb der Grenzen der bloßen Vernunft*, denn auch die Religion hat mit diesem Versuch der Menschen zu tun, die Macht, die über ihr Schicksal gebietet, zu lenken; ob zu ihrem Vorteil oder zu ihrem Nachteil, das mag dahingestellt bleiben. Mal gelingt es vielleicht, und öfters scheitert es, denn diese Macht gehört nicht einfach zum Bereich des Verfügbaren, des Beherrschbaren. Menschliches Leben hat stets auch mit Unverfügbarem zu tun, das den verschiedenen Lenkversuchen Grenzen setzt. Der Soziologe Hartmut Rosa formuliert diesen Gedanken in seinem Buch *Unverfügbarkeit* mit diesen Worten:

> Das Leben vollzieht sich als Wechselspiel zwischen dem, was uns verfügbar ist, und dem, was uns unverfügbar bleibt, uns aber dennoch «etwas angeht»; es ereignet sich gleichsam an der Grenzlinie. (S. 8)

In diesem Wechselspiel vollziehen sich ambivalente Transzendenzerfahrungen, die mithilfe religiöser Symbolik verarbeitet werden.

In den Bergen lässt sich dieser religiöse Umgang mit der Grenzlinie zwischen Verfügbarem und Unverfügbarem besonders gut beobachten. Das soll mit drei Alpenromanen illustriert werden, die von den Grenzen erzählen, mit denen sich Dorfgemeinschaften auseinandersetzen müssen. Geschrieben hat sie der Waadtländer Schriftsteller Charles-Ferdinand Ramuz (1878–1947). Meistens spielen seine Erzählungen im Waadtland; ab und zu hat er sie jedoch auch in den Tälern des französischen Wallis angesiedelt. Er hat sich von lokalen Legenden inspirieren lassen, die er gehört hat und die er frei in Romane verwandelt. Die erzählten Geschichten stehen also am Schnittpunkt zwischen Legende und Fiktion. Je nach Roman ist deshalb nur eine ungefähre Lokalisierung möglich.

Der gefährliche Berg steht jedes Mal im Zentrum. Er bedroht das Leben einer kleinen Dorfgemeinschaft durch alle Generationen hindurch. Viele der Gestalten sind ältere Menschen, die auch Erinnerungsträger und -trägerinnen sind. In jedem Roman jedoch wird auch ein junges Liebespaar inszeniert, das die Herausforderung symbolisiert, die Zukunft im Zeichen der «Bergbegrenztheit» wahrzunehmen: Vermag die Liebe die Katastrophe zu überleben oder muss sie an ihr zugrunde gehen?

Angst und Zuversicht im Schatten des Bergs

Der Roman *Wenn die Sonne nicht wiederkäme* wurde 1937 geschrieben. Er ist im Val d'Hérens angesiedelt, im Dorf St. Martin, das einen unteren (St. Martin d'En Bas) und einen oberen Teil (St. Martin d'En Haut) hat. Der untere Teil wird ab und zu erwähnt: Man kommt von dort her hinauf, und man geht dort hinunter in den Gottesdienst. Aber die Handlung spielt im

Abb. 7: Les Diablerets, der Gipfelhang mit dem Gletscher, Waadtländer Alpen.

oberen Teil, der an einem steilen Nordhang am Fuss eines Bergs liegt. Diese geografische Lage hat zur Folge, dass für die ca. 100 Einwohner dieses Dorfteils die Sonne bereits am 25. Oktober verschwindet und erst wieder am 13. April erscheint. Dieser lange sonnenlose Winter prägt das Leben der Dorfgemeinschaft, stiftet Ambivalenz zwischen Ängsten und Hoffnungen: Was wäre, wenn die Sonne im Frühling nicht mehr wiederkäme? Wenn der Winter plötzlich ewig würde?

Im Winter, von dem der Roman erzählt, wird ein alter Mann namens Anzévui diese Ambivalenz schüren. Es ist auch ein seltsamer Winter: Das Licht wird nie hell, es herrscht ständig ein dumpfer Nebel, der alles grau macht, so dass die Einwohner das Gefühl haben, wie unter einer drückenden Decke zu leben.

Der uralte Anzévui, der im Dorf sehr abgesondert lebt, geniesst eine Aura, die ihm auch eine quasi-religiöse Autorität gewährt: Er ist ein Naturheiler und hat vielen schon mit seinen Heilpflanzen geholfen. Er gilt auch als ein Weiser, der in alten, geheimnisvollen Büchern liest. Er hat für diesen seltsamen Winter eine Erklärung gefunden: Aufgrund von komplizierten Berechnungen, die er mithilfe seiner Bücher anstellt, kommt er zum Schluss, dass die Sonne am 13. April 1937, am Tag, an dem sie wieder erscheinen sollte,

Abb. 8: Erste Partiturseite des Stücks *Gletscher* von Matthias Arter.

nicht zurückkommen wird. Diese zunächst diskret mitgeteilte Nachricht breitet sich schnell aus und stiftet grosse Unruhe. Es entsteht in der Dorfgemeinschaft eine Spaltung zwischen denen, die an diese Prophetie glauben, und denen, die sie eher bezweifeln. Anzévui sei doch schon seit langem ein seltsamer Kauz, den man nicht ernst nehmen müsse. Andere grenzen sich religiös ab: Einer der älteren Männer sagt, er bete nicht zur Sonne, sondern zum lieben Gott:

> Denn der liebe Gott, der befiehlt der Sonne. Und er wird die Sonne schon wieder scheinen lassen, wenn er es will. Und er wird sicher wollen, nicht wahr? (S. 91)

Bei Anzévuis Anhängern hingegen stiftet die Prophetie apokalyptische Schrecken. Er erklärt, die Erdachse habe sich geändert, so dass alles schwanken werde und die Sonne wie beim Mond die Erde nur noch von einer Seite beleuchten werde.

> Und wir, wir werden sie nicht mehr sehen, denn wir werden auf der Erdhälfte sein, wo es Nacht ist, unaufhörlich Nacht. […] Für uns wird es ständig Nacht

> sein. Wir werden die Lampen den ganzen Tag brennen lassen müssen. Es wird kalt sein, es wird immer kälter werden. [...] Das Wasser wird steinhart werden. Die Tannen werden sich auseinanderspalten. Den Käse wird man mit dem Beil zerschlagen müssen. Das Brot wird hart werden wie ein Mühlstein. (S. 88)

Angesichts der drohenden Katastrophe sind die Reaktionen unterschiedlich. Die einen resignieren und flüchten in die Gleichgültigkeit oder suchen sich noch einen letzten Profit. Der alte Arlettaz, der sich im Zeichen des Weltendes um ein Stück Land betrügen liess, vertrinkt das Geld und verkommt im Alkohol. Die Vorsichtigen aber wollen sich auf das bevorstehende Elend vorbereiten. Da es kalt werden wird, muss man möglichst viel Holz einsammeln, um im ewigen Winter heizen zu können.

Auch das Liebespaar muss die Auseinandersetzung um Anzévuis Prophetie ausfechten. Augustin, der Ehemann, lässt sich von Anzévuis Sicht überzeugen. Aus Angst vor der nahenden Katastrophe isoliert er sich immer mehr, wendet sich von seiner Frau Isabella ab. Seine einzige Sorge ist, dass er nicht genügend Holz einzusammeln vermag. Seine um einige Jahre jüngere, lebensfrohe Frau gehört zu denen, die über Anzévui spotten. Vergebens versucht sie, ihren Mann aus seiner depressiven Angst herauszuholen. Gegen Ende des Winters bildet sich um Isabella und ihren Schwager Jean eine Gruppe jüngerer Menschen, die beschliessen, am 13. April frühmorgens zur Felsenlücke hinaufzuklettern, wo die Sonne wieder erscheinen wird. Ein Horn und ein Gewehr werden mitgenommen. Beim Sonnenaufgang will die Gruppe oben auf dem Grat mit dem Horn das Dorf wecken, und mit dem Gewehr soll durch dreizehn Schüsse (für den 13. April) die Rückkehr der Sonne gefeiert werden. In der Nacht zuvor aber ist der alte Anzévui gestorben. Hatte er sich selbst mit der Sonne verwechselt, fragt jemand kritisch, während die Schüsse erklingen und das Sonnenlicht das Dorf aus der Dunkelheit holt. Die Apokalypse ist ausgeblieben, aber die Menschen werden darüber nachdenken müssen, wie sie sich dieser Fast-Katastrophe gegenüber verhalten haben.

Die verfluchte Alp

Im 1926 erschienenen Roman *Die grosse Angst in den Bergen* bleibt die Katastrophe nicht aus. Ganz im Gegenteil: Sie vollzieht sich schicksalhaft und lässt nur Tote hinter sich. Der Handlungsort liegt ebenfalls im Val d'Hérens: Es geht um die Alp Sasseneire, in den Bergen östlich von Évolène. «Sasseneire» bezeichnet eine Bergspitze und heisst im alten Walliser Dialekt «schwarzer Fels». Von diesem schwarzen Fels hängt ein Gletscher herunter, der die Alp bedrohlich überragt und der im Abendlicht unheimlich in seltsamen Farben schimmert. Die Handlung, die in den Anfängen des 20. Jahrhunderts spielt, vollzieht sich konstant zwischen der Alp Sasseneire und dem Bergdorf weiter unten im Tal, das im Roman unbenannt bleibt.

Der Einstieg in die Erzählung erfolgt durch eine angeregte Gemeindeversammlung. Unterstützt durch die jüngeren Einwohner, schlägt der Gemeindeammann vor, die seit langem brach liegende Alp Sasseneire wieder instand zu bringen und ein paar Männer mit Vieh zur Sömmerung hinaufzuschicken. Man könne dort sicher bis 70 Stück Vieh sömmern. Doch die ältere Generation warnt besorgt: Vor zwanzig Jahren habe man es bereits versucht, und es sei Schreckliches geschehen; man solle lieber von dieser Alp die Finger lassen. So zieht sich ein Graben durch die Dorfgemeinschaft, der sich im Zuge der Ereignisse noch vertieft.

Die jüngere Generation gewinnt: Unter der Leitung von Crittin, dem Pächter der Alp, und seinem Neffen gehen neben Ernest, einem Sennenbub, vier Männer mit, darunter der alte Barthélemy, der schon vor zwanzig Jahren dabei war, aber sich diesmal sicher weiss, weil er, um den Hals gehängt, einen von den Mönchen in St. Maurice geweihten Schutzbrief trägt. Mit von der Partie sind der junge Joseph, der Geld braucht, weil er im Herbst seine Geliebte, Victorine, heiraten will, und der seltsame, tückische Clou, der mitkommt, weil er auf Goldsuche ist. Alle feiern den festlichen Alpenaufzug, die Hirten und die Herde kommen auf der Alp an, und alles scheint zum Besten.

Doch schnell treten die ersten Unheilzeichen ein. Als Barthélemy abends am Feuer von den Ereignissen vor zwanzig Jahren erzählt, bekommt Ernest Fieber und muss zurück ins Dorf, weil er ständig weint. In der ersten Nacht sind seltsame Schritte auf dem Hüttendach zu hören. Als Romain später im Tal unten Nahrung holen soll, stürzt sein Maultier ab, weil er leichtsinnig seiner Jagdleidenschaft nachgeht. Nachts klopft jemand an die Tür der Hütte. Und anstatt nachts ruhig zu schlafen, rennt das Vieh auf der Weide umher, wie wenn es von jemandem wild herumgejagt würde. Hinzu kommt, dass die Sonne am wolkenlosen Himmel glühend heiss scheint, so dass Vieh und Hirten immer mehr unter der Hitze und Trockenheit leiden.

Richtig beängstigend wird die Situation, als *la maladie*, die Maul- und Klauenseuche, ausbricht. Man versucht, sie einzudämmen, indem die kranken Tiere isoliert, umgebracht und möglichst im steinigen Boden vergraben werden. Aber die Seuche greift immer weiter um sich, und die Hirten verlieren ihren Mut und ihre Kraft. Die Kühe verenden, und die Hirten liegen in der Hitze ermattet herum. Käsen ist undenkbar, nur manchmal melken sie noch die Kühe, um sie ihrer Milch zu entlasten. Die Milch lassen sie jedoch im Boden versickern. Es ist «wie bei den Plagen Ägyptens in der Bibel, und

Abb. 9: Les Diablerets, der Hauptgipfel und seine westlichen Ausläufer, darunter die Tête d'Enfer.

es gab dort zehn Plagen, und die fünfte war das Sterben, das über das Vieh kam» (S. 73).

Die unheimliche Situation lässt auch an eine dunkle Macht denken, die hinter allem steht. Sie wird zunächst diskret als «Er» bezeichnet, von dem es heisst, «dass Er das Licht nicht mag und dass Er sich wohl fühlt im Dunkeln (man weiß schon wer)» (S. 87). Später wird Er von Barthélemy herausgefordert, Er solle sich doch zeigen: «Und wo bist du denn, dass man dich einmal sieht, du großer, alter Schelm?» (S. 143)

Um sich vor der Seuche zu schützen, wird im Dorf der Weg zur Alp abgeschnitten: Wachtposten haben den Befehl, zu schiessen, falls jemand von der Alp ins Dorf kommen will. Das heisst für Victorine und Joseph, dass sie nun auf unbestimmte Zeit getrennt sind. Eines Nachts beschliesst Victorine, dem Bach entlang auf die Alp hinaufzuklettern. Sie stolpert jedoch und ertrinkt im Bach. Nichts davon wissend, geht Joseph seinerseits einen gefährlichen Umweg, um von den Wachtposten unbeobachtet ins Dorf zu gelangen und Victorine zu besuchen. Doch findet er sie im Sarg aufgebahrt. Er flieht wieder nach oben, auf demselben Weg, der ihn dem Gletscher entlang zur Alp hinunterführt. Im Gletscher sind seltsame Geräusche zu hören, ein Krachen, und dann auch wie ein Husten. Aber ebenfalls ein Lachen, wie wenn es vom Berg kommen würde. Aber es scheint Clou zu sein, der aus dem

Nebel hervortritt. In fieberhaftem und schwindligem Zustand wird Joseph alles diffus: Der Gletscher scheint sich immer mehr wie eine Schlange zu bewegen, und Clou scheint ihm bedrohlich nahe zu kommen, so dass er mit dem Gewehr um sich herum schiesst. Das löst nun ein Riesengetöse aus: Im Gletscher hatte sich ein Stau gebildet und viel Wasser angesammelt, das nun plötzlich ausbricht. Der Gletscher berstet und fällt auf die Alp hinunter.

Unten steht Barthélemy, der plötzlich merkt, dass die Schnur um seinen Hals gerissen und sein Schutzbrief verloren ist. Er rennt nun vor dem herunterfallenden Gletscher weg, Richtung Tal. Die Übrigbleibenden rennen mit ihm, und auch die noch lebenden Kühe fliehen vor dem riesigen Eis-, Wasser- und Schuttstrom, der ihnen folgt. All das kommt rollend zum Dorf herunter. Die Wachtposten sind überrumpelt, obschon sie noch zu schiessen versuchen, und das Dorf wird überschwemmt. Der Roman schliesst mit einer langen Liste aller Toten, denn zusätzlich ist im Dorf auch noch eine schlimme Grippe ausgebrochen: «Man hat alle die Toten, die es gegeben hat, gar nicht mehr zählen können.» (S. 171) Alle Versuche, dem teuflischen Unheil zu entgehen, das Bedrohliche zu beherrschen, sind gescheitert.

Erlösung aus dem Bann des Bergsturzes

Der dritte Text, der 1934 geschriebene und dann mehrmals überarbeitete Roman *Derborence*, ist geografisch am eindeutigsten zu verorten, denn er greift historisch bezeugte Ereignisse aus dem 18. Jahrhundert auf, die er in seiner Erzählung fiktionalisiert. Derborence ist eine ringsumher eingekesselte Alp, die im unteren Teil des Wallis liegt, auf der nördlichen Seite, an der Grenze zum Waadtland, an der Südseite eines Bergs, der früher «Rochers» oder «Scex de Champ» hiess und später «Diablerets» genannt wurde, weil eine Walliser Legende umging, dieser Berg sei vom Teufel bewohnt. Oberhalb dieses Südhangs liegt der gleichnamige Gletscher. Dieser wird überragt von einem isolierten Felsenturm, der heute «Tour Saint-Martin» heisst, früher aber «Quille du Diable», «Kegel des Teufels», genannt wurde.

Im 18. Jahrhundert stürzten zweimal, am 23. September 1714 und am 23. Juni 1749, grosse Teile der Felswand der Diablerets auf Derborence herunter, was die Alp in einen riesigen Steinhaufen verwandelte, Alphütten begrub, Hirten und Vieh tötete, mehrere Bäche blockierte und einen See bildete. Diese Bergsturzkatastrophe greift Ramuz in seinem Roman auf und setzt damit der zerstörten Alp von Derborence ein literarisches Denkmal.

In einer frühen Fassung steht im Exordium, das der Autor später gestrichen hat, ein Zitat aus einem 1902–1910 erschienenen *Dictionnaire géogra-*

fique de la Suisse: «Ein Hirte, der verschwunden war und den man für tot hielt, hatte mehrere Monate in einer Alpenhütte begraben verbracht, sich mit Brot und Käse ernährend.» Das wird Thema des zweiten Teils des Romans sein. In einem ersten, kürzeren Teil erzählt Ramuz das Ereignis des Bergsturzes selbst, wobei nicht ganz klar wird, ob er den ersten oder den zweiten nacherzählt, denn er findet wie der zweite im Juni statt, während er von den vielen Opfern an Menschen und Tieren her eher dem ersten entspricht.

Die Beschreibung des Ereignisses ist sehr akustisch angelegt, in einer grundsätzlichen Spannung von Stille und Geräusch der Berge. Der junge, frisch verheiratete Antoine und Séraphin, der Onkel seiner Frau Thérèse, sind, wie viele andere Männer der Dörfer der Umgebung, für den Sommer auf die Alp hinaufgezogen, um ihr Vieh zu sömmern. Der Roman beschreibt, wie sie am 22. Juni abends in der Alpenhütte noch miteinander sprechen, bevor sie schlafen gehen. Nachdenklich schweigen sie, und dann bricht die Stille ein:

> Die Stille des Hochgebirges, die Stille dieser verlassenen Zonen, wo der Mensch nur zeitweise auftaucht. (S. 9)

Diese Stille stiftet eine beängstigende Leere:

> Nichts, das leere Nichts, die vollkommene Leere, alles hört auf zu sein, als wäre die Welt noch gar nicht erschaffen, oder sie wäre nicht mehr, als stünde man vor dem Anfang der Welt oder hinter dem Weltuntergang. Und die Angst kommt, sie zieht in unsere Brust ein, und da ist es, wie wenn eine Hand sich um unser Herz schließt. (S. 9)

Demgegenüber ist dann jedes kleine Geräusch wie eine Befreiung, das Knistern des Feuers etwa, oder das Knacken der Schieferplatten im Dachwerk. Doch auch ein viel dumpferes Getöse wird plötzlich hörbar, wie ein Donner. Das deutet der alte Séraphin von den Diablerets her:

> Du weißt doch, was man sich erzählt. Dass er dort oben wohnt, auf dem Gletscher, mit seiner Frau und den Kindern. Da kommt es vor, dass er sich langweilt, und er sagt zu seinen Teufelchen: «Nehmt Wurfsteine.» Das ist dort oben auf der Platte, am Rand des Gletschers, dort wo der «Kegel» ist, du weißt doch, eben der Kegel des Teufels. [...] Das ist ein Spiel, das sie machen. Sie zielen mit ihren Wurfsteinen auf den Kegel. (S. 12)

Abb. 10: Les Diablerets, die Quille du Diable.

Manchmal komme es vor, dass sie den Kegel verfehlen, und dann sehe man im Mondlicht die Wurfsteine nach Derborence herunterfallen. Da der Mond gerade scheint, gehen sie hinaus, betrachten die Landschaft im Mondlicht. Ganz oben, am Rand des Gletschers, leuchtet etwas:

> Eine helle Borte, eine schmale Leiste, die merkwürdig schimmerte, blau oder grün schien, [...] ganz durchsichtig in der durchsichtigen Luft. (S. 14)

Abb. 11: Les Diablerets, die östlichen Felsabstürze des Creux de Vosé.

Doch alles ist still, und sie gehen zu Bett. Antoine träumt zunächst noch sehnsüchtig von Thérèse, doch halb im Schlaf spürt er plötzlich einen Stoss und hört einen sonderbaren Lärm, bevor das Dach über ihm zusammenstürzt.

In Derborence liegen überall nur Steine, Steine und nochmals Steine (später von Geologen auf 50 Millionen Kubikmeter geschätzt!). Der nächtliche Kataklysmus hat in den Dörfern der Umgebung Angst ausgelöst: Es war eine Explosion wie eine Artilleriesalve, dann ein riesiger Windstoss, ein Erdbeben und ein Donnerkrachen; dann ein riesiger Staubnebel, der alles bedeckt. Langsam ahnen die Menschen in den Dörfern, was geschehen ist; die Mutigen wagen sich hinauf zur Alp. Mehrmals zwar versucht der alte Hirte Plan, den anderen den Weg zu versperren: Buchstabierend droht er, da sei der D ... I ... A ... B ... am Werk! «Die Diablerets sind heruntergekommen.» (S. 58) So vernimmt es schliesslich auch Thérèse, die inzwischen entdeckt hat, dass sie schwanger ist. Sie ist verzweifelt: Ihr Kind wird als Waisenkind zur Welt kommen.

«Er streckt den Kopf hinaus.» (S. 90) So beginnt der zweite Teil des Romans. Antoine hat überlebt. Von einem hinuntergestürzten Balken geschützt, ernährt er sich von Brot und Käse, trinkt herunterrinnendes Gletscherwasser. Er sucht sich einen Weg hinaus zwischen den Felsenblöcken hindurch.

Nach sieben Wochen streckt er den Kopf hinaus, «ein armer Mensch, der unter dem Boden hervorkommt – aus dem Schatten herauf, aus unbekannten Tiefen, aus Nacht; der zum Licht strebt.» (S. 96) Wie ein Lebendiger, der aus dem Reich des Todes hinaufsteigt. Aber er ist verloren, er muss wieder herausfinden, wer er überhaupt ist. Er muss alles neu erlernen, das Atmen, das Sehen und Hören, das Sprechen. Langsam und vorsichtig nähert er sich der Dorfgemeinschaft. Er hat lange Haare, einen dicken Bart und seine Haut hat die Farbe von weissen Rüben; Kleider und Schuhe sind halb zerrissen. Er wird als Geist wahrgenommen und löst Entsetzen aus. Die Toten kommen wieder hervor, so die sich verbreitende Meinung.

> Denn sie leben und leben nicht; sie sind noch auf der Erde, und sie sind nicht mehr von dieser Erde. (S. 115)

Man versucht, sich religiös abzusichern:

> Wie wenn wir hier nicht alles getan hätten, was wir konnten. All die Gottesdienste, die Messen [...]. Da wäre es doch das wenigste, dass sie sich still hielten, meinst du nicht? (S. 126)

Schliesslich wird der Pfarrer geholt. Er trägt das Allerheiligste, das Sakrament, vor sich her, während ein Chorknabe das Kreuz hochhält. Vom Pfarrer aufgerufen, sich als Antoine Pont, als Gatte der Thérèse Maye, als ein Christenmensch zu erkennen zu geben, nähert sich Antoine und fällt vor dem Kreuz in die Knie. Er ist es also!

Ist er denn wirklich noch der Antoine, den Thérèse vorher kannte? Er verhält sich seltsam und hat Mühe, sich mit allem zurechtzufinden. Als er den Freunden in der Wirtschaft von dem erzählt, was er erlebt hat, kommt ihm plötzlich in Erinnerung, dass er ja ganz am Anfang noch Séraphin rufen gehört hatte. Also muss Séraphin noch am Leben sein. Und so zieht nun Antoine, zur Überraschung aller, wieder hinauf nach Derborence, im verzweifelten Versuch, Séraphin mit Hacke und Schaufel aus den Felsblöcken heraus zu befreien. Niemand kann ihn davon abbringen. Aber die schwangere Thérèse will ihn herunterholen. Sie hatte ja noch gar keine Gelegenheit, ihm von der Schwangerschaft zu erzählen. Sie klettert allein hinauf, wobei sie gar nicht allein geht: «Ihre Liebe ist da, und die Liebe begleitet sie, treibt sie vorwärts.» (S. 189) Man sieht, wie Thérèse in den Felsenblöcken zu ihm hinaufsteigt, wie er vor ihr flieht und wie sie ihm auf dem Steinhaufen nachklettert. Dann verschwinden sie hinter einem Felsen. Doch plötzlich kommen sie wieder gemeinsam herunter. «Es ist ein Mann mit einer Frau.» (S. 195)

Schlussgedanken

In der klassisch-romantischen Tradition wird die Alpenlandschaft meistens als das Erhabene wahrgenommen, wobei die Erhabenheit auch als ungeheuer, und deshalb als beängstigend erlebt werden kann. Damit verbindet sich eine Transzendenzerfahrung, die Ramuz als ein den Rahmen der Wirklichkeit überhaupt sprengendes Widerfahrnis beschreibt, «als stünde man vor dem Anfang der Welt oder hinter dem Weltuntergang». In diesem quasi-religiösen Sinne wird hier die ästhetische Charakterisierung «erhaben-ungeheuer» durch das Wechselspiel zwischen Verfügbarem und Unverfügbarem abgelöst.

Dabei wirkt die Katastrophe als Katalysator: In ihr werden die Menschen in ihren grundlegenden Überzeugungen und Lebenseinstellungen offenbart. Um es mit Beatrice von Matt zum Ausdruck zu bringen:

> Wahrheit und Tödlichkeit des Daseins werden erkennbarer, wenn der Mensch in Gegenden vorstößt, die sich nie gänzlich entzaubern lassen. Die Unzugänglichkeit hat hier eine Dimension, von der man – früher oder später – in die Knie gezwungen wird, und nicht in jedem Fall, kommt man wieder auf die Beine. Am Schluss wird sowieso jeder eingeholt. Die Bergbewohner wissen das. (S. 177)

In diesem Wechselspiel ist die Religion, römisch-katholisch geprägt, diskret präsent, in verschiedenen Facetten: in der Gewissheit, dass Gott der Sonne befiehlt; in Barthélemys Schutzbrief; in den Kulten, mit denen man sich vor der Wiederkehr der Toten schützt; in der Prüfung von Antoines Menschsein mit dem heiligen Sakrament und dem Kreuz, usw. Damit wird versucht, das Unverfügbare ein Stück weit verfügbar zu machen, wohlwissend, dass es letztlich unberechenbar, bedrohlich bleibt.

Letztlich ist auch der Umgang mit dem Bösen religiös geprägt, vornehmlich als *der* Böse, der zurückhaltend bezeichnet wird als «ER», «der grosse alte Schelm» und schliesslich, in Derborence, explizit als der «Diable», der Teufel mit seinen Teufelchen. Dieser Gegenspieler Gottes, mit dem man sich besser nicht misst, erscheint hier als die dunkle Macht, von der Kant im Eingangszitat spricht. Doch interessant ist auch, dass der Charakter des Bösen ab und zu auf den Berg selbst übertragen wird, indem von einem «bösen Berg» gesprochen wird. Als solcher wird er ebenfalls unverfügbar. Die Katastrophe entsteht dadurch, dass man die Grenzen missachtet, die er setzt. So heisst es an dieser Stelle: «Du hast dich eben mit einem Stärkeren einlassen wollen, Ammann.» (Ramuz 2009, S. 73) Ganz am Ende der Erstfassung des Romans bildet dieser Gedanke einer personifizierten Macht des Bergs

Abb. 12: Les Diablerets, die Südabstürze mit dem Wald und See von Derborence. Rechts oben der kecke Zapfen der Quille du Diable.

die letzten Zeilen: «denn das Gebirg hat seinen eigenen Willen, denn das Gebirg hat seinen eigenen Plan.» (Ramuz 2009, S. 172)

Ist dies das letzte Wort? Endet alles tragisch? Mit Beatrice von Matt: «Am Ende wird sowieso jeder eingeholt.» (S. 177) Nicht ganz, denn auch unter den harten Bedingungen der Berge kann die Liebe siegen. In *Derborence* holt die schwangere Thérèse ihren vom Bergsturz besessenen Mann ins Leben zurück. Der Berg

> ist böse, er ist allmächtig; aber da ist eine schwache Frau gegen ihn aufgestanden und hat ihn besiegt, weil sie liebte, weil sie sich traute. Sie wird die Worte gefunden haben, die gesagt werden mussten, sie wird zu ihm gekommen sein mit ihrem Geheimnis; sie hatte das Leben, und sie ist dort gewesen, wo kein Leben mehr war; sie bringt zurück, was lebt, mitten aus dem, was tot ist. (S. 195)

Unverfügbarkeit der Liebe gegen die Unverfügbarkeit der Berge?

Zwischen Gotthard und Schreckhorn
oder wie *Die Alpen* Hallers an ihre Grenzen kommen

Boris Previšić

Der Frühaufklärer Albrecht von Haller eröffnet 1732 seinen *Versuch schweizerischer Gedichte* mit dem Monumentalgedicht *Die Alpen* im Umfang von 49 Strophen. Zeitlebens wird sich der Autor mit diesem Gedicht beschäftigen und für Neuauflagen immer wieder überarbeiten. Es ist sein Herzensgedicht, das die Sicht auf das europäische Gebirge revolutioniert. So sehr Haller die Alpen mit ihren Bewohnerinnen und Bewohnern, mit ihren Landschaften und mit ihrer Natur idealisiert, so sehr durchziehen das Gedicht Grenzen ganz unterschiedlicher Art. Von der wohl wichtigsten Grenze, die seine Dichtung selbst betrifft, erzählt er uns in der Mitte des Gedichts, wo er einen jungen Schäfer auftreten lässt, der zu seiner Leier ein Lied singt:

> Ein junger Schäfer stimmt indessen seine Leier,
> Dazu er ganz entzückt ein neues Liedgen singt,
> Natur und Liebe giesst in ihn ein heimlich Feuer,
> Das in den Adern glimmt und nie die Müh erzwingt;
> Die Kunst hat keinen Teil an seinen Hirten-Liedern,
> Im ungeschmückten Lied malt er den freien Sinn;
> Auch wann er dichten soll, bleibt er bei seinen Widdern,
> Und seine Muse spricht wie seine Schäferin;
> Sein Lehrer ist sein Herz, sein Phöbus seine Schöne,
> Die Rührung macht den Vers und nicht gezählte Töne.
> (v. 271–280)

Ungezwungen und ungekünstelt, von Natur und Liebe gerührt, singt der Schäfer, der sich ganz seinen Emotionen hingeben kann, um den Zustand seiner Freiheit zu beschreiben. Doch die beschriebene Zwanglosigkeit des Schäferlieds steht im scharfen Kontrast zu Hallers eigener Dichtkunst, in der er die Alpen beschreibt. Der Gegensatz zwischen Hallers Formstrenge und dem beschriebenen Schäfergesang könnte ausgeprägter nicht sein. Für sein Erzählen greift er auf die Versform des Alexandriners zurück, eine Versform, die sich in den beiden vorangegangenen Jahrhunderten zur Hochform aufgeschwungen hat, aber zu Hallers Zeiten in der ersten Hälfte des 18. Jahrhunderts im deutschsprachigen Raum sichtlich an Ansehen verliert. Zu monoton, zu abgezählt und zu schematisch sei diese Form, wie die frühen Stürmer und Dränger anmahnten. Dennoch feilt Haller zeitlebens am Alexandriner und zählt seine «Töne» ab: Sechs Silben bilden den ersten Halbvers «Ein[1] jun[2]ger[3] Schä[4]fer[5] stimmt[6]», dem sich der zweite Halbvers mit sieben Silben bei einem unbetonten Reimschluss «in[1]des[2]sen[3] sei[4]ne[5] Lei[6]er[7]» anschliesst. Damit nicht genug: Er kommt immer im selben jambischen Gleichschritt daher, im Hin und Her zwischen unbetonter und betonter Silbe: «Ein **jun**ger **Schä**fer **stimmt** in**des**sen **sei**ne **Lei**er» usw. Diese Verse verknüpft nun Haller jeweils im Kreuzreim zu zwei Quartetten und schliesst immer mit einer Sentenz im Paarreim:

Reimwörter im ersten Quartett: «Leier» / «singt» / «Feuer» / «erzwingt»
Reimwörter im zweiten Quartett: «Liedern» / «Sinn» / «Widdern» / «Schäferin»
Reimwörter der Sentenz: «Schöne» / «Töne»

Jede der 49 Strophen folgt immer demselben Schema einer Abfolge von zehn gleichen Versen im Reimschema aBaBcDcDee. So kann man Hallers Selbstkritik an seinem eigenen veralteten Stil in seinem bei der zweiten Auflage von 1734 ergänzten Vorwort durchaus verstehen:

Abb. 13: Schreckhorn I, nächtliches Zirrenspiel, Berner Alpen.

> Die zehenzeilichten Strophen, die ich brauchte, zwangen mich, so viele besondere Gemälde zu machen, als ihrer selber waren, und allemal einen ganzen Vorwurf mit zehen Linien zu schliessen. Die Gewohnheit neuerer Zeiten, dass die Stärke der Gedanken in der Strophe allemal gegen das Ende steigen muss, machte mir die Ausführung noch schwerer. (S. 3)

Welch ein Gegensatz zum freien Schäfergesang, von dem Haller hier erzählt! Auch wenn sein Monumentalgedicht von einem homogenen Alpenraum zu erzählen scheint, ist es durchzogen von weiteren Grenzen.

Alpines Arkadien

Im Gedicht spricht zum einen ein scheinbar naives schwärmerisches Ich, zum anderen aber immer auch der gebildetere Natur- und Gesellschaftsforscher Haller. Gleichzeitig schafft das lyrische Ich einen Raum, in dem es sein

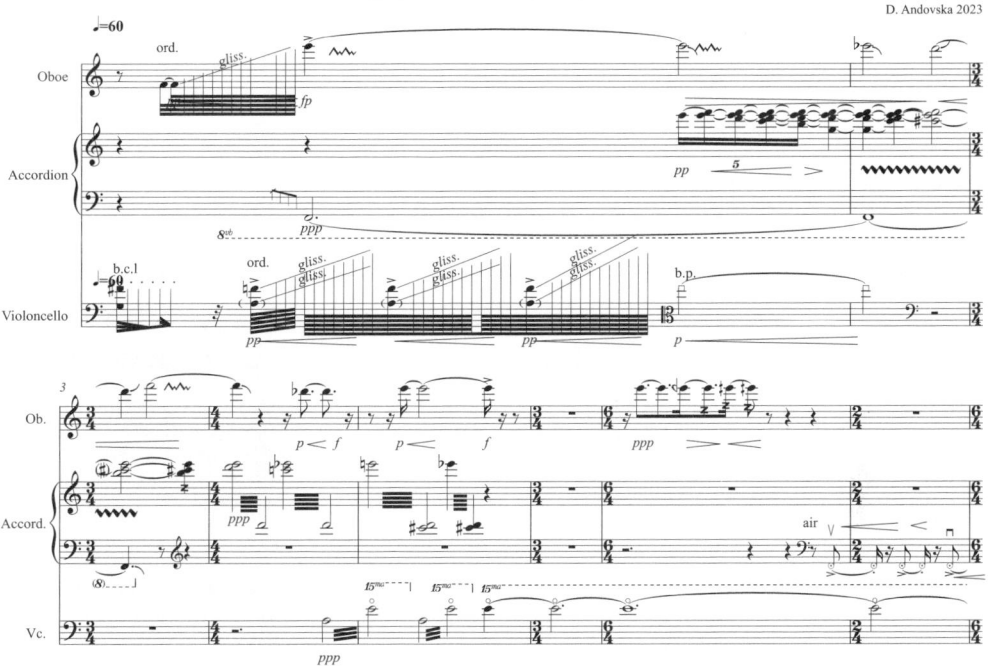

Abb. 14: Erste Partiturseite des Stücks *Descent* von Darija Andovska.

Gegenüber anspricht, und so gleich zu Beginn von *Die Alpen* die Reichen in ihrem Überfluss verhöhnt und verspottet:

> Versuchts, ihr Sterbliche, macht euren Zustand besser,
> Braucht, was die Kunst erfand und die Natur euch gab;
> Belebt die Blumen-Flur mit steigendem Gewässer,
> Teilt nach Korinths Gesetz gehaune Felsen ab;
> Umhängt die Marmor-Wand mit persischen Tapeten,
> Speist Tunkins Nest aus Gold, trinkt Perlen aus Smaragd,
> Schlaft ein beim Saitenspiel, erwachet bei Trompeten,
> Räumt Klippen aus der Bahn, schliesst Länder ein zur Jagd;
> Wird schon, was ihr gewünscht, das Schicksal unterschreiben,
> Ihr werdet arm im Glück, im Reichtum elend bleiben!
> (v. 1–10)

Die dekadente Gesellschaft ausserhalb der Alpen ist sinnlich abgestumpft im Gegensatz zu den «Schüler[n] der Natur» (v. 7) – eingebettet

Abb. 15: Schreckhorn II, Insel im Wolkenmeer.

in einen konkreten Zeitrahmen und in einen konkreten Lebensraum: «Der lange Winter kürzt des Frühlings späte Wochen, / Und ein verewigt Eis umringt das kühle Tal.» (v. 37f.) In diesem Setting kommt den Alpen die Funktion der schützenden Abgrenzung zu: «Die Natur warf die Alpen auf, dich [Alpenvolk] von der Welt zu zäunen, / Weil sich die Menschen selbst die grössten Plagen sind.» (v. 53f.) So spricht das Gedicht immer wieder zwei Zielgruppen an: einerseits das dekadente städtische Publikum, das ausserhalb des alpinen Bannkreises in den globalen Kreislauf kolonialisierter Ausbeutung eingebunden ist; andererseits die moralisch unversehrten Alpenbewohnerinnen und -bewohner im Schutz der Natur.

Damit verweist Haller auf einen Gegensatz zwischen göttlich guter Natur und menschlich schlechter Zivilisation. Überfluss, Hierarchie und Herrschaft bilden die Antipoden zur Kargheit der Natur, die ein inniges Verhältnis auf der Basis einer nachhaltigen Subsistenzwirtschaft mit dem Menschen eingeht. Die Alpen sind weder Schlaraffenland noch Paradies; es ist die Natur, die den Menschen von Abschweifungen abhält, denn sie stellt ihm immer nur so viel zur Verfügung, wie er sich erwirtschaften kann: «Wo nichts / was nöthig / fehlt / und nur was nuzet / blüht.» (v. 318) Mensch und Lebensressourcen ergänzen sich, und Sexualität ist kein Problem, sondern dient der lustvollen Reproduktion.

Das Sakrale wird in den Alpen nicht ausgelagert, sondern in alle Lebenshandlungen integriert. Im Unterschied zu den bukolischen Ideallandschaften mit ihren dekorativen Tempelchen fehlt jegliche Kirche. So gleicht der paradiesische Gebirgsraum, in dem hart gearbeitet wird, weder dem Garten Eden, noch dem antiken Arkadien, sondern dem himmlischen Jerusalem ohne Kirche und ohne Tempel. Entscheidend für die europäische Wirkmächtigkeit der idealisierten Alpen ist jedoch nicht nur seine mehrfache Umcodierung, sondern seine konkrete Lokalisierung «zwischen Thuner See und Rhonetal», wie Heinrich Detering es formuliert. Damit unterscheidet sich das Gedicht *Die Alpen* grundlegend von der Idyllendichtung des 18. Jahrhunderts. Denn sowohl der Dichter Gottsched in seinem *Versuch einer Critischen Dichtkunst* (1730) als auch sein Zeitgenosse Salomon Gessner in seinem Vorwort zu seinen *Idyllen* (1756) unterstreichen die Notwendigkeit, die Szenen in ein «entferntes Weltalter» zu verlegen, weil die miserablen sozialen Zustände unter den Hirten zu offensichtlich seien.

Bis zum Exzess behauptet Haller das Hier und Jetzt, die in der stoischen Sentenz mündet und Gleichheit und Freiheit beschwört:

> Glückseliger Verlust von schadenvollen Gütern!
> Der Reichtum hat kein Gut, das eurer Armut gleicht;
> Die Eintracht wohnt bei euch in friedlichen Gemütern,
> Weil kein beglänzter Wahn euch Zweitrachtsäpfel reicht;
> Die Freude wird hier nicht mit banger Furcht begleitet,
> Weil man das Leben liebt und doch den Tod nicht hasst;
> Hier herrscht die Vernunft, von der Natur geleitet,
> Die, was ihr nötig, sucht und mehrers hält für Last.
> Was Epiktet getan und Seneca geschrieben,
> Sieht man hier ungelehrt und ungezwungen.
> (v. 61–70)

Folgte man der heutigen ökonomischen Nomenklatura, würde der Gini-Koeffizient in Hallers Alpen nahezu bei null liegen. Gleichzeitig gibt es keine Kopfgeburten und sich auf schriftliche Tradierung stützende Intellektualität. Denn «die Gelehrtheit feilscht hier nicht papierne Schätze» (v. 81), und «hier hat die Natur die Lehre, recht zu leben / Dem Menschen in das Herz und nicht ins Hirn gegeben.» (v. 89f.) In den Überarbeitungen bestimmt Haller die Botanik immer genauer. Gleichzeitig verstärkt er den politischen Impetus – so in der Fussnote zum Vers 100, die erst 1751 ergänzt wird:

> Man sieht leicht, dass dieses Gemälde auf die vollkommene Gleichheit der Alpenleute geht, wo kein Adel und sogar kein Landvogt ist, wo keine möglichen Beförderungen eine Bewegung in den Gemütern erwecken und die Ehrsucht keinen Namen in der Landsprache hat. (S. 7)

So verschärft Haller die sozialpolitische Kritik ausserhalb der Alpen und schenkt der Ökologie innerhalb der Alpen immer mehr Aufmerksamkeit. So gelangt man scheinbar zu einem ökologisch-ökonomischen Idealzustand.

Doch immer mehr kommt es im Verlauf des Gedichts zu einem Wechselspiel zwischen dem «Hier» und «Dort», wenn Ringkämpfe und Ballspiele beschrieben werden:

> Hier ringt ein kühnes Paar, vermählt den Ernst dem Spiele,
> Umwindet Leib um Leib und schlinget Huft um Huft.
> Dort fliegt ein schwerer Stein nach dem gesteckten Ziele,
> Von starker Hand beseelt, durch die zertrennte Luft.
> (v. 105–108)

Nähe und Ferne verbinden sich nicht nur in der einen beschriebenen Szenerie, sondern ebenso über die Verschränkung des Kreuzreims: «Spiele» / «Huft» / «Ziele» / «Luft». Und in der zwölften Strophe beschreibt das lyrische Ich zuerst das Schiessen in der Ferne («Dort»), bevor es eine Art Kegeln in der Nähe («Hier») in den Blick nimmt:

> Dort eilt ein schnelles Blei in das entfernte Weisse,
> Das blitzt und Luft und Ziel im gleichen Jetzt durchbohrt;
> Hier rollt ein runder Ball in dem bestimmten Gleise
> Nach dem erwählten Zweck mit langen Sätzen fort.
> (v. 111–114)

Zusätzlich zum Kreuzreim wird das Einsatzwort «Dort» im Reimwort aus dem Quartettschluss, im «fort», aufgefangen, so unterschiedlich die beiden

Abb. 16: Schreckhorn III, letzte Sonnenstrahlen.

Sportarten onomatopoetisch auch umgesetzt werden: Während die hellen Vokale und Zischlaute im zweiten Vers vorherrschen («blitzt» / «Ziel» / «Jetzt»), ist es das vokalisch dunkle Gegenprogramm im dritten Vers («rollt» / «runder»). Und schliesslich ist es just das «Dort», das den Anschluss an das vorhergehende Reimwort garantiert: «[...] mit langen Sätzen fort. / Dort tanzt ein bunter Ring.» So mündet der Wettkampf und damit der spielerische Antagonismus in Tanz und Musik, die selbst die Gegenüberstellung des «Hier» und «Dort» der bisherigen Beschreibung auflöst. «Denn hier, wo die Natur allein Gesetze gibet, / Umschliesst kein harter Zwang der Liebe holdes Reich.» (v. 121f.)

Grenzen des Vergleichs

Haller scheint sich so im Rahmen einer reinen Immanenz zu bewegen, als Hier und Jetzt des utopisch-realistischen Innenraums, in dem sich der beschriebene Zyklus der Jahreszeiten entfaltet (v. 171–270). Geschlossen wird dieser Zyklus mit einer Sentenz zum Erfahrungswissen: «Es ist des Dorfes Rat, sein Ausspruch macht sie sicher / Und die Erfahrenheit dient ihm vor tausend Bücher.» (v. 269f.) Doch in der Unreinheit des Reims («sicher» / «Bücher») zeigt sich der Bruch zwischen den Alpen und Hallers gelehrter Welt. Im unbeschwerten Hier und Dort der dichterischen Beschreibung zeigt sich zunächst lediglich die Position des erzählenden Subjekts. Gleichzeitig schwingt aber im Hier immer auch das Diesseitige und im Dort das Jenseitige mit. Bleibt es im Visuellen, wird die Einheit der Redeinstanz bewahrt, verweist doch das Zeigen immer auf den Zeigenden und Erzählenden. Doch verschiebt sich der Erzählrahmen nach der Beschreibung des Schäfergesangs in der Folge immer weiter, bis Haller selber erscheint:

> Bald aber schliesst ein Kreis um einen muntern Alten,
> Der die Natur erforscht und ihre Schönheit kennt;
> Der Kräuter Wunder-Kraft und ändernde Gestalten
> Hat längst sein Witz durchsucht und jedes Moos benennt;
> Er wirft den scharfen Blick in unterirdsche Grüfte,
> Die Erde deckt vor ihm umsonst ihr falbes Gold,
> Er dringet durch die Luft und sieht die Schwefel-Düfte,
> In deren feuchter Schoss gefangner Donner rollt;
> Er kennt sein Vaterland und weiss an dessen Schätzen
> Sein immerforschend Aug am Nutzen zu ergötzen.
> (v. 309f.)

Die darauf folgenden Strophen bilden eine weitläufige Begründung dieser «Schätze». Sie sind eingespannt in ein gross angelegtes erzählerisches Gemälde des «Hier» und «Dort», wie es das lyrische Ich im bereits beschriebenen spielerischen Wettkampf erprobt hat. So situieren sich im «Hier» aus der Sicht des ‹Naturforschers› die drei Strophen 32, 33 und 34, im «Dort» die beiden Strophen 38 und 39. Beginnen wir eine Strophe zuvor und folgen ihm in *medias res*:

> Doch wer den edlern Sinn, den Kunst und Weisheit schärfen,
> Durchs weite Reich der Welt empor zur Wahrheit schwingt,
> Der wird an keinen Ort gelehrte Blicke werfen,
> Wo nicht ein Wunder ihn zum Stehn und Forschen zwingt.
> Macht durch der Weisheit Licht die Gruft der Erde heiter,
> Die Silber-Blumen trägt und Gold den Bächen schenkt;
> Durchsucht den holden Bau der buntgeschmückten Kräuter,
> Die ein verliebter West mit frühen Perlen tränkt;
> Ihr werdet alles schön und doch verschieden finden
> Und den zu reichen Schatz stets graben, nie ergründen!

Wann dort der Sonne Licht durch fliehnde Nebel strahlet
Und von dem nassen Land der Wolken Tränen wischt,
Wird aller Wesen Glanz mit einem Licht bemalet,
Das auf den Blättern schwebt und die Natur erfrischt;
Die Luft erfüllet sich mit reinen Ambra-Dämpfen,
Die Florens bunt Geschlecht gelinden Westen zollt;
Der Blumen scheckicht Heer scheint um den Rang zu kämpfen,
Ein lichtes Himmel-Blau beschämt ein nahes Gold;
Ein ganz Gebürge scheint, gefirnisst von dem Regen,
Ein grünender Tapet, gestickt mit Regenbögen.

Dort ragt das hohe Haupt am edlen Enziane
Weit übern niedern Chor der Pöbel-Kräuter hin;
Ein ganzes Blumen-Volk dient unter seiner Fahne,
Sein blauer Bruder selbst bückt sich und ehret ihn.
Der Blumen helles Gold, in Strahlen umgebogen,
Türmt sich am Stengel auf und krönt sein grau Gewand;
Der Blätter glattes Weiss, mit tiefem Grün durchzogen,
Bestrahlt der bunte Blitz von feuchtem Diamant;
Gerechtestes Gesetz! dass Kraft sich Zier vermähle;
In einem schönen Leib wohnt eine schönre Seele.

Hier kriecht ein niedrig Kraut, gleich einem grauen Nebel,
Dem die Natur sein Blatt in Kreuze hingelegt;
Die holde Blume zeigt die zwei vergüldten Schnäbel,
Die ein von Amethyst gebildter Vogel trägt.
Dort wirft ein glänzend Blatt, in Finger ausgekerbet,
Auf eine helle Bach dem grünen Widerschein;
Der Blumen zarten Schnee, den matter Purpur färbet,
Schliesst ein gestreifter Stern in weisse Strahlen ein;
Smaragd und Rosen blühn auch auf zertretener Heide,
Und Felsen decken sich mit einem Purpur-Kleide.
(v. 361–400)

Darauf beschleunigt sich der Einsatz der Zeigebewegung in der Beschreibung der Flora in der Strophe 40. Damit wird der spielerische Wettkampf der Menschen in eine vermeintliche Strukturparallele mit der Pflanzenwelt gebracht. Entscheidend hier ist wiederum die Perspektive: Das Hin und Her zwischen «Hier» und «Dort» auf der visuellen Mikroebene der Pflanzen in der Nähe entspricht dem Hin und Her auf der menschlichen Mesoebene und schliesslich dem Wechsel zwischen dem

Abb. 17: Schreckhorn IV, aus sicherer Distanz.

Hier und Dort auf der Metaebene der Landschaft. Doch die Ebenen sind nicht vergleichbar.

Die hierarchisch geordnete Pflanzenwelt entspricht nicht der idealen egalitären Gesellschaftsform der alpinen Subsistenzwirtschaft. Der Vergleich unterstreicht, dass wir auch in medialer Hinsicht von einer Differenz ausgehen müssen. So überträgt sich der Unterschied zwischen idealisiertem Gesang des jungen Sängers und der hier vorliegenden hoch artifiziellen Gedichtform der «Alpen» auf den Inhalt selbst – und umgekehrt.

Grenzen des Visuellen

Setzen wir nochmals fünf Strophen früher, mit «Gotthards Haupt», wieder ein, so unterwerfen wir uns einem strengen Blickregime des «immerforschend Aug[s]» (v. 310), das aber selbst an seine Grenzen stösst:

> Dann hier, wo Gotthards Haupt die Wolken übersteiget
> Und der erhabnern Welt die Sonne näher scheint,
> Hat, was die Erde sonst an Seltenheit gezeuget,
> Die spielende Natur in wenig Land vereint;
> Wahr ists, dass Libyen uns noch mehr Neues gibet

Und jeden Tag sein Sand ein frisches Untier sieht;
Allein der Himmel hat dies Land noch mehr geliebet,
Wo nichts, was nötig, fehlt und nur, was nutzet, blüht;
Der Berge wachsen Eis, der Felsen steile Wände
Sind selbst zum Nutzen da und tränken das Gelände.

Wenn Titans erster Strahl der Gipfel Schnee vergüldet
Und sein verklärter Blick die Nebel unterdrückt,
So wird, was die Natur am prächtigsten gebildet,
Mit immer neuer Lust von einem Berg erblickt;
Durch den zerfahrnen Dunst von einer dünnen Wolke
Eröffnet sich zugleich der Schauplatz einer Welt,
Ein weiter Aufenthalt von mehr als einem Volke
Zeigt alles auf einmal, was sein Bezirk enthält;
Ein sanfter Schwindel schliesst die allzu schwachen Augen,
Die den zu breiten Kreis nicht durchzustrahlen taugen.
(v. 311–330)

Die visuelle Überwältigung kehrt das Verhältnis zwischen Betrachter und betrachteter Landschaft um. Sie selbst wird zum Handlungsträger. Ein «Wandrer sieht erstaunt im Himmel Ströme fliessen» (v. 360). Dabei wird bereits das ganze Arsenal des Sublimen herangezitiert, das erst ein Vierteljahrhundert später seinen theoretischen Überbau erhält. Denn der Wanderer «wird an keinem Ort gelehrte Blicke werfen, / Wo nicht ein Wunder ihn zum Stehn und Forschen zwingt» (v. 363f.). Das Verwischen der Konturen durch die verschiedenen Aggregatszustände des Wassers ist programmatisch. Das Blickregime wird damit untergraben. Äusserst sparsam kommen über zwölf Strophen hinweg (von Strophe 32 bis 43) die anderen Sinne in der ‹Gotthardszene› zum Zug, als sei die vorüberziehende Szenerie der Bergwelt in einem Stummfilm stillgestellt: Nur einmal hört man etwas und «widerhallt» «ein laut Geblök im Tale» (v. 336); nur einmal riecht man etwas und «erfüllet sich mit reinen Ambra-Dämpfen» die Luft (v. 375); und nur einmal schmeckt man etwas und «strömet uns entgegen» (v. 430) in der «Salz-Mine unweit von Bevieux» (Fussnote zu Vers 421): die «Würze der Natur, der Länder reichster Segen» (v. 429). Umso auffallender die Tonspur, wie wir das Schreckhorn in den Blick bekommen:

Aus Schreckhorns kaltem Haupt, wo sich in beide Seen
Europens Wasser-Schatz mit starken Strömen teilt,
Stürzt Nüchtlands Aare sich, die durch beschäumte Höhen
Mit schreckendem Geräusch uns schnellen Fällen eilt[.]
(v. 431–434)

Es ist bezeichnend, dass erst im eigentlichen Mittelpunkt der Alpen, auf der vermeintlichen Wasserscheide zwischen Mittelmeer und Nordsee und inmitten Europas, der Medienwechsel vom Visuellen ins Akustische, zum «schreckenden Geräusch» vollzogen wird. Erst hier wird der Kreis geschlossen, indem das Spiel zwischen dem «Hier» und «Dort» innerhalb des «Schauplatzes» der Alpen endet und in den fünf Abschlussstrophen (Strophen 45 bis 49) die Beschreibung aussetzt und in eine Anrede des mitlesenden Publikums mündet: «Verblendete Sterbliche! die, bis zum nahen Grabe, / Geiz, Ehr und Wollust stets an eitlen Hamen [= Fessel] hält.» (v. 441f., Beginn der Strophe 45) Es ist ein letzter Aufruf an uns «Elende» (v. 451, Beginn der Strophe 46) zur Temperierung durch die «mässige Natur». Denn es ist die Realdystopie – jenseits der Alpen: «Dort spielt ein wilder Fürst mit seiner Diener Rümpfen, / Sein Purpur färbet sich mit lauem Bürger-Blut[.]» (v. 461f.) Sie hält uns von dem irdischen und realpolitischen Arkadien ab.

Der Selbstwiderspruch, weder die eigene Position des neutralen wissenschaftlichen Beobachters, noch die angemessene Form gefunden zu haben, lässt sich in diesem Gedicht nicht auflösen. So sehr die akustische Realisierung des einfachen Schäfergesangs in der Hauptzäsur der epischen Alexandriner beschrieben werden kann, so sehr werden Beschreibung und Beschriebenes nicht in Deckung gebracht. Vielmehr vollzieht das Gedicht immer seinen eigenen Grenzgang zwischen den idealisierten Alpen und der gesellschaftlichen Realität. Die Beschreibung zeigt in ihrer Unvergleichbarkeit und in ihrer Nicht-Übertragbarkeit der einzelnen «Gemälde», die zusehends in den verschiedenen Aggregatzuständen des Wassers von Schnee, Eis, Gischt, Fällen, Strömen, Nebel und Wolken verschwinden, und zielt auf den Selbstwiderspruch, wodurch sich das Gedicht konstituiert.

Formal aufgehoben und auseinander dividiert wird dieser Selbstwiderspruch in einem Gedicht, das 1734 in der zweiten Auflage der Gedichtsammlung *Versuch schweizerischer Gedichte* Aufnahme findet. Im Anschluss an Leibniz' Antwort auf die Theodizeefrage, warum Gott in seiner angeblichen Allmacht das Böse zulässt, nimmt Haller die Szenerie inmitten der Alpen wieder auf. Das Gedicht *Über den Ursprung des Übels* beginnt zum einen im alpinen Aussenraum oder in den Voralpen, zum anderen rückt die akustische Kulisse in den Fokus: «Auf jenen stillen Höhen, / Woraus ein milder Strom von steten Quellen rinnt, / Bewog mich einst ein sanfter Abend-Wind, / In einem Busche stillzustehen.» (v. 1–4) Hier hört man Schafe blöken (v. 21), den Widerhall des Echos (v. 36), den «Freudenschall» (v. 40), das Murmeln von Wellen (v. 43) und das Rauschen von staubenden Schneelawinen (v. 45). Es ist nicht mehr das Schreckhorn, sondern sinnigerweise das nicht weit davon entfernte Wetterhorn. Haller begründet in einer Fussnote die Austauschbarkeit mit der Perspektive, die er in diesem Gedicht einnimmt.

So blickt er vom Jura oder Mittelland Richtung Alpen, während den Vordergrund die Berge zwischen dem Thunersee und dem «luzernischen Gebiete» bilden, «über deren Rücken die hintere hohe Kette der obersten Alpen weit emporragt». Darunter subsummiert er «Wetterhorn, Schreckhorn und andere erstaunlich hohe Spitzen» (Fussnote 56, S. 55). Im Wetterhorn verdichtet sich der «holde Vorwurf» (v. 65); es ist das «Urbild selbst von irdischem Gesichte». So enden die ersten 64 Verse in der Sentenz:

> Die Welt ist selbst gemacht zu ihrer Bürger Glücke,
> Ein allgemeines Wohl besselet die Natur,
> Und alles trägt des höchsten Gutes Spur!
> (v. 62–64)

Bis hierher verwendet Haller die bis dato freieste dichterische Form, den Madrigalvers, der unterschiedlich lang sein kann. Die «Töne» brauchen nicht «gezählt» zu sein. Es kommt somit zu einer strukturellen Übereinstimmung zwischen ‹tönendem› «Gemälde» und «Vorwurf», zwischen Beschreibung und beschriebenem Objekt. Erst in der Reflexion auf das Beschriebene ab Vers 65 greift Haller wieder auf den Alexandrinervers für den restlichen Grossteil des Gedichts zurück. Das Übel auf dieser Erde ist menschengemacht und findet seine formale Entsprechung im Erker der rigiden Versform des Alexandriners:

> Und dieses ist die Welt, worüber Weise klagen,
> Die man zum Erker macht, worin sich Toren plagen!
> (v. 71f.)

Grenzgänge im Alpenraum geben somit nicht einfach den Blick auf eine ideale Gesellschaftsform frei, die sich in einem Zeigen auf das Hier und auf das Dort erschöpft. Vielmehr problematisieren sie formal – vom unreinen Reim über die stumme Kulisse bis zur rigiden Versform – den Vergleich selbst. Der Medienwechsel vom Visuellen ins Akustische zeichnet die Risse zwischen Idealisierung und Konkretisierung, zwischen Natur und Gesellschaftsform und schliesslich zwischen dargestelltem Objekt und seiner Darstellung nach. So bilden die Alpen zwar einen Verweis auf das Andere, aber einen Verweis, der in seiner transzendental-religiösen Funktion immer brüchig bleibt, brüchig zu bleiben hat.

Mysterienraum Gotthard
Eine Exkursion im Rausch der konservativen Revolution

Andreas Bäumler

Wir schreiben das Jahr 1932 und lauschen auf dem Gotthardpass der *Mondrede* eines gewissen Rolf. Sein nächtlicher Vortrag handelt von einem Kaiser, der vor tausend Jahren genau hier mit einigen Bergbauern zusammengetroffen sei, um ihnen ihre weltpolitische Berufung zu verkünden. Dieser mythische Kaiser spricht in alttestamentarischem Ton zu den vor ihm knienden Bauern:

> Schirmen und hüten sollt ihr den berg und den pass fürs ganze reich immerdar, redlich und stark und mit bestem gewissen. Und keinen andern herrn mehr sollt ihr erkennen und dienen mehr keinem andern als reich und kaiser von nun ab. (S. 14)

So sei es dann auch über viele Jahrhunderte hinweg gewesen: Die Völkerstämme am Gotthard hätten die nördliche und die südliche Hälfte des mittelalterlichen Reichs zu verbinden gewusst und den abendländischen Kaisern die mittlere Passage nach Rom offengehalten.

Autor dieser merkwürdigen Zeilen ist der Zürcher Schriftsteller und Theatermacher Max Eduard Liehburg (1899–1962), der eigentlich Max Eduard Meier oder Meyer heisst. Die *Mondrede* bildet den Auftakt seiner programmatischen Schrift mit dem ambitionierten Titel *Das neue Weltbild* von 1932. Anhand einer Reihe fiktiver Szenen, die eine bündische Männergemeinschaft im Gespräch mit ihrem Freund und Führer Rolf zeigen, wird darin ein geschichtsphilosophischer Entwurf entwickelt, der es in sich hat. Die jungen Männer, die Rolf zu später Stunde auf die Passhöhe gefolgt sind, treibt nämlich die Frage um, was denn Schweizersein in einem faschistischen Europa bedeuten könne. Sie sind gerade von einer Weltreise zurückgekehrt, tief beeindruckt von den Nationalismen der Nachbarländer und entsprechend verunsichert über die eigene kollektive Identität. Da antwortet ihr Anführer mit der eben zitierten Ansprache auf dem Gotthard.

Erst auf diesem Pass, der inmitten eines geheimnisvollen Kraftfelds liege, werde eine ureigene schweizerische Identität vermittelbar, die sich jenseits von Nationalismus und Freiheitsmythen konstituiere: Extremer Nationalismus passe nicht zur Schweiz, erklärt Rolf, aber auch die aufklärerische Idee der Schweiz als Land der Freiheit sei zu verwerfen. Stattdessen müsse sich das Land auf seine kaiserliche Berufung zurückbesinnen, die im ausgehenden Mittelalter leider in Vergessenheit geraten sei. Denn im 15. Jahrhundert, so erfahren wir in Rolfs Geschichtsstunde weiter, sei das Abendland nach und nach in Fürstentümer und Nationalstaaten zerfallen. Grenzen seien gezogen und Kriege geführt worden, und auch die Eidgenossenschaft habe 1499 das Reich verlassen. Die Gotthardstämme erlebten daraufhin eine lange und traurige Zeit, voll Kränkung und Spott, aber sie ertrugen es in der Hoffnung, das Reich würde eines Tages wiederkehren. Und tatsächlich: Abermals 500 Jahre später sei nun heute, so kommt Rolf zum Punkt, tatsächlich der übernationale, ökumenische Gedanke wieder aktuell – und die vom Weltkrieg verschonten Schweizer seien als ungebrochene Europäer dazu prädestiniert, den Weg in diese neue post-nationalistische Epoche zu weisen:

> Die schweiz steht heute am ende einer fünfhundertjährigen verteidigungsschlacht. Die schlacht ist gewonnen. Die schweiz ist heute eine moralische grossmacht. Daraus erwächst uns eine neue, besondere aufgabe. Ihr werdet verstehen, dass es nicht gleich ist, ob man sich zurückzieht und verteidigt, oder vorgeht und angreift. (S. 18f.)

Abb. 18: Gottardo, Lago della Valletta.

Es sei die Zeit gekommen, triumphiert Rolf, hier «auf Europens heiligem berg» (S. 22) die blaue Fahne zu hissen – und damit das Signal für eine kontinentale Erneuerung zu geben. Auf dem Gotthard entscheide sich, ob der grosse politische Wurf gelingen würde, das abendländische Reich neu zu etablieren. Gemäss Liehburg liegt also die wahre Bestimmung der Schweiz in der konservativen Revolution: im progressiven Kampf für ein neues, übernationales Abendland unter einem mächtigen deutschen Kaiser.

Eine unsichtbare, in den Bergen schwebende Idee

Visionäre Eigenbilder haben für die Schweiz einen existenziellen Charakter. Vor allem in Krisen- und Kriegszeiten, die für das multikulturelle Gebilde der Willensnation stets die Gefahr des Auseinanderdriftens bergen, werden attraktive Visionen benötigt, um die eigene Existenznotwendigkeit unter Beweis zu stellen. Um zwischen sprachlich-kultureller Vielfalt und nationaler

Abb. 19: Gottardo, Passo di Lucendro.

Einheit eine gewisse Orientierung zu stiften, werden jeweils die Berge als Bildspender und Sinnressource bemüht. Bereits Gottfried Keller hat in der ersten Fassung des *Grünen Heinrichs* von 1854/55 formuliert, wie in der staatsbürgerlichen Erziehung die fehlenden integrativen Faktoren wie eine gemeinsame Sprache oder Religion von den Alpen her kompensiert werden sollen. Dies erklärt der überzeugte Republikaner Heinrich einem süddeutschen Grafen in München wie folgt: «So kann man wohl sagen, nicht die Nationalität gibt uns Ideen, sondern eine unsichtbare, in diesen Bergen schwebende Idee hat sich diese eigentümliche Nationalität zu ihrer Verkörperung geschaffen [...].» (S. 50) Diese von Heinrich mit leiser Ironie vorgetragene Vorstellung, dass sich in der politischen Schweiz eine in den Bergen schwebende Idee materialisiere, gewinnt im ausgehenden 19. Jahrhundert an Bedeutung und wird dabei topografisch zunehmend in der Passlandschaft rund um den Gotthard konkretisiert.

In der Zwischenkriegszeit scheinen der Gotthard und die eigentümliche Nationalität der Schweiz dann förmlich in eins zu fallen. Jedenfalls leitet der katholisch-konservative Innenminister Philipp Etter in der ersten bundesrätlichen Kulturbotschaft von 1938 «Sinn und Sendung des eidgenössischen Staatsgedankens» (S. 997) aus einem supranationalen Bewusstsein ab, das sich in diesem besonderen Pass- und Quellengebiet manifestiere. In der offiziellen Kulturbotschaft heisst es an prominenter Stelle, im Vokabular der katholischen Liturgie, es sei doch

> etwas Grossartiges, etwas Monumentales, dass um den Gotthard, den Berg der Scheidung und den Pass der Verbindung, eine gewaltig grosse Idee ihre Menschwerdung, ihre Staatswerdung feiern durfte, eine europäische, eine universelle Idee: die Idee einer geistigen Gemeinschaft der Völker und der abendländischen Kulturen! (S. 999)

Bundesrat Etter geht es mit seiner alpinen Inkarnationsmetaphorik darum, in Abgrenzung zum quasireligiösen Staats- und Führerkult in Deutschland und Italien eine christliche Schweiz hochzuhalten, die sich aber doch irgendwie harmonisch ins faschistische Europa einfügen lässt. Während Etter die christliche Religion ins Zentrum der abendländischen Schweiz-Mission stellt, stilisiert der Dichter Max Eduard Liehburg die europäische Mitte im Zeichen einer diffusen Geheimlehre. Gerade seine eigenwillige Vorstellung vom Gotthard als europäischem Kraftzentrum und Mysterienraum erhellt sich, wie dieser Beitrag zeigen will, erst im Lichte der Dornacher Esoterik.

Liehburgs Weltbild: Zwischen den Fronten und der modernen Esoterik

Liehburgs Weltbild ist an bestimmte Wirkungszusammenhänge zwischen Mikro- und Makrokosmos gekoppelt, die erklärungsbedürftig sind. Deshalb wird die kosmische Ordnung, die der anstehenden Zeitenwende zugrunde liegt, im *Neuen Weltbild* mit einer obskuren, aber eingängigen Binnengeschichte erläutert: Der Meister des Weltbaus schenkt zwei Geschwistern namens Teil und Ganzes im Planetengarten die Erde. Seither streiten sich diese beiden Prinzipien um die Vorherrschaft im Weltenlauf. Teil steht für den klein- und mittelräumigen Nationalstaat des 19. Jahrhunderts ein, der sich ohne höhere Idee von seinen Partikularinteressen leiten lässt, was politische Zersplitterung und sinnlose Kriege nach sich zieht. Demgegenüber kämpft Ganzes für das höhere Prinzip einer sozial befriedeten Volksgemeinschaft – in den klaren Hierarchien des Kaiserreichs.

In dieser fiktionalen Kosmologie bewegt sich das politische Weltgeschehen in Zyklen von 500 Jahren auf den einen, dann den anderen Pol zu. Ein kosmischer Zeitverlauf manifestiert sich historisch zwangsläufig im langsamen Wechsel, womit Geschichte zum blossen Ausdruck ebendieser metaphysischen Gegebenheiten verkommt. Die geschichtsphilosophische Prämisse der dialektischen Wiederholung und kosmischen Wiedergeburt schreibt der politischen Ereignisgeschichte ihren Sinn *a priori* ein. Vom Zufälligen und Einmaligen geht es stets zum Schicksalsmässigen und Allgemeingültigen, was sich, Liehburgs zweifelhafter Theorie zufolge, historisch in politischen Umbruchzeiten manifestieren muss. Seine Jetztzeit der frühen Dreissigerjahre empfand Liehburg als eine solche kosmisch notwendige Übergangszeit und Epochenschwelle, die das neue und zeitgemässe Weltbild klar zutage treten lasse – zumal für Eingeweihte wie ihn.

Ein Seitenblick in die Korrespondenz mit dem Zürcher Orell Füssli Verlag lässt den visionären Anspruch des Autors noch deutlicher erkennen. Im Juni 1929 fragte Liehburg die Verlagsleitung in einem Brief rhetorisch:

> [S]ind Sie der Verleger und ich der Dichter, der die Zeichen dieser Zeit verstehen? Ich sage: versteht die Schweiz ihre Mission, die sie heute wiederum wie vor 500 Jahren von der Geschichte bekommen hat? [...] Der Zeitgeist hat gesprochen, und wir können nichts anderes tun, als seinen Willen erfüllen. Dies aber heisst, die Zukunft für sich zu haben. Was mich betrifft, bin ich bereit.

Das missionarische Selbstverständnis, das Liehburg hier gegenüber seinem Verlag an den Tag legt, gibt einigen Aufschluss darüber, wie ernst es dem umtriebigen Schriftsteller mit seinen sakral-politischen Argumentationsmustern war. Sein geheimes Wissen um dieses neue Weltbild sollte für die Gesellschaft normativ und für die Politik – hier ist es die Verlagspolitik – handlungsleitend sein. Verlagsdirektor Zutt nahm Liehburgs Ansage sportlich und schrieb zurück, es sei ganz natürlich, dass der Künstler das eigene Schaffen beurteilen müsse in einer Art und Weise, «die einem kaufmännisch denkenden Verleger völlig zu verstehen nicht ganz leicht wird».

Dennoch betrieb der Orell Füssli Verlag für Liehburgs Publikation einigen Aufwand. Um den avantgardistischen Anspruch der Theorieschrift zu unterstreichen, wurde ein modernistischer Umschlag gestaltet und ein sehr voluminöses, orangefarbenes Papier verwendet. Ausserdem entschied man sich für eine völlig neue Typografie (es handelt sich um die 1930 veröffentlichte serifenlose Linear-Antiqua Gill Sans) – und für eine durchgehende Kleinschreibung.

In Kombination mit dem antikisierenden Monumentalismus des Inhalts traf Liehburg damit die Ästhetik der neuen extremen Rechten in der Schweiz. Den sogenannten Fronten diente Liehburgs Programmschrift in den frühen Dreissigerjahren als wegweisender Theorietext. Zwar lehnte die

Mehrheit der Rechtsextremen einen nominellen Anschluss an das Deutsche Reich ab, doch weckte die Vorstellung einer Schweiz, die in der sogenannten «Friedensordnung» des (deutschen) Neuen Europas wieder an einem grossen Ganzen teilhaben könnte, bis weit in die bürgerliche Gesellschaft hinein eine Faszination für metaphysisches Schicksal, Glauben und Entscheidung – eine Faszination, die sich im vagen, vieldeutigen Begriff des Reichs potenzierte.

Nicht zufällig sind der Rottenführer Rolf und seine Freunde im *Neuen Weltbild* alle blauäugig, wie auch die Augen der urzeitlichen Bergbauern blau sind. Unverhohlen baut Liehburg den Frontistengruss («Harus!») oder das Frontenbanner (ein langgezogenes Kreuz im Wappenschild) in sein Werk ein.

Aus der Korrespondenz mit seinem Verleger lässt sich zudem schliessen, dass Liehburg 1933, im Jahr von Hitlers «Machtergreifung», als Bewegter nach Deutschland reiste und den Zürcher Orell Füssli Verlag im Anschluss dazu drängte, für sein Werk auch dort intensiv Propaganda zu betreiben. 1934 schrieb Liehburg der Verlagsdirektion dann aus Rom, er sei soeben von der faschistischen Regierung empfangen worden aufgrund von *Schach um Europa* (1930) – ein Drama, in dem der österreichische Nazi-Germanist Josef Nadler in seiner *Literaturgeschichte der deutschen Schweiz* (1932) wiederum eine Vision des kommenden Europas zu erkennen glaubte. Dass sich sowohl die italienischen Faschisten, die deutschen Nationalsozialisten als auch die Schweizer Fronten Liehburgs Werk zu eigen machten, liegt ebenso auf der Hand, wie dass der junge Theatermacher sich diesen zukunftsträchtigen Markt erschliessen wollte. Doch speist sich Liehburgs Gedankengut noch aus einer anderen Ideenwelt, die in ästhetischer und raumtheoretischer Hinsicht gewisse Schnittflächen mit dem Rechtsextremismus aufweist: der Anthroposophie.

Intermediärzonen

Im ersten seiner 1924 veröffentlichten Leitsätze definiert Rudolf Steiner die Anthroposophie als Erkenntnisweg, der das Geistige im Menschenwesen zum Geistigen im Weltall führen möchte. Auch die zyklischen Konstellationen, die in Liehburgs *Neuem Weltbild* theoretisiert und politisiert werden, basieren auf dem ganzheitlichen anthroposophischen Paradigma, dass sich die geschichtliche und die geistig-kosmische Welt gegenseitig durchdringen, wobei sich das kosmische Kraftfeld an bestimmten innerweltlichen Orten verdichtet. Einer der engsten Schüler Rudolf Steiners, Ludwig Polzer-Hoditz, definiert eine solche Intermediärzone als das Mysterium der europäi-

Abb. 20: Gottardo, Monte Prosa.

schen Mitte: In seiner *Welthistorischen Schicksalsbetrachtung* von 1928 erklärt Polzer-Hoditz die Katastrophe des Ersten Weltkriegs und insbesondere der Donaumonarchie damit, dass der zentraleuropäische «Mysterienraum» für seine überfällige Metamorphisierung nicht bereit gewesen sei. Die alten westlichen Geisteskräfte, wie sie etwa von der dekadenten Freimaurerei und der maroden Kirche ausgingen, müssten in Mitteleuropa erneuert werden, um heilsam gegen Osten zu schreiten und die kulturellen, philosophischen und ethnischen Gegensätze zu harmonisieren. Polzer-Hoditz schreibt:

> Die Mitte Europas ist ein Mysterienraum. Er verlangt von der Menschheit, dass sie sich dementsprechend verhalte. Der Weg der Kultur-

Abb. 21: Gottardo, Banchi della Fibbia.

periode, in welcher wir leben, von Westen kommend nach dem Osten sich wendend, über diesen Raum. *Da muss sich Altes metaphorisieren. […] Alle alten Kräfte verlieren sich auf diesem Gange nach dem Osten, sie könnten durch diesen Raum, ohne sich aus dem Geiste zu erneuern, nicht weiterschreiten.* Wollen sie es doch tun, so werden sie zu Zerstörungskräften; Katastrophen gehen aus ihnen hervor. (S. 198f.)

Auch Liehburg war davon überzeugt, dass sich einzelne Völker der kosmischen Zeitenwende widersetzen könnten. Doch das westliche Europa, so erklärt es Rolf im *Neuen Weltbild*, sei die «kommandobrücke unseres planeten erde, wo kompass und steuerrad, karten und führerwille vereint sind […]». (S. 25)

Dieser extreme normative Eurozentrismus ist vor allen Dingen ein Helvetozentrismus, und so drängte allen voran die Schweizer Jugend auf Erneuerung. Weil auf dem Gotthardpass die zukünftige Einheit Europas am deutlichsten spürbar werde, soll auch von hier aus das babylonische Wirrwarr der nationalstaatlichen Gegenwart beendet werden: «Wer soll da in die bresche springen, wer, wenn nicht die tausendjährige garde des europäischen gedankens?» (S. 19) Noch mitten im Zweiten Weltkrieg publiziert Liehburg in den frontistischen *Nationalen Heften* einen Text über den Gotthard als Schwellenraum zwischen sinnlicher und geistiger Welt. Zwar weist diese Passage einige Redundanzen zur eingangs besprochenen *Mondrede* im *Neuen Weltbild* auf, doch bietet sich der Artikel exemplarisch dazu an, Liehburgs eigenwillige Geopoetik im Lichte eines esoterischen Grundlagetexts zu erhellen: Rudolf Steiners *Der Hüter der Schwelle* von 1913.

Der Sankt Gotthard als Schwellenraum

In Liehburgs Essay *Sankt Gotthard* von 1942 – es ist seine letzte Publikation – nimmt eine namenlose Lehrer- und Führerfigur zunächst eine Lagebesprechung vor, bevor sie ihre Gefolgsleute auf den Pass hinausführt. Denn sie weiss, was es mit dem Pass für eine heilige Bewandtnis hat. Auf einer Europakarte zeigt der Lehrer der Gruppe, wie die Höhenzüge der Alpen an einem Punkt zusammenkommen. Die kartografisch vermittelte Zentrallage plausibilisiert das völkische Alleinstellungsmerkmal der Schweiz und soll mit der Wandergruppe jetzt auch vor Ort erörtert werden. Doch auf dem Pass stellt sich zunächst Ernüchterung ein. Es gibt nichts zu sehen, nicht einmal eine schöne Aussicht biete sich. Das Gotthard-Erlebnis bedarf eines Wissensvorsprungs. Unmittelbar visuell sind seine Versprechungen jedenfalls nicht einzulösen, rein phänomenologisch will sich kein Pathos einstellen. Das ist genau der Punkt, an dem die Erzählung einzusetzen hat: «So muss man euch sehend machen» (S. 1), proklamiert Liehburgs Führerfigur. Erst der narrative Überbau macht die umliegenden Gipfel als vier Wachttürme kenntlich, welche die zentrale Festung Europas beschirmen und zugleich in die Ferne weisen. In alle vier Windrichtungen, so heisst es, öffnen sich wie Tore vier Täler, und in ihnen rauschen die vier Ströme Europas zu Tal und befruchten die vier Ebenen des Kontinents. Dieses Panoptikum wird sodann akustisch noch konkretisiert:

> [H]ier oben braucht man sich nur auf dem Absatz herumzudrehen und man hört das Aechzen der Schiffskrane von Marseille, die Gondelrufe Venedigs, die monotonen Oelpumpen von Ploefti und das Kreischen und Zischen der Dampfhämmer der Ruhr [...]. (S. 2)

Jetzt, wo die europäische Weite nicht nur zu sehen, sondern von allen Seiten auch zu hören ist, stellt der Erzähler erstens klar, wie die kulturelle Zugehörigkeit zu den drei Sprachräumen für die Schweiz zu priorisieren sei. Der Führer jedenfalls ist auf das Nordtor ausgerichtet, hinter dem sein über alles geliebtes Deutsch erklinge. Zweitens wird dem Gotthard aufgrund seiner Schwellenfunktion eine kultische Qualität zugesprochen: «Läge diese

Bergburg in Asien, seine Völker hätten hier heilige Treppen und Klöster und Tempel errichtet, anzubeten diesen Kreuzpass als Offenbarung des Welthöchsten [...].» (S. 2)

Über die Intermediärzone Gotthard wird damit eine metaphysische Weltordnung einsehbar, die den christlichen Überbau ersetzt, unter Beibehaltung biblischer Formeln und – wie wir gleich sehen werden – in den kulturellen Codes Rudolf Steiners. Als ‹Offenbarung des Welthöchsten› ersetzt der Gotthard den Gottessohn, der Kreuzpass den Kreuzestod. Mit dieser Theologisierung geht eine Erhöhung des Erzählers einher, denn das Panoptikum und die Konzerte auf der geografischen Schwelle sind erst die Symbole, die noch einer Übersetzung bedürfen. Liehburg schreibt über den Gotthardpass:

> [S]eine Symbolik erahnen, heißt Vergangenheit, Gegenwart und Zukunft erkennen und wissen: die Schweiz ist vom alten heiligen abendländischen Reich mit einer klar umrissenen Aufgabe und Sendung betraut worden, die sie unbeirrbar erfüllen wird, bis eine neue Epoche sie feierlich mit ihrer nächsten und höheren Aufgabe betraut: die Idee des Bundes nach allen Kontinenten auszustrahlen. (S. 4)

Wie Liehburgs Erzähler seine Gefolgschaft auf den Pass hinaus führt, ist auch in Rudolf Steiners *Der Hüter der Schwelle* das Heraustreten in die Sinneswelt zunächst die Voraussetzung für die entscheidende Selbsterkenntnis im geistigen Makrokosmos. Wer im sinnlichen Erleben einmal gestärkt ist, braucht jetzt die Anleitung eines Eingeweihten. Denn die sinnliche Welt sei eine Scheinwirklichkeit, so Steiner, sie verberge gewisse «Wesenheiten» noch und nur der Hüter der Schwelle wisse diese Bilder zu übersetzen. Er zieht den «Vorhang hinweg, der bisher tiefe Lebensgeheimnisse verhüllt hat» (S. 149), was auch Liehburgs Erzähler tut, wenn er seine Schüler «sehend machen» will. Nach der erfolgreichen Begegnung mit dem Hüter der Schwelle und dem Eintreten in die übersinnliche Welt wird im anthroposophischen Verständnis das Wesen offenbar, das man immer gewesen sein soll, das man aber erst jetzt ohne Illusionen von der geistigen Welt aus auch sehen könne. Jenseits der Schwelle werden allerdings nicht nur individuelle Selbsterkenntnis und Daseinsbestimmung, sondern auch die «Stammes-, Volks- und Rassengeister [...] in ihrer vollen Wirksamkeit offenbar» (S. 149). Steiner macht deutlich, dass diese Offenbarung zur Mitarbeit an den Aufgaben der Gesamtheit, an der «Schicksalsverantwortung» von ‹Volk› und ‹Rasse› verpflichtet:

Abb. 22: Erste Partiturseite des Stücks *Four eternal watchtowers* von Darija Andovska.

> Nun wird der Sinnesmensch jedoch keineswegs in den höheren Plan seiner Arbeit eingeweiht. Er arbeitet *unbewusst* an den Zielen der Volks-, Rassenseelen und so weiter mit. Von dem Zeitpunkte an, wo der Geheimschüler dem Hüter der Schwelle begegnet, hat er nicht bloß seine eigenen Aufgaben als Persönlichkeit zu kennen, sondern er muss *wissentlich* mitarbeiten an denen seines Volkes, seiner Rasse. Jede Erweiterung seines Gesichtskreises legt ihm unbedingt auch erweiterte Pflichten auf. (S. 148)

Auch auf dieser letzten Stufe der Narration, die in eine konkrete politische Handlungsanweisung mündet, lassen sich die beiden Texte engführen, denn auf die wissentliche Mitarbeit am höheren Plan des Volkes zielt auch Liehburgs Appell. Er scheint mit Steiner darin einig, dass der übersteigerte Nationalismus durch die ökumenische Zusammenarbeit der Völker kuriert werden müsse. Liehburg konkretisiert diese Mitarbeit bis hin zur logistischen Aufgabe, neben die Strassenpässe «Eisenpässe» zu legen, und hin zur militärischen Verantwortung, den Gotthard zu befestigen, «bis dass Europa wieder eins sei, machtvoll und gross und allen Kontinenten ein Beispiel an Vielfalt und Einheit, an Weisheit und Kraft» (S. 4).

Esoterik für die geistige Landesverteidigung

Nie war Liehburgs Schweiz- und Europa-Vision näher an der politischen Realität wie im Kriegsjahr 1942. Als der Artikel in den Nationalen Heften erschien, hatte sich die Armee ins Reduit zurückgezogen – eine stark befestigte Zentralraumstellung, durch die aber gleichzeitig die wichtigste Nord-Süd-Verbindung der Achsenmächte offengehalten wurde. Faktisch war das Land – trotz Reduit – im Netz von Blockade und Gegenblockade weitgehend in die deutsche Kriegswirtschaft integriert. Zu diesem Kalkül sah sich die Schweizer Armeeführung nach der vollständigen Einkreisung aus taktischen Gründen gezwungen. Liehburgs Reduitkonzeption dagegen liegt kein taktisches Kalkül, sondern eine metaphysische Offenbarung zugrunde, die der hellseherischen Einsicht in eine höhere Bewusstseinsebene bedarf. Was sowohl in Liehburgs wie in Steiners Text im Vordergrund steht, ist also der Vermittlungsaspekt. Wie Liehburgs Erzählerfigur dem Gotthard in übernatürlicher Weise «Sinn» abgewinnt, erlangt auch Rudolf Steiner die letzte Erkenntnis höherer Wesenheiten durch seine eigenen unhintergehbaren Schauungen. Denn die «Volksseele», so Steiner, steigt nicht bis zur sinnlichen Wirklichkeit herab. Sie wandelt in höheren Welten. Um sie zu erkennen, braucht es eine Erkenntnis durch ekstatische Schau – ein gnostisches Wissen also, das nicht auf intellektuelle Weise zu erlangen ist. Man wird dazu berufen.

Liehburg wollte nichts weniger als die Klärung der letzten, allgemeingültigen Fragen kosmischer Weite. Sein Sendungsbewusstsein kannte keine Grenzen. So unterbreitete der umtriebige Theatermacher an Weihnachten 1936 dem Schweizer Bundesrat einen waghalsigen Plan: Wie Richard Wagner mit dem Bayreuther Festspielhaus für sein Bühnenweihespiel *Parsifal* und wie Rudolf Steiner mit dem Dornacher Goetheanum für seine Mysterienspiele die passende Spielstätte bauen liess, projektierte Liehburg exklusiv für sein eigenes Sakraldrama *Hüter der Mitte* (1934) einen Monumentalbau für ein Publikum, das in die Zehntausende ging. Ganz im Zeichen der allseits geforderten geistigen Landesverteidigung sollte Liehburgs Totaltheater zur nationalen Festspielstätte werden.

Auch Liehburgs sakral-politisches Theater weist zu Steiners Schaffen vielschichtige Parallelen auf. Bereits der Titel *Hüter der Mitte* macht die Referenz und Reverenz auf Rudolf Steiners Mysterienspiel *Hüter der Schwelle* (1913). Der Bau des zweiten Goetheanums fällt zeitlich mit der Basler Studienzeit Liehburgs zusammen, und in einem autobiografischen Textfragment, das sich im noch unbearbeiteten Nachlass im Schweizerischen Literaturarchiv befindet, erwähnt er «Rudi» Steiner in Dornach explizit. Gut möglich, dass er dort 1924 am Dramatischen Kurs von Marie und Rudolf Steiner teilnahm, in dem es um die Erneuerung der Bühnendarstellungskunst ging (Teilnehmerlisten, die das belegen könnten, gibt es leider keine). Um seinerseits auf die Bühne zu bringen, wie der kosmische Rhythmus der Geschichte und der Gegenwart den Takt vorgibt, übernahm Liehburg jedenfalls nicht nur Elemente esoterischen Wissens (wie den Topos vom Übergang in eine neue, ganzheitliche Epoche oder die Theorie vom kosmischen Schwellenraum), sondern auch wesentliche Elemente der ästhetischen Inszenierung: das neuartige Farb- und Lichtkonzept, die Sphärenmusik und ein Bühnenbild, das die spirituelle Schwellenerfahrung zwischen Mensch und Weltall veranschaulichte.

Am Vierwaldstättersee also, der für Liehburg der heilige See Europas ist, müsse der moderne dramatische Wallfahrtsort entstehen, an dem das Volk zur Selbstbesinnung und Erneuerung werde. Hier müsse die Schweiz als eine überzeitliche, ja kosmische Forderung aufglänzen. So steht es in einer Broschüre, die das Projekt bewerben sollte. Die Schweiz als kosmische Forderung – so übertrieben uns dieser geistige Überbau heute erscheint: Liehburgs Projekt einer grossangelegten nationalen Festspielstätte fand in den Jahren 1936/37 durchaus prominente Befürworter aus Politik, Armee, Wirtschaft und Kultur. Allen voran Bundesrat Philipp Etter, der kulturpolitisch massiv unter Zugzwang stand, hatte mit diesem Vorschlag plötzlich ein ausgereiftes Konzept vorzuweisen, das er dann auch mit viel persönlichem Aufwand bewarb. Noch erstaunlicher ist aber, dass selbst der Oberbefehlshaber der Schweizer Armee, General Henri Guisan, die Liehburg'sche Esoterik-Spielart der geistigen Landesverteidigung aktiv unterstützte – und sich selbst dann nicht davon distanzierte, als er mit dem legendären Rütlirapport im Sommer 1940 seinerseits die Armee zum «Hüten der Mitte» anwies.

darstellen

Grenzen

Grenzen darstellen

Marco Volken

Grenzen darstellen

Grenzen darstellen

Marco Volken

Grenzen darstellen

Marco Volken

Grenzen darstellen

Marco Volken

87

Marco Volken

Grenzen darstellen

Marco Volken

gestalten

Grenzen

Im dritten Teil unserer Grenzgänge besuchen wir Orte, an denen Praktiken vollzogen werden, die religiöse Weltbilder gestalten und adaptieren. Einige Beiträge rücken Dinge ins Zentrum, die als Kristallisationspunkte der Handlung dienen. So beschreibt die Luzerner Kulturwissenschaftlerin Aline Stadler die Glocke als einen Gegenstand, der in den Urner Alpen – und auch anderswo – Unwetter abwehren sollte, während der Ethnologe Martin Scharfe aus Marburg Gipfelkreuze thematisiert. Das Läuten der Glocke schützt gegen die Gefahr des Unwetters, das als Ausdrucksform dämonischer, wilder Kräfte gedeutet wurde. Es ist historisch verankert und in jahrhundertelange religiöse Traditionen eingebettet. Gipfelkreuze hingegen gehören in die Transitionszeit zur Moderne, zu der Epoche, in der die alpinistische Eroberung der Berggipfel einsetzt. Häufig mit modernen Instrumenten der Naturbeobachtung versehen und von einem Blitzableiter vor der sicheren Zerstörung durch das Unwetter geschützt, werden sie im ausgehenden 18. Jahrhundert als nostalgisches Festhalten an einem dominierenden Katholizismus erfunden.

Die zwei Münchner Religionswissenschaftlerinnen Hannah Griese und Verena Marie Eberhardt untersuchen Formen der Inszenierung einer vergangenen Welt im (vor)alpinen Raum. Erstere stellt die weltweit bekannte Inszenierung der Passion Christi im bayerischen Oberammergau vor und zeigt auf, wie dieses Schauspiel, das als Votivgabe nach einer Pestepidemie entstanden ist, die grundlegende Erzählung des Christentums mit der voralpinen Landschaft verbindet. In diesem touristisch sehr bedeutenden Ritual, an dem sich die Dorfgemeinschaft aktiv beteiligt, werden Bayerns Berge zum Sinnbild Golgota im neutestamentlichen Jerusalem. Jedes zehnte Jahr wird die Passion Christi durch die Theateraufführung aktualisiert und global verbreitet. Verena Marie Eberhardt setzt sich ebenfalls mit einem touristisch relevanten Festival auseinander und nimmt uns ins Berner Oberland mit, nach Kandersteg. Ende Januar wird das Dorf für einige Tage zurück in die Belle Epoque geführt, und zwar mit einem romantisierenden Blick auf die Übergangszeit vom 19. ins 20. Jahrhundert. Die Alpen werden dabei als Ort stilisiert, in dem Eliten das gute Klima und die wohltuende Natur in attraktiven Hoteleinrichtungen geniessen und den Berg als Ort von Erholung und sportlicher Bewegung aufsuchen. Im Zentrum ihres Beitrags steht der Besuch des Gottesdienstes, der den Beginn der *Belle Epoque Woche* markiert.

Mit Glockenläuten gegen Unwettergefahren
Eine klangliche Spurensuche in den Innerschweizer Alpen

Aline Stadler

Zur Zeit einer furchtbaren Überschwemmung vor mehreren 100 Jahren drohte eine Rübi aus dem abschüssigen, zerrissenen Bachtal den alten Weiler Wytterschwanden im Schächental zu vernichten. Sie wälzte haushohe Felsblöcke daher, deren man heutzutage noch mehrere im Bachbett und im anstossenden Spillmattli sehen kann. Auf dem hervorbrechenden Schutt kamen zwei Hexen dahergefahren, die einen mächtigen Stein mit sich brachten; die eine zog, die andere stiess. Das sah ein Meitli in der Hostet; so gleitig es konnte, lief es zu der St. Antoni Kapelle mitten im Weiler und läutete aus allen Kräften das Glöcklein. Und siehe! Das Unwetter legte sich, die Rübi stand still, der Steinblock blieb liegen, da nützte alles Zerren und Sperzen der alten Hexen nichts mehr. «Stoss Lunni, stoss!», rief die eine. «Rageeri [oder Grageeri] zich! Ich mag nimmä g'stossä, ds Santä-Töni-Sywli [oder -Fährli] gysset!», schrie die andere. Aber es war zu spät. Ihre Macht war dahin. Die Hexen verschwanden.

Diese in den Urner Alpen beheimatete Legende ist in Josef Müllers *Sagen aus Uri. Aus dem Volksmunde gesammelt* von 1945 enthalten. Sie gibt eine mündliche Erzählung der siebzigjährigen Johanna Brücker-Arnold wieder, die um 1920 dokumentiert wurde. Darin werden eindrücklich das bedrohliche Unwetter und der Glaube an die Kraft des Wetterläutens geschildert. Nur knapp blieb die St.-Antoni-Kapelle bei Spiringen, die in ihrer heutigen Form 1620/21 möglicherweise auf einem spätmittelalterlichen Gebäude erbaut wurde, wie es sich aufgrund einer Weihenotiz vermuten lässt, von einem Murgang («Rübi») verschont. Dieser Umstand wird dem Glockenschall verdankt, dem Rufen («gysse») der Kapelle St. Anton, woraufhin die beiden wettermachenden Hexen die Felsblöcke nicht mehr zu stossen vermochten.

Das Wetterläuten ist eine religiöse Praxis, in der sich der Glaube an übersinnliche Wesen äussert, die für das bedrohliche Unwetter verantwortlich gemacht wurden. Die Kirchenglocke als ein geweihtes Objekt, das im alpinen Raum seit Jahrhunderten belegt ist, soll ihre Macht vernichten. Der Schall der Wetterglocke verbreitet einen schützenden Bann, der an den im Urner Land bekannten Betruf erinnert und Vieh und Mensch behüten soll.

Die Vertreibung vermeintlicher Wetterhexen

Diese Geschichte aus dem Urner Schächental ist kein Einzelfall. Wetterläuten ist seit dem 12. Jahrhundert belegt und war in katholisch geprägten alpinen Regionen bis ins ausgehende 20. Jahrhundert eine verbreitete Praxis. Den Glockeninschriften und gesprochenen Gebeten bei der Glockenweihe ist zu entnehmen, dass das Läuten Sturm, Hagel, Blitz und Donner fernhalten könne. Eine entsprechende Läuteordnung war für die jeweilige Sigristin oder in kleineren Ortschaften für den Pfarrer festgehalten. Unabdingbare Voraussetzung für die schützende Wirkung war die Weihung der Wetterglocke, die häufig dem Schutzpatron oder der Schutzpatronin der Kapelle oder Kirche gewidmet war. Nur der geheiligte Schall verfüge über die Kraft, das Unheilige fernzuhalten. Der schützende Bann über eine Ortschaft wurde auf Gottes Kraft zurückgeführt, die sich mit dem geheiligten Läuten verbreitete. In den von Josef Müller gesammelten *Sagen aus Uri* äussert sich nicht nur ein Glaube an die Kraft des Wetterläu-

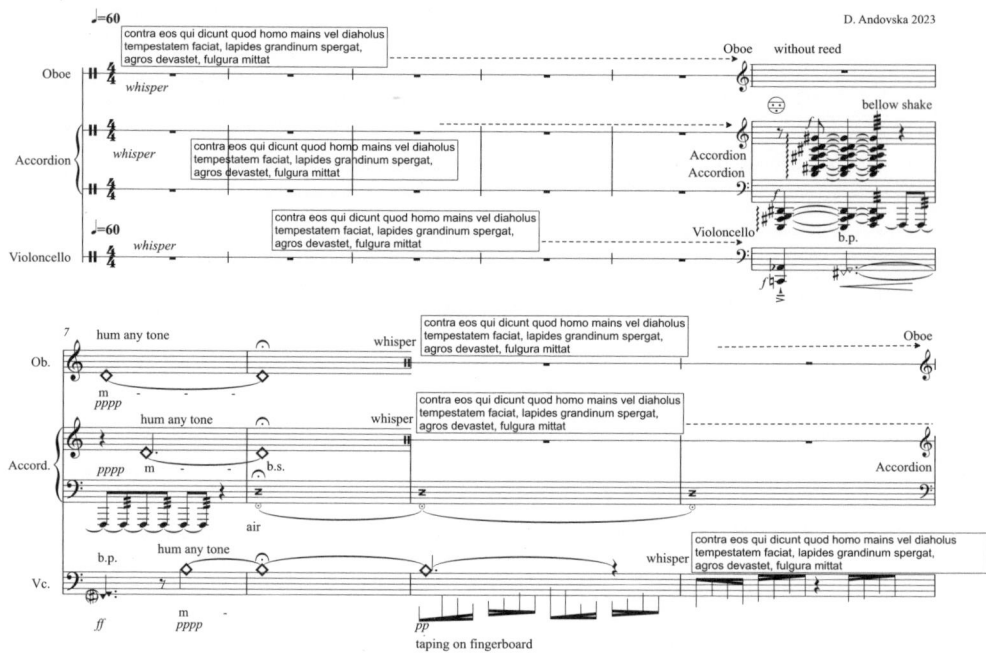

Abb. 23: Erste Partiturseite des Stücks *Weather bells* von Darija Andovska.

tens, sondern auch an die Wesen, die für das Wetter zuständig seien und häufig als Hexen bezeichnet wurden. Wie in anderen Gebieten Europas verstärkte sich in der Frühen Neuzeit die Angst vor Hexen auch in den Urner Tälern und wurde in die Vorstellungswelt und die religiösen Praktiken integriert.

Der im frühen 20. Jahrhundert tätige Landarzt Eduard Renner beschreibt in seiner Sammlung von Urner Sagen und Legenden *Goldener Ring über Uri* das religiöse Weltbild der Einheimischen. Hier hebt er hervor, dass die wettermachenden, bedrohlichen Wesen als «Es» bezeichnet werden. Das Es bleibt als Figur unbestimmt; es steht für die Art und Weise des persönlichen und kollektiven Erlebens, für ein «grosses Grauen», wie der Landarzt es benennt. Veranschaulicht wird dieses beispielsweise in einer von Josef Müllers Sagen aus dem Riedertal, in der Es als eine Hexe – «Susannäli» genannt – konkretisiert wird:

> Die Leute fürchteten es und vermieden möglichst alles, womit sie es hätten erzürnen können. Wem es übel wollte, der bekam es hart zu spüren. Es ging

Abb. 24: Eine kleine auf b' gestimmte Glocke in der Kapelle St. Anna in Vals, Graubünden. In Vals wird schon länger nicht mehr wettergeläutet, wie der dortige Pfarrer Auskunft gibt.

einfach zum Bach hinunter, fletzte einige Hände voll Wasser in die Lüfte, und der prächtigste Hagel war fertig und prasselte über das Heu oder die Matte desjenigen nieder, dem es Rache geschworen hatte …

Welche fatalen Konsequenzen das Wetterläuten in Verbindung mit dem Hexenglauben mit sich bringen konnte, zeigt die Geschichte einer Überschwemmung 1629 im Kanton Obwalden. Ein Bach in Giswil beschädigte die alte Pfarrkirche, woraufhin der Pfarrer die Bemerkung festhielt, dieses Wasser sei «von Unholden gegen die Kirche gerichtet» gewesen, wie Historiker Ludwig Degelo belegt. «Unhold» und «Unholdin» waren Bezeichnungen für Hexen und Zauberer. Es folgte eine der schlimmsten Hexenverfolgungen schweizweit mit insgesamt 33 Hinrichtungen von Männern, Frauen und Kindern. Die Vorstellung, dass Blitz, Hagel und Ungewitter durch den Menschen feindlich gesinnte Mächte verursacht würden, war im Innerschweizer Alpenraum tief verankert.

So weit, wie der Schall reicht

Mit diesen religiösen Praktiken und Vorstellungen in alpinen Regionen beschäftigt sich Kurt Lussi, ehemaliger Kurator am Historischen Museum Luzern. Ihm zufolge konnte jede Kirchenglocke, sobald sie als Wetterglocke geweiht wurde, gegen das Unwetter verwendet werden. Gleichzeitig lud die Glocke zum Gebet gegen Gewitter ein. Auch in Privathaushalten gab es kleine Wetterglocken, die die gleichen Funktionen übernahmen. Die Reichweite des Geläutes entsprach der Reichweite des Schutzes. Auch der Kurator am Historischen Museum Uri Walter Bär-Vetsch, der Erzählungen von älteren Menschen und Pfarrern gesammelt hat, bestätigt, dass in der Zeitspanne von 1880 und 1960 das Wetterläuten als ein wirksamer Schutz gegen das Es galt. Im Innerschweizer Alpenraum erhält der Schutz für Vieh, Landschaft und Ernte eine besondere Wichtigkeit. So wird nebst der Heiligen Barbara als Schutzpatronin vor frühzeitigem Sterben und dem Wetterheiligen Antonius von Padua explizit der Bauernheilige Antonius der Einsiedler angerufen. Letzterem ist die Wetterglocke in der Giswiler Kirche St. Anton im bereits erwähnten alten Überschwemmungsgebiet gewidmet. In seinem Buch aus dem Jahr 2000 dokumentiert der Sagenforscher Hanspeter Niederberger folgende Inschrift auf der 1945 gegossenen Giswiler Glocke: «Heiliger Antonius, du Schrecken der bösen Geister, bitt für uns!» Daneben ist der Bauernheilige mit Glockenstab abgebildet. Der Text geht weiter mit:

> Vor Teufelsschreck und Hagelschauer
> Behut' uns Wiesen, Feld und Bauer.

In alpinen Gebieten wurden die Unglücksbringer also als Es oder Teufel bezeichnet. Das Läuten der Glocken konnte sie vertreiben. Diese religiösen Praktiken und Vorstellungen verlieren sich zwar im Laufe des 20. Jahrhunderts. Dennoch blieb die Glocke häufig ein wesentliches Instrument, um Menschen in einer Notsituation wie im Falle eines übertretenden Flusses zu warnen. Die Schläge der Glocke wurden schliesslich durch Sirenen oder andere Warnsysteme ersetzt. Das Verschontbleiben vor Unglück, in dieser negativen Formulierung, steht in den erwähnten Glaubensvorstellungen im Vordergrund, während andernorts die Anrufung der Engel wichtig wird, wie es Historiker Alain Corbin im Frankreich des 19. Jahrhunderts festmacht. Als andauerndes, unruhiges Sturmläuten, häufig mit «doppelt schnellen, diskontinuierlichen Schlägen» (S. 267) äussert sich das Geläute in Notsituationen und warnt beispielsweise vor übertretenden Ufern, ist für den Menschen Signal, die

Abb. 25: Ein Loretoglöcklein mit Originalzettel an blauem Seidenband, auf dem zu lesen ist: «Lorettoglöcklein, gesegnet gegen Unwetter und Teufelseinflüsse». Die Rückseite ist mit einem Siegel versehen, auf dem das Haus von Loreto zu erkennen ist. Das Wetterglöcklein stammt aus der Verwandtschaft von Kurt Lussi, ist 7,5 cm hoch und wurde zu Hause verwendet.

Tiere in den Stall zu bringen. Zu einem grossen Teil haben Sirenen und anderweitige Alarmsysteme heute diese Aufgabe des Alarmrufs übernommen.

Vom Versuch, Unkontrollierbares zu kontrollieren

Die Benediktinerinnen des Klosters Seedorf läuten ihr «Glöggli» – so erzählte mir die Äbtissin – noch heute und bitten Gott um Abwendung von Blitz und Gewitterschäden. In den Urner Alpen hat sich das Wetterläuten vereinzelt erhalten. In der Pfarrkirche St. Michael in Spiringen läutet Sigristin

Manuela Arnold-Schmid nebst den Wetterglocken auch die Totenglocken: Wenn eine Frau gestorben ist, läutet die Totenglocke zwei Mal sieben Minuten, wenn der Verstorbene ein Mann ist, drei Mal sieben Minuten. Manuela Arnold-Schmid erzählt, dass besonders ältere Menschen die Sprache der Glocken schätzen. Aktuell nicht im Einsatz, jedoch in der Läuteordnung festgehalten, ist das Wetterläuten auch in Seelisberg in der Pfarrkirche St. Michael. Folgende Instruktionen regeln diese Praxis: «Wetter und Sturmläuten: Bei schweren Gewittern mit Gl. 1 nicht über 15 Min. --- Bei Brandausbruch und anderen Notständen zuerst mit Gl. 3, dann unregelmässig mit allen Gl. nicht über 15 Min.»

Das Wetterläuten kann als ein Versuch interpretiert werden, Unkontrollierbares in Kontrollierbares zu überführen. Diese Praxis ist im kollektiven Gedächtnis katholisch geprägter alpiner Dörfer tief verankert. Die Sigristin aus Spiringen erzählte mir, dass die Grossmutter ihres Mannes glaubte, eine «Wetterhexe» gesehen zu haben. In der Nachkriegszeit sei ihr eine Frau mit einem «riesigen» Hut im Gottesdient aufgefallen. Diese habe die Kirche vor dem Wettersegen verlassen, woraufhin der Pfarrer Weihwasser vor der Kirche gespritzt und die Ortschaft gesegnet habe. Das Unwetter zog vorüber, und Spiringen blieb verschont. Solche Rituale bezeugen die Furcht vor dem Unwetter und den Versuch, sich mit religiösen Praktiken davor zu schützen. Es ist eine Angst vor Bestrafung in Form von Naturkatastrophen, grundsätzlich eine Angst um die eigene Existenz, jene der Familie und der Dorfgemeinschaft.

Wohin hat sich die Furcht vor zerstörerischen Naturereignissen in den letzten Jahrzehnten wohl verlagert? Im Konzept des Anthropozäns gibt es keinen Platz für Unwetterhexen oder für religiöse Praktiken, die die Naturkräfte bändigen könnten. Vielmehr wird deutlich, dass der starke Eingriff des Menschen in die Biosphäre irreversible Prozesse entfacht. So wird es zur Ironie der Geschichte, dass wir heute Naturkatastrophen selbst auslösen, vor denen sich unsere Vorfahren lange Zeit fürchteten und zahlreiche Rituale dagegen praktizierten. Mit der Hoffnung, selbst verschont zu bleiben, zerstört der Mensch seine eigenen Lebensgrundlagen und diejenigen von Tieren und Pflanzen. Und mit Blick auf stetig zunehmende Überschwemmungen, Erdrutsche und Waldbrände klopft die Angst langsam wieder an.

Das schein-heilige Kreuz
Zur Geschichte unseres prominentesten Gipfelzeichens

Martin Scharfe

Als sich am 17. Februar 2023 ein grosser Teil der obersten Felsformation des Fluchthorns in der Silvretta löste und ins Tal donnerte, vergass keiner der Berichte darauf hinzuweisen: es sei der ganze Gipfel *mitsamt dem Gipfelkreuz* abgestürzt. Das zeigt, wie sehr unsere Vorstellung des alpinen Berggipfels eine fast unauflösliche Verbindung mit dem Bild eines ihn auszeichnenden Kreuzzeichens eingegangen ist. Bittet man beispielsweise Kinder, einen Alpengipfel zu zeichnen, werden sie ihre Zackenlinie des Berghorizonts gewiss mit dem ganz offenkundig unvermeidlich gewordenen Kreuz versehen.

Doch das alpine Gipfelkreuz ist kein archaisches Mal, es hat eine erstaunlich junge und kurze Geschichte. Und diese Entstehungsgeschichte ist des Weiteren mit einem umgrenzten kirchlichen Territorium des späten 18. Jahrhunderts verbunden. Vor allem aber: Dieses Kreuz ist gegen jeden Augenschein von allem Anfang an keineswegs ein Ausdruck ungestörter christlicher Glaubensgesinnung, sondern vielmehr Resultat und Ausdruck einer unbewussten kulturellen Täuschung, der wir unterliegen – *auch*, wenn man an seine anfänglichen Initiatoren denkt, der kulturellen *Selbst*täuschung.

Am Beginn: Erschrecken und Messen

Als jene europäische Kulturbewegung, die wir Alpinismus nennen, in den allerletzten Jahrzehnten des 18. Jahrhunderts ihren Anfang nahm, kaprizierte sie sich sogleich auf den allerhöchsten Alpenberg (der ja erst einmal zu ermitteln war!) – den Montblanc in den savoyischen Westalpen. Das war kein Zufall – ging es doch nicht, wie ein moderner Aberglaube zu wissen meint, um die Eroberung der Berge an sich; vielmehr war die «theoretische Neugier» – also das wissenschaftliche Interesse – der eigentliche Antrieb mit Fragen wie: ob es der Mensch da oben überhaupt aushalten und ob er überleben könne, wie Gestein, Schnee, Luft usw. beschaffen seien und dergleichen mehr. Wie breit das Interesse angelegt war, zeigt eine Aufstellung des Genfer Naturforschers Horace-Bénedict de Saussure über das, was er am 3. August 1787 auf dem höchsten Berg Europas untersucht hatte: Gestalt des Gipfels, Schnee des Gipfels, Felsen, Tiere, Gewächse, Luftdruck und -elektrizität; Temperatur, Durchsichtigkeit und Zusammensetzung der Luft; Siedetemperatur des Wassers, Farbe des Himmels, Windrichtung und -stärke, Abweichung der Magnetnadel, Verhalten von Kalkwasser und luftleerem Laugensalz, Schattenwurf und -stärke, Beschaffenheit des menschlichen Geruchs- und Geschmacksvermögens, Wirkung des Schalls, Geschwindigkeit und Art des Pulses, Verhältnis der Höhe des Gipfels zu anderen Bergen, Ausdünsten des Äthers, Zersetzung der dephlogistierten Salzsäure, Möglichkeit des Blicks zum Mittelmeer und dergleichen mehr.

Man traf dort oben eine total fremde, ja menschenfeindliche, eine geradezu tödliche Welt an, die die Menschen, die sich hinaufgewagt hatten, mit abgrundtiefem Erschrecken und bodenlosem Entsetzen überfiel. Als der Arzt Dr. Paccard und sein Führer Balmat Anfang August 1786 ganz sicher als erste Menschen frühabends auf der höchsten Kuppe des Montblanc angelangt waren, dünkte sie die untergehende Sonne «ganz schwarz», und diese «schwarze Sonne» war von einer «nie gesehenen Größe» und auch viel «flammender» als sonst. Der Anblick (und es wäre methodisch ganz falsch, einen solchen Bericht nicht ernst und wörtlich zu nehmen!) «erfüllte sie mit einem solchen Entsetzen, dass es sie zum ruhigen Nachdenken und zum Betrachten unfähig machte» (Reichard, S. 359), und in panischer Flucht stürzten sie den Berg wieder hinab. Im Jahr davor hatte bei einem seiner frühen Ersteigungsversuche auch Saussure selbst ein ähnlich schreckliches Sonnenuntergangserlebnis gehabt. Ein blutroter Streifen am Horizont, das blasse Abendlicht der Sterne, die aber nicht funkelten, der Anblick der endlosen Bergmassen in ihren Grau-Schattierungen, die ungewohnte «Ruhe, die tiefe Stille»: all das zusammen, berichtet Saussure, flösste ihm «eine Art von Schauer» ein; «es kam mir vor», schreibt er – und nun folgt ein unglaubliches Bild! –, «als wenn ich das ganze Weltall überlebt hätte und nun seinen Leichnam zu meinen Füßen ausgestreckt sähe» (Saussure, S. 167)!

Kein Trost mehr der Religion

Wo das Erschrecken (und noch nicht das sedierte Freuden- und Glücksgefühl, das uns moderne Menschen nach generationenlanger Erfahrung und Gewöhnung zu erfüllen pflegt) und das Entsetzen und Grausen die Seele auf derart brutale Weise zu zerdrücken drohten, stand die Suche nach seelischen Hilfskräften und nach einem Verteidigungsmittel im Vordergrund; und man fand dieses Mittel in den heftigen und ausdauernden Messaktionen, über die sich der moderne Roman zum Vergnügen des Publikums auf billige Weise lustig machen darf – für Saussure aber und seine Kompagnons und Nachfolger dienten die dem Todesschrecken abgerungenen Zahlenkolonnen dem Überleben. Denn «der Trost der Religion» stand dem Genfer Bürger am Ende des 18. Jahrhunderts kulturell nicht mehr zur Verfügung: dem Mann, der evangelischer Konfession war – und der auch noch der als besonders nüchtern zu charakterisierenden reformierten (und dazuhin noch calvinistischen) Richtung des Protestantismus angehörte, die bekanntlich den Bildern und sinnlichen Zeichen aller Art besonders kritisch gegenüberstand: kein Wunder also, dass auf dem Montblanc (abgesehen davon, dass die mächtige Firnhaube ohnehin der Fundierung eines Denkmals im Weg stand!) der Gedanke an ein Kreuz gar nicht auftauchen konnte; auch von anderen religiösen Handlungen und Formeln – etwa Segenssprüchen oder Gebeten oder anderen frommen Bekundungen – finden wir keine Spur! Die Dokumentation der gelungenen Besteigung aber erfolgte in einer recht nüchternen Aktion: Frau Saussure und ihre Schwester schwenkten im Talort Chamonix eine Fahne zum Zeichen, dass sie die Ersteiger mithilfe eines Fernglases auf dem Gipfel gesehen hatten. Dieser Akt wurde dann schriftlich bestätigt. Das genügte; eines dauernden Siegesmales bedurfte es nicht.

Die Konfessionen auf die Gipfel mitgeschleppt

Dass die beiden grossen christlichen Konfessionen Europas ganz unterschiedliche Kulturmuster für die Bewältigung der extremen alpinistischen Probleme bereithielten, die während der «Bergreisen» entstehen konnten, zeigen zwei Szenen, die von der ersten Ersteigung des Jungfraugipfels überliefert sind. Der wohlhabende Aarauer Bürger und Seidenfabrikant Gottlieb Meyer, ebenfalls ein Mann reformierter Konfession (freilich der zwinglianischen Richtung), hatte mithilfe zweier Führer aus dem katholischen Wallis, deren Namen zum Zwecke der Überprüfbarkeit ausdrücklich erwähnt, ja sogar gedruckt wurden, im August 1812 die Spitze dieses Bergs erreicht;

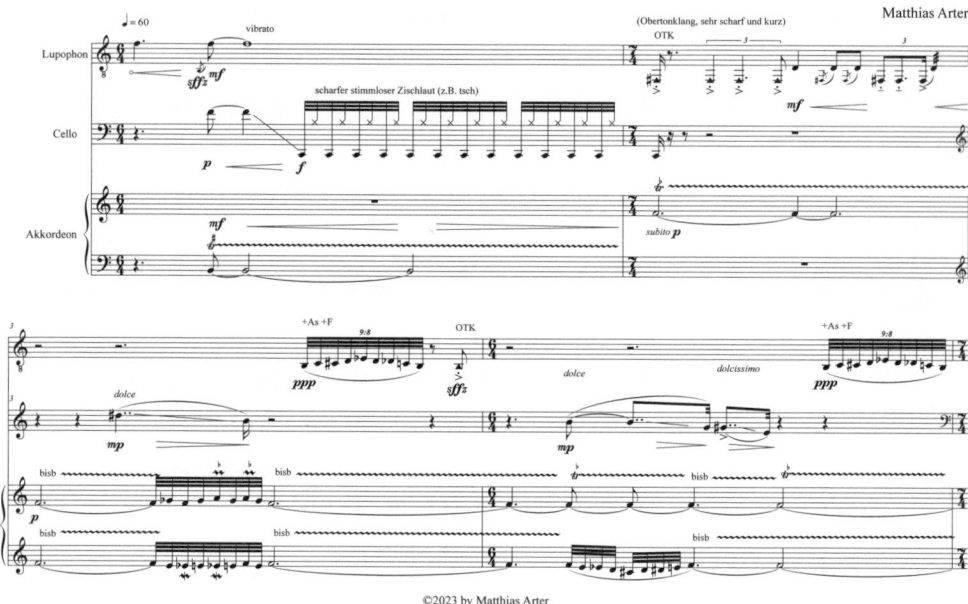

Abb. 26: Erste Partiturseite des Stücks *Gipfelkreuz* von Matthias Arter.

und natürlich arbeitete er dort das obligatorische Messprogramm ab. Es trat aber plötzlich eine an solch ausgesetzter Stelle und in dieser Höhe äusserst prekäre, ja lebensgefährliche Wettersituation ein – eine Krise, deren Bewältigung den Kontrast zwischen den Kopfwelten des städtischen Protestanten und der ländlichen Katholiken in einem einzigen Satz schlagartig aufblitzen lässt: «Gottlieb Meyer, während die Walliser beteten, beobachtete Barometer und Thermometer» (Zschokke, S. 223f.). In grosser Eile wurde eine Stange tief in den Firn gerammt, an der eine knallrote Wachstuchfahne befestigt war; und dann folgte, als sich die Wettersituation dramatisch zuspitzte, gleich noch eine zweite Szene, die ebenfalls unterschiedliche und eindeutig konfessionell geprägte Muster erkennen lässt und in der fein ironischen Diktion des protestantischen Redakteurs Zschokke (des Autors des seinerzeit weit verbreiteten Erbauungsbuchs «Stunden der Andacht»!) lautet: «Die beiden Walliser gelobten auf dem Gipfel der göttlichen Jungfrau und Himmelskönigin eine Wallfahrt nach Maria Einsiedeln, wenn sie glücklich das Leben aus der Gefahr davon trügen» (Zschokke, S. 224). Die Gefahr: das waren die bedrohlich heranschwärmenden dichten Nebel und Wolken,

Abb. 27: Höfel nach Loder, Feyerliche Enthüllung und Einweihung des Kreuzbildes von Gußeisen auf dem Erzberge in Steyermark, am 3ten Juni 1823.

denen der «Bergreisende» Meyer eine letzte Mess-Aktion abtrotzte: er zog noch einmal seinen Dosensextanten hervor, «um einige Winkel zu messen» (Zschokke, S. 223f.)!

Wenn nun schon längst deutlich geworden ist, dass es nicht nur sozial, sondern auch konfessionell klar unterscheidbare Bräuche gab, die selbstverständlich auf die vorher nie betretenen extremen Berghöhen mitgenommen wurden, darf es nicht verwundern, dass am Ende irgendein frommer Mann auch auf die Idee kommen musste, das in den katholischen Kulturlandschaften herkömmliche und in Zeiten einer neuen und forcierten Gegenreformation in seiner Bedeutung nochmals gesteigerte Weg- oder Flur- oder Feldkreuz auch auf die höchsten Berge zu verpflanzen; und die Idee musste die höchste Aufmerksamkeit finden, wenn dieser Katholik auch noch ein hochrangiger Kirchenmann wie der Klagenfurter Fürstbischof Salm-Reifferscheidt war. 1799 (also im letzten Sommer des auslaufenden Jahrhunderts, wie ein aufmerksamer Beobachter befriedigt notierte) wurde erstmals ein solches Flurkreuz der neuen Art auf der Spitze des eben erreichten Klein-Glockners befestigt.

Das allererste hochalpine Gipfelkreuz – und sein Kainsmal

Als Kardinal Salm, der Finanzier dieser Aktionen, im folgenden Jahr, 1800, auf dem dann endlich auch erstiegenen, ein paar Meter höheren Gipfel des Gross-Glockners ein zweites, viel grösseres und wirklich (und im Wortsinne!) Aufsehen erregendes Gipfelkreuz errichten liess (es war mit sich im Wind drehendem vergoldeten Blätterspielwerk versehen, das weit ins Tal hinunterblitzte), musste freilich auch für jedermann auf Anhieb klar erkennbar sein, dass das neue Artefakt auf der extremen Felsspitze nichts mehr mit dem ordinären Flurkreuz der Niederungen zu tun hatte – ja, man darf vielleicht gar sagen, dass die Kreuzgestalt des neuen Zeichens ein kultureller Vorwand war, hinter dem sich noch ganz andere Motive verbergen konnten: eine trügerische neue Kulturformel. Das freilich ist eine Behauptung, die sorgfältig mit Argumenten abgesichert werden muss.

Der erste und augenfälligste Unterschied des neuen Bergkreuzes zum gewöhnlichen Feldkreuz war nun der Blitzableiter, dessen es bedurfte – das Kainsmal, wenn man so sagen darf, des Gipfelkreuzes. Hatte das Flurkreuz der Tiefen, als sogenanntes Wetterkreuz, einst die Fluren vor Wetterschaden beschützen sollen, so musste nun das neue Kreuz im Gebirge selbst geschützt werden vor Gewitter, Blitz und Donner, die man bis dahin als Ausdruck des Zornes Gottes gedeutet hatte – und es war nun Menschenwerk, das helfen konnte und musste: der soeben erst erfundene Blitzableiter!

Doch der Umstand, dass das neue Gipfelkreuz ohne menschliche technische Hilfe keinen Sommer überstehen konnte, ist nicht die einzige Irritation, die unserem Bergzeichen mitgegeben, ja eingepflanzt ist. Denn auch Kardinal Salm, ein hochgebildeter und naturwissenschaftlich äusserst interessierter und versierter Mann, liess den Glockner aus den gleichen Gründen besteigen, die auch die westalpinen Bergreisenden auf die menschenfeindlichen Höhen geführt hatten – aus naturwissenschaftlicher Neugier! Zu diesem Zwecke hatte er renommierte Mathematiker und Vermessungsspezialisten, Botaniker, Geografen, Geologen, Mediziner, Hydrologen zur Teilnahme eingeladen. Und so ist es denn kein Wunder, dass sein Gipfelkreuz, bei Licht besehen, nichts anderes ist als ein stationäres Mess-Gestell in Kreuzgestalt: der bewegliche Hahn auf der Spitze, der an den dreimal krähenden Petrus-Hahn der Passionsgeschichte erinnerte, befriedigte zugleich das Interesse an Windrichtung und Windstärke; das Kreuzgestell selbst war vorgesehen für die Befestigung von Messgeräten wie Barometer und Thermometer.

Das Kreuz als Zeichen der Wissenschaft

Doch es gibt noch andere Dokumente, die das Kreuz als kulturellen Vorwand erscheinen lassen – ein Gedicht etwa aus dem Jahr 1799, das das erste Glockner-Kreuz als Wegweiser zu den naturgesetzlichen «Wundern» des Bergmassivs betrachtet:

> Ha! Wie dein göldnes Wendel-Creuz,
> Das Frömmigkeit gepflanzt – bereits
> Auf uns hernieder blinket:
> Dem trüben Forscher-Aug, entlang
> Zu deinen Wunden winket! (Tagebuch, S. 223)

Und eine Medaille, die Salm zur Erinnerung an die beiden Glockner-Ersteigungen von 1799 und 1800 prägen liess, zeigt zwar beide Kreuze auf dem Doppelgipfel, ist aber, wie die Inschrift unmissverständlich sagt, den Wissenschaftlern («PHILOLOGIS») gewidmet.

Die wissenschaftlichen Resultate der Glocknerkampagnen, die mit langen Zahlenkolonnen und mathematischen Berechnungsformeln und Listen lateinischer Pflanzennamen nach dem Linné'schen System die Ersteigungsberichte geradezu durchwuchern, hielt man im Übrigen mit jenen, die kurz zuvor am «älteren Bruder Montblanc» gewonnen worden waren, für durchaus vergleichbar. Ja in gewisser Weise glaubte man die Forschungsleistung am Glockner bedeutender als die westalpine – und zwar in (so würden wir heute wohl sagen:) forschungsstrategischer Hinsicht. Es waren zum einen die erschlossenen und relativ gesicherten Zugangswege, die künftige Kampagnen erleichterten. Vor allem aber hob man als grosse Innovation das System sicherer Unterkunftslokale hervor, deren Zentrum die komfortabel ausgestattete Salm-Hütte war: «Asyle» hiess es, für die «von Stürmen verfolgten Naturforscher». Und nicht zuletzt durfte man die stationären Messgerüste preisen – die nun einmal aus besonderen kulturellen Gründen die Gestalt eines Kreuzes erhalten hatten ...

Haben schon diese Hinweise auf wissenschaftliche Interessen der Moderne die kulturelle Figur des Gipfelkreuzes als einen (freilich sehr naheliegenden) ideologischen Vorwand zu entlarven vermocht, zeigt uns ein weiteres öffentlich zugängliches Dokument noch ganz andere Dunkelstellen des vermeintlich so klaren und eindeutigen Sinn präsentierenden Bergzeichens. Im Jahr 1823 nämlich liess Erzherzog Johann von Österreich, der Bruder des Kaisers, ein aufklärerisch gesinnter und dennoch sozialkonservativ-frommer Mann, auf dem steirischen Erzberg ein monumentales Gipfelkreuz samt angehefteter (und aus dem Erz des Bergs gegossener) Christusfigur errichten. Eine grandiose Einweihungsfeier wurde in Szene gesetzt, die Beschreibung liest sich eindrucksvoll, und das zeitgenössische Bild des Höhepunkts des Festakts gibt auch uns Heutigen noch einen überaus anschaulichen Eindruck der Zeremonie. Als zentraler Teil des Programms war eine Predigt vorgesehen, für die der Erzherzog einen renommierten Redner, einen Angehörigen des Stiftes Admont, ausgewählt hatte, dem er auch Vorschläge für Inhalt und Gestaltung der Ansprache machte.

Das Kreuz – eine Deck-Erinnerung

Egid Scherer, so hiess der Redner, brachte dann vieles zur Sprache, was man erwarten konnte (etwa die Erwähnung der Bibelstellen des Alten und Neuen Testaments, in denen Berge erwähnt sind), hielt sich auch weithin an andere Vorschläge Johanns (was etwa die Ermahnung der Erzberg-Arbeiter zu biederem Sinn und fromm-braver Lebensgestaltung betraf); doch in einem Punkt erlaubte er sich Kritik – und zwar überaus deutliche Kritik! – an einem früheren Vorhaben Johanns, das nun freilich schon fast zwei Jahrzehnte zurücklag. Als sein grösstes alpinistisches Projekt nämlich musste Johann die erste Besteigung des Ortlers, des höchsten Bergs im damaligen Tirol, ansehen, die, nach Vorbereitungen im Jahr davor, im Sommer 1805 gelungen war – also nur fünf Jahre nach der von Kardinal Salm initiierten Glockner-Ersteigung. Mit grossem Stolz wohl blickte Johann auf diese Eroberung zurück, die er mit einem eindrucksvollen Monument zu markieren und zu feiern vorgehabt hatte: eine nach heutigem Mass etwa acht Meter hohe Steinpyramide auf dem Gipfel, an deren Fuss die Namen der allerersten und noch einige der folgenden Ersteiger auf einer Marmorplatte zum dauernden Gedenken hätten festgehalten werden sollen. Wenn sich dieser Plan auch nicht wirklich realisieren liess (man drang durch die mächtige Firnschicht des Gipfels nicht zum Felsfundament vor, hatte Schwierigkeit, geeignete Steine herbeizuschaffen, wurde zunächst durch schlechtes Wetter und im folgenden Sommer durch Kriegsereignisse am Weiterbau gehindert): die stolze Siegespyramide auf dem Ortler blieb im Gedächtnis; und auf sie nahm der Erzberg-Prediger Scherer nun Bezug – ohne Namen zu nennen zwar, doch unmissverständlich; und er setzte die Ortler-Pyramide, ein Denkmal menschlichen Leistungsstolzes, in direkte Beziehung zum neuen Gipfelkreuz auf dem Erzberg (das zwar auch das Kainsmal des menschengemachten Blitzableiters tragen musste, dennoch aber zum wahren und ungetrübten Bild christlicher Andacht erhöht wurde): «Keine eitle Riesensäule, keine stolze Pyramide ist es, welche ihr hier etwa zum kalten, stummen Monumente errichtet seht», rief der Prediger, der direkt vor dem neuen Wahrzeichen des Bergs stand, in die Menge, sondern das Kreuz als «Zeichen der Erlösung» (Scherer, S. 203)!

So sprach der Prediger Scherer – und hatte mit dem ächtenden Hinweis auf das pompöse Ortler-Mal das neue Kreuz auf dem Berg zu einer Gebärde der Busse und der Scham erklärt – und zugleich zu einer (mit Freud gesprochen:) «Deck-Erinnerung» gemacht, zu einer fälschenden Erinnerung also, der die Aufgabe zukommt, die nun für verderblich erklärte Erinnerung an den Stolz auf die menschliche Leistung zu verdecken und die Seele (oder vielmehr, wenn man das so sagen darf: ihre Aussenhaut) reinzuwaschen.

Das Gipfelkreuz: ein kultureller Wechselbalg

Doch die Predigt unter dem neuen Erzberg-Gipfelkreuz enthielt noch eine zweite, eine ganz andere Mahnung, weshalb sie wohl auch als katholische Musterpredigt für alle späteren Kreuzeinweihungen dienen sollte: sie beschwor in zahllosen Wendungen (und wohl auch gegen besseres Wissen) das Festhalten am herkömmlichen braven Gottesglauben und beklagte das Schwinden der frommen Sitte – kurz: Sie vermeinte Anzeichen einer allgemeinen Dechristianisierung bemerkt zu haben. Johann hatte in seinen Ideenvorgaben für Scherers Rede mit einem starken Wort gar von einer «verhunzten Welt» gesprochen – das neue Kreuz auf der Höhe des Bergs sollte nun also ein Mittel sein, mit dem man solchen unumkehrbaren Tendenzen der Zeit glaubte widerstehen zu können; die seit jeher latent vorhandene Gottlosigkeit in der Volkskultur hatte man ja ohnehin nie geglaubt ernst nehmen zu müssen.

Das Gipfelkreuz war also – so darf man vielleicht zusammenfassend sagen – von allem Anfang an ein kultureller Wechselbalg. Seine «Seele» akzeptiert, wie auch seine weitere Geschichte zeigt, hurerisch gewissermassen (wenn man das in solchem Zusammenhang sagen darf!), jedes Motivationsangebot – vom innigsten Glaubensruf und der heftigsten Verweltlichungskritik bis hin zum brutalsten Nationalismus (wie man am Hakenkreuz-«Gipfelkreuz» von 1933 auf dem bayrischen Heigelkopf sehen konnte) und zum krassesten Egoismus, der sich hinter und in der «heiligen» Gestalt unentdeckt wähnen darf: die Begründungsgeschichten der neuesten Gipfelkreuze, die Hans-Joachim Löwer kürzlich zusammengetragen hat, zeigen uns genügend Beispiele für die – kulturtheoretisch gesehen – «notwendige» Oberflächlichkeit aller kulturellen Zeichen. Es war der grosse Kulturtheoretiker Friedrich Nietzsche, der uns für eine solche Sicht der Dinge die Augen geöffnet hat.

Diese kulturell notwendige «Oberflächlichkeit» des Zeichens hat erst die «Pathosformel» (das war Aby Warburgs Ausdruck) Gipfelkreuz ermöglicht. Und sie ist letztlich auch die eigentliche Ursache der Massenhaftigkeit des Gipfelkreuzes in der Gegenwart – mit neuen Debatten über vermeintlichen «Sinn» und weitere Wünschbarkeit. Die grosse Verbreitung längst auch in den Westalpen und dann hinüber bis zu den letzten Ausläufern der Ostalpen aber – genaue Zahlen weiss niemand – ist erst in den letzten Jahrzehnten erfolgt.

Die Nachrichten über die Anfänge zeigen uns eine nur äusserst zögerlich voranschreitende Verbreitung: 1799 und 1800 die beiden Kreuze auf dem Glockner, dann 1819 das nächste auf der Vincentpyramide und 1820 auf der Zumsteinspitze im Monte-Rosa-Stock, die von Süden, vom Piemont aus also, erstiegen wurden. In den Ostalpen folgten 1822 der Ankogel, 1823 der erwähnte Erzberg und das Vordere Sonnwendjoch; selbst der weitab von den Alpen gelegene Ararat, der sagenhafte Ort der Strandung der Arche Noah, erhielt (natürlich von mitteleuropäischen Alpinisten) schon 1828 ein Gipfelkreuz. Die weitere Geschichte indessen liegt noch ungeklärt vor uns – nur so viel lässt sich sagen, dass um die Wende vom 19. zum 20. Jahrhundert (wenn man vom österreichischen Bundesland Tirol ausgehen darf, wo man historisch etwas genauer hingesehen hat) vielleicht gerade einmal fünf Prozent des heutigen Bestandes existierten.

Debatten unserer Tage

Aufschlussreich (und durchaus auch für die Deutung des Gipfelkreuzes bedeutsam) sind nun zwei historische Ereignisse, die den Beginn der Massenhaftigkeit des Gipfelkreuzes in der Gegenwart markieren. In den österreichischen und deutschen Alpen-Anteilen gab es in den Jahren unmittelbar nach dem Ende des Zweiten Weltkriegs eine Vielzahl von Aktionen, in denen fromme Kriegsheimkehrer, die unter ihrer Gewissenslast und Schuld litten, in beschwerlichen Bussaktionen Kreuze auf die Berggipfel hinaufschleppten und dort oben aufrichteten: ein gewiss wichtiger Hinweis auf die dem Artefakt mitgegebene Bedeutungsvielfalt. Nicht weniger aussagekräftig ist aber die Beobachtung, dass sich wohl die allergrösste Anzahl unserer Gipfelkreuze allein einer technischen Innovation verdankt: nämlich dem Aufkommen und Siegeszug des Helikopters seit den sechziger Jahren des 20. Jahrhunderts, der erst die heutige Masse der Gipfelkreuze «geschaffen» hat – eine Masse, die nun angesichts heftig veränderter Religionsverhältnisse in Europa und auch angesichts eines neuen Verständnisses von Natur immer häufiger zu kritischen Fragen und auch zu erregten Debatten führt.

Es ist vollbracht!
Passionsspiele in Oberammergau

Hannah Griese

Jesus hängt am Kreuz. Es scheint, als hielten die Anwesenden kollektiv den Atem an. Der Himmel hat sich verdunkelt, und mitten in die spannungsvolle Stille hinein ruft Jesus inbrünstig: «Eloi, Eloi, Lama Sabachtani (Mein Gott, mein Gott, warum hast du mich verlassen)!» Dann stirbt er.

Wir befinden uns in Oberammergau in den bayerischen Voralpen. Es ist Ende September 2022. Wie alle zehn Jahre seit 1634 wird auf der eindrucksvollen Bühne in dem kleinen Bergort die Passion Jesu aufgeführt. Tausende Zuschauerinnen und Zuschauer aus aller Welt sind gekommen, so wie zu jeder der gut 100 Aufführungen diesen Sommer. Eigentlich hätten die Passionsspiele schon 2020 stattfinden sollen, wegen der Covid-19-Pandemie wurden sie um zwei Jahre verschoben. Doch nun ist es endlich so weit, die 42. Passionsspiele können stattfinden, neigen sich schon wieder dem Ende zu. Oberammergau, umgeben von Bergen wie dem Kofel, dem Kleinen und Grossen Aufacker oder dem Laber, wird zum Schauplatz des Leidens, Sterbens und der Auferstehung Christi. Die gut fünfstündige Aufführung entführt uns mitten hinein in Geschehnisse, die fast 2000 Jahre zuvor stattgefunden haben sollen, an einen anderen Ort, zu anderen Bergen: in das biblische Palästina, nach Jerusalem, zum Ölberg und zuletzt nach Golgota. Gleichzeitig jedoch ist es eine äusserst aktuelle Darbietung; sie findet hier und jetzt, in der heutigen Welt statt und hat mindestens genauso viel mit der Gegenwart wie mit der Vergangenheit zu tun. Durch seine Verortung in den bayerischen Voralpen wird das Ereignis mit Bedeutung versehen: Durch eine bestimmte Vorstellung dieser Region als Idyll und (touristischer) Sehnsuchtsort werden einerseits Grenzen bestätigt, indem ein abgeschlossener Raum mit besonderen Eigenschaften inszeniert wird. Andererseits werden durch die Verbindung mit der biblischen Geschichte Grenzen verwischt und die Berge somit mit Konnotationen versehen, die Orts- und Zeitgrenzen überschreiten und eine transzendente Dimension eröffnen.

Natürlich stirbt Jesus nicht wirklich an diesem Herbsttag in Oberammergau, die Kreuzigung ist nur sehr überzeugend und geschickt inszeniert. Der an diesem Abend amtierende der beiden Jesusdarsteller, der Oberammergauer Frederik Mayet, wird, mit viel Kunstblut drapiert und mithilfe einer Art Kletterausrüstung, die von seinem Lendentuch verborgen wird, am Kreuz gehalten. Die Füsse stehen auf winzigen Tritten, die gebogenen Nägel winden sich um die Hand- und Fussgelenke. Dennoch hinterlässt diese Szene einen bleibenden Eindruck, sowohl bei den Zuschauenden als auch den Darstellenden. Emotionalität ist sicherlich ein wichtiger Bestandteil dieser Aufführung.

Religion kommt im Oberammergauer Passionsspiel eine herausragende Rolle zu, schliesslich handelt es sich um eine biblische Geschichte in ihrer Aufführung, die ursprünglich zum Zweck hatte, den Schutz Gottes vor der Pest zu erwirken. Und wie wichtig ist Religion heute noch? Welche Rolle spielen Zeit, Geschichte und Tradition und welche Bedeutung kommt dem Ort Oberammergau und nicht zuletzt den Bergen zu? Was bewirkt die Wechselwirkung zwischen Passionsspiel und den bayerischen Voralpen? Diese Fragen werden uns durch den Beitrag leiten.

Kurze Geschichte der Oberammergauer Passionsspiele

Im Jahr 1633, so die Legende zur Entstehung der Passionsspiele, wurde Oberammergau von der Pest heimgesucht. Viele Menschen starben in kurzer Zeit. Da beschlossen die Oberammergauer Bürger und Bürgerinnen, einen Schwur gegenüber Gott zu leisten: Wenn er die Pest beenden würde, würden sie alle zehn Jahre die Passion Christi aufführen. Nach diesem Tag ist laut der Legende tatsächlich kein weiterer Mensch im Ort mehr an der Pest gestorben und somit wurde im darauffolgenden Jahr, 1634, zum ersten Mal die Passion in Oberammergau aufgeführt. An dieser ersten Aufführung beteiligten sich ungefähr 60 Personen, und sie wurde auf einer hölzernen Bühne auf dem örtlichen Friedhof dargeboten. Die textliche Grundlage bestand aus mehreren mittelalterlichen Texten, darunter ein Manuskript aus dem 15. Jahrhundert, das im Benediktinerkloster St. Ulrich und Afra in Augsburg gefunden wurde. Die Kostüme wurden zum Teil aus den Nachbarorten ausgeliehen. Tatsächlich gab es in dieser Zeit des Dreissigjährigen Kriegs in vielen Orten in der Region Passionsspiele. Auch in Oberammergau wurden wahrscheinlich schon vor dem Schwur von 1633 Aufführungen der Passion inszeniert, wenn auch wohl eher unregelmässig; das Passionsspiel als solches stellt also keine neue Praxis dar.

Im Jahr 1674 wurde entschieden, die Spiele jeweils auf das volle Jahrzehnt zu verschieben. Während der folgenden Jahrhunderte gab es immer wieder Hürden, die es zu überwinden galt. So wurden die Passionsspiele beispielsweise im Jahr 1770 von Kurfürst Maximilian II. Joseph verboten, weil er eine Aufführung dieser biblischen Geschichte als blasphemisch erachtete. Ebenso mussten die Spiele 1920 wegen der Spanischen Grippe sowie 1940 aufgrund des Zweiten Weltkriegs ausfallen oder verschoben werden. Jedes Mal jedoch wurden sie jeweils sobald als möglich wieder aufgenommen und der Brauch somit weitergeführt. Zudem gerieten die Spiele nach dem Zweiten Weltkrieg zunehmend in die Kritik wegen der antijudaistischen Inhalte im dramatischen Text. Diese Debatte hielt an, bis der aktuelle Spielleiter Christian Stückl, der die Passion entscheidend modernisierte, für die Aufführung von 1990 diese Inhalte entfernte. In den aktuellen Spielen wird Jesus als tiefgläubiger Jude präsentiert, der eine Kippah trägt und auf Hebräisch betet sowie einzelne Sätze auf Aramäisch spricht.

Gegenstand der Passionsspiele sind die letzten sechs Tage im Leben Jesu. Das Stück umfasst zwölf Szenen: Es beginnt mit dem Einzug in Jerusalem, erzählt vom letzten Abendmahl, der Verurteilung, Geisselung und Kreuzigung und endet schliesslich mit der Auferstehung. Insgesamt dauert die Aufführung etwas mehr als fünf Stunden; sie beginnt am Nachmittag und reicht, inklusive einer dreistündigen Pause, bis in den Abend. Die Rollen werden allesamt mit Laienschauspielerinnen und Laienschauspielern aus dem Dorf besetzt; die wichtigsten doppelt, um die Belastung für die Einzelnen zu verringern. Um bei den Passionsspielen mitspielen zu dürfen, muss man entweder in Oberammergau geboren sein oder bereits mindestens zwanzig Jahre dort leben. Die Spiele finden jeweils von Mai bis Oktober statt, fünf Tage die Woche. Insgesamt sind von den rund 5400 Einwohnerinnen und Einwohnern dieses Mal knapp 2100 an den Passionsspielen beteiligt, also knapp die Hälfte der Dorfgemeinschaft, und zwar nicht nur auf, sondern auch hinter der Bühne, sei es beim Schneidern der Kostüme, der Gestaltung der Kulissen, in der Organisation oder beim Einlass.

Der Regisseur und Spielleiter, 2022 bereits zum vierten Mal Christian Stückl, der selbst aus Oberammergau stammt, macht Vorschläge für die Rollenbesetzung, eine Entscheidung trifft im Endeffekt aber der Gemeinderat. Die Passionsspiele werden von weiteren Ritualen gerahmt: Im Herbst, zwei Jahre vor dem vollen Jahrzehnt, wird die Besetzung der Hauptrollen öffentlich verkündet. Dies ist eine feierliche Angelegenheit, begleitet von einem ökumenischen Gottesdienst, bei dem die Ereignisse von 1633 erinnert werden. Am Aschermittwoch im Vorjahr der Spiele tritt sodann der sogenannte Haar- und Barterlass in Kraft, wonach alle Darstellenden sich bis zur Aufführung der Passion weder Kopfhaar noch Bart schneiden lassen dürfen. Im Sommer desselben Jahres findet zudem die Darbietung des Pestspiels statt, das die Entstehungsgeschichte der Passion erzählt. Ende November beginnen dann die Proben für das eigentliche Passionsspiel.

Die Passionsspiele sind mittlerweile ein erheblicher wirtschaftlicher Faktor für Oberammergau. Während einer Spielzeit kommen insgesamt etwa eine halbe Million Besucherinnen und Besucher ins Dorf, etwa 60 bis 70 % davon kommen aus dem Ausland. Viele davon buchen mehrtägige Pauschalreisen, kommen in Hotels im Ort unter, essen in den zahlreichen Restaurants und kaufen Holzschnitzereien und andere Souvenirs.

Wechselwirkungen von Ritual und Raum

Gross angelegte öffentliche Rituale erfreuen sich in der heutigen Zeit grosser Beliebtheit: von der Eröffnung der olympischen Spiele über die Vereidigung des amerikanischen Präsidenten bis hin zur pompösen Krönung König Charles' III. Wer noch immer der Meinung ist, Religion und rituelle Handlungen würden aus der heutigen Welt verschwinden und, wenn überhaupt, nur noch im privaten Kontext eine Rolle spielen, müsste spätestens in Anbetracht dieser Veranstaltungen diese Meinung revidieren, sind sie doch von religiöser Symbolik geradezu überladen. Gleiches gilt in besonderem

Abb. 28: Jesus-Darsteller Frederik Mayet bei einer Probehängung am Kreuz.

Masse für die Passionsspiele in Oberammergau, die ein religiöses Ritual *par excellence* darstellen. Die Indizien dafür reichen von der Entstehungsgeschichte über die Tatsache, dass es sich um die Aufführung *der* grundlegenden Erzählung des neuen Testaments handelt bis hin zur Rahmung durch Gottesdienste, Gebete und Prozessionen. Rituale sind performative Handlungen, die etwas in der Welt bewirken: Sie verändern den Status von Personen und Orten (man denke beispielsweise an eine Taufe oder die Einweihung eines Gebäudes), sie schaffen und bestätigen kollektive Identitäten (wie etwa bei staatlichen Zeremonien) oder untermauern die Legitimität der Herrschenden (eine Krönung oder Vereidigung). An einem Ritual sind meist mehrere Akteurinnen oder Akteure beteiligt, die gemäss vorgeschriebenen Regeln und Abfolgen handeln.

Indem die Darstellenden die Oberammergauer Passion aufführen, werden sie zum Medium, das diese Geschichte für ein breites Publikum erlebbar macht. Durch dieses Ritual werden religiöse Inhalte mit dem Ort Oberammergau auf komplexe Weise verknüpft, wodurch sich dessen Status sowie derjenige aller Beteiligten verändert. Oberammergau wird wortwörtlich zum Ort der Passion und seine Bürgerinnen und Bürger zu deren Akteuren. Ursprünglich wurde sowohl der biblischen Erzählung

Abb. 29: Historische Darstellung des Passionstheaters, umgeben von Oberammergaus Hausbergen, Holzstich nach einer Zeichnung von Carl Emil Doepler, 1860.

selbst als auch der Aufführung der Passion Christi eine heilsbringende Wirkung zugeschrieben, erhoffte man sich dadurch doch Gottes Schutz vor der Pest. Oberammergau und seine Bürgerinnen und Bürger erlangen durch diese Performance in dieser Vorstellung eine privilegierte Stellung vor Gott, derer sie sich alle zehn Jahre wieder versichern. Vielleicht könnte man dies sogar als eine Art «heiligen» Status verstehen, in dem Sinne, dass Oberammergau eine herausragende religiöse Bedeutung zugeschrieben wird. Die Theateraufführung ist also in der Tradition ein Ereignis, von dem Heil ausgeht. Doch wie sieht das heutzutage aus? Die Interpretation, wonach die Beteiligten aus früheren Jahrhunderten noch an Gott und die Wirkmacht der Passionsspiele geglaubt hätten, während es heute nur noch um das Weiterführen einer Tradition gehe, greift wohl zu kurz. Vielmehr müssen religiöse Praktiken als schon immer von vielfältigen Motiven und Motivationen angetrieben angesehen werden. Fest steht, dass heute wie damals die Bewohnenden von Oberammergau die Notwendigkeit dieser Theateraufführung nicht infrage stellen und wohl auch nach wie vor an eine Wirkmacht der Passionsspiele glauben, wie auch immer diese geartet sein mag.

Das Spezifikum historischer Aufführungen wie der Passionsspiele besteht darin, dass sie einen aktuellen Ort mit vergangenen Ereignissen verknüpfen. Damit formen sie den Ort: Oberammergau wird zum Ort des Leidens und Todes Jesu. Das biblische Ereignis findet *hier und jetzt* statt. Damit wird die Faktizität dieses Ereignisses bestätigt und der Ort Oberammergau transformiert: Ihm wird eine besondere, religiöse Bedeutung zugeschrieben. Das betrifft nicht nur die Passionsspiele, sondern die gesamte Präsentation des Bergdorfs. Zu nennen wäre in diesem Zusammenhang die sogenannte Lüftl-Malerei, die wohl in Oberammergau erfunden wurde. Mit Motiven aus dem Landleben sowie religiösen Bildnissen von Mariendarstellungen bis zu Jesus am Kreuz ziert diese Kunstform zahlreiche Häuserfassaden im Ort. Zudem ist Oberammergau bekannt für seine Holzschnitzereien, die es in zahlreichen Läden im Dorf zu kaufen gibt; besonders beliebt sind hier wiederum Mariendarstellungen und Kreuzigungsszenen. Die Geschichte der Schnitzkunst in Oberammergau reicht wohl noch weiter zurück als das Passionsspiel. Und schliesslich ragt inmitten des Dorfs das imposante Passionstheater empor und erinnert auch zwischen den Spieljahren an dieses Ereignis.

Das Passionsspiel und seine Motive prägen das ganze Dorf, was in Reiseführern und Fernsehdokumentationen aufgegriffen wird, und macht es zu einem besonderen Ort mit religiösem Flair. Eine spezifische Imagination Oberammergaus wird entworfen, in der dieser Ort als Idyll, als (touristischer) Sehnsuchtsort präsentiert und damit verklärt wird. Die Voralpen werden als harmonischer Urlaubsort inmitten der Natur romantisiert. Das Passionsspiel mit seiner religiösen Komponente wiederum korrespondiert mit einer klischeehaften Vorstellung des Landlebens als traditionell und trägt entscheidend zur Inszenierung eines bestimmten Bildes dieser Region und des Lebens dort bei.

Grosse, öffentliche Rituale, wie die Passionsspiele, aber auch zahlreiche andere auf der ganzen Welt, entfalten in Kombination von Ritual und Raum eine ganz besondere Bedeutung und Wirkmacht. Sie haben die Macht, Orte auf eine bestimmte Weise zu formen. Ein christliches Motiv prägt das Bild von Oberammergau und macht es sozusagen zum «heiligen» Ort. Die Berge dienen in diesem Fall als Landschaftsmotiv, mit dem Sehnsüchte und Hoffnungen verbunden werden. Daher eignen sie sich besonders gut, um Oberammergau und seine Passion als eine Utopie zu präsentieren und damit ein bestimmtes Bild dieser Region zu konsolidieren. Das von den Passionsspielen ausgehende «religiöse» Heil wird verknüpft mit der Verheissung eines Touristenorts inmitten der Natur und dessen Versprechungen innerhalb der heutigen Gesellschaft.

Zwischen Religion und Tradition, Geschichte und Gegenwart

Im Passionsspiel spielt nicht nur Raum eine wichtige Rolle, es vermischen sich auch die Zeiten auf ganz besondere Weise. Seinem Anspruch nach einer Wiedergabe historischer Ereignisse, zielt die Aufführung auf «Authentizität» ab (oder auf das, was als solche wahrgenommen wird). Kostüme, die langen Haare und Bärte der Darstellenden, die bibelnahen Rollen und Texte; all das soll so etwas wie «historische Glaubhaftigkeit» erzeugen. Gleichzeitig werden im Stück immer wieder kleinere und grössere Anpassungen vorgenommen, verändert sich die Vorstellung von Spiel zu Spiel, nicht zuletzt unter Berücksichtigung der aktuellen Weltlage. Und auch die Regelungen um das Spiel wurden und werden immer wieder angepasst: Durften zunächst nur Katholiken mitspielen, wurde diese Regel nach und nach ausgeweitet, sodass die Teilnahme heute nicht mehr an die religiöse Zugehörigkeit gebunden ist. Eine lange Zeit durften zudem nur unverheiratete Frauen teilnehmen, in den Entscheidungsgremien waren Frauen überhaupt nicht vertreten. Auch heute noch werden Frauenrollen nur zögerlich ausgebaut und hinzugenommen; Gegenstimmen bringen das Argument vor, dies würde der historischen Authentizität der Spiele schaden. Generell treffen Änderungen immer wieder auch auf heftigen Widerstand aus dem Dorf und führen nicht selten zu hitzigen Debatten.

Wie viel historische Authentizität kann überhaupt in einem Stück stecken, das hier und heute, von Menschen aus der heutigen Gesellschaft, im heutigen politischen Kontext gespielt und rezipiert wird? Nicht unberechtigt ist die Annahme, dass unsere Repräsentationen von Vergangenem wohl mehr über unsere Vorstellung der Geschichte aussagen als über diese selbst. Und so ist auch das Passionsspiel in Oberammergau eine höchst aktuelle Angelegenheit, wenn auch mit dem Anspruch, etwas Historisches aufzuführen. Dabei bezieht es sich auf zweierlei Dimensionen von Geschichte: auf die Passion Jesu vor etwa 2000 Jahren und die Entstehung der Passionsspiele zu Zeiten der Pest im 17. Jahrhundert. In jedem Fall ist aber festzuhalten: Vielmehr als um ein historisches Ereignis geht es hier wohl um die Aktualisierung eines religiösen Narrativs, das, wie auch in der kirchlichen Liturgie, immer wieder erzählt und in die heutige Zeit weitergetragen wird.

Im Spiel selbst ist der Wechsel zwischen und die Verschränkung von Zeiten äusserst interessant. Das Spiel beginnt mit dem Pestschwur der Oberammergauer Bürgerinnen und Bürger im Jahr 1633. Dann wechselt die Handlung ins biblische Palästina, wo die Geschichte Jesu erzählt wird. Zwischendurch nach jeder Szene wird jedoch jeweils ein sogenanntes lebendes Bild gezeigt, eine Besonderheit der Passionsspiele in Oberammergau. Inszeniert mit aufwendigen Kulissen und Kostümen in schrillen Farben werden Szenen aus dem Alten Testament dargestellt, die als Hinweise auf die Leidensgeschichte Jesu gelesen werden können, beispielsweise der brennende Dornbusch, Isaaks Opferung oder Daniel in der Löwengrube. Die Darstellenden verharren einige Minuten regungslos in der jeweiligen Inszenierung. Dazu treten der Chor und die Solistinnen und Solisten auf, die die Oberammergauer Bürger aus dem 17. Jahrhundert präsentieren. Gleichzeitig findet das Theaterstück im heutigen Oberammergau mit dessen heutigen Bürgerinnen und Bürgern statt, was man nie ganz ausblenden kann, was das Stück immer wieder in die heutige Zeit aktualisiert und das Publikum darüber nachdenken lässt, was diese Geschichte und ihre spezifische Inszenierung mit der heutigen Zeit und heutigen Geschehnissen zu tun hat. Im Spiel werden also all diese Zeiten miteinander verschränkt und zu einem Ganzen vereint. Die Unterscheidung zwischen biblischer Zeit, 17. Jahrhundert und heute wird fliessend; was damals geschah, passiert auch heute, ist nicht abgeschlossen, sondern ist jetzt noch genauso relevant wie damals. Die lineare Geschichtsvorstellung wandelt sich in eine zyklische, religiöse Zeit, in der alles immer jetzt und hier geschieht.

In der Berichterstattung über die Spiele wird immer wieder der Aspekt der Tradition betont. Die Dorfgemeinschaft ist stolz, eine so lange Tradition mit aufrechtzuerhalten. Glaubt sie heute noch, mit den Passionsspielen den Ausbruch einer Seuche verhindern zu müssen? Sehr wahrscheinlich nicht. Die wenigsten werden auch an dem Schwur gegenüber Gott festhalten. Und dennoch werden das Ereignis und die Passionsgeschichte immer wieder neu aufgeführt. Die Menschen aus Oberammergau verkörpern einen ganzen Sommer lang die biblische Geschichte. Sie reisen im Zuge der Vorbereitungen nach Israel, um sich mit den biblischen Stätten auseinanderzusetzen. Sie denken sich tief in ihre Rollen ein, beschäftigen sich intensiv mit dem biblischen Stoff. Und doch wird stets die Aktualisierung der Vorstellung angestrebt. Die Geschichte vom Leiden, Tod und der Auferstehung Jesu soll auf ihre Bedeutung für die heutige Gesellschaft hin untersucht werden. In der Inszenierung wird ein Bezug zu Armut, Migration und Krieg aufgebaut.

Besonders betont wird der gemeinschaftsbildende Charakter der Spiele, die Gemeinschaftsleistung und der besondere «Geist», der dabei entstehe. In einem Interview bezeichnet der Regisseur Stückl die Spiele als «grösster sozialer Event» des Dorfs. «Ich glaube, es funktioniert, weil es keiner hinterfragt», äussert einer der Mitwirkenden in einem Interview. «Jeder will einfach.» Ist das der Kern einer Tradition? Irgendwann spielt die ursprüngliche Intention keine Rolle mehr, die Aufrechterhaltung einer Tradition wird durch die Tradition selbst begründet. Und doch bleiben die biblischen Inhalte und die religiöse Intention des Stücks erhalten und werden weiter in die heutige Zeit transportiert.

Welche Rolle spielt also Religion für die Passionsspiele in Oberammergau? Die kurze Antwort: eine herausragende! Sowohl die Inhalte als auch die institutionelle Rahmung bleiben erhalten. Die etwas längere Antwort lautet, dass religiöse Inhalte transformiert werden. Das ist jedoch nichts Neues, sondern etwas, das immer geschieht, immer schon stattfand. Eins steht fest: Die Praxis, sich übers Theater der Religiosität zu nähern, ist nichts Neues, sondern etwas, was schon im 17. Jahrhundert der Zweck war, den die katholische Kirche hinter den Passionsspielen sah. Ob die Beteiligten oder Zuschauenden sich nun als «religiös», «gläubig», «spirituell» oder «atheistisch» bezeichnen, ob sie zur Kirche gehen oder nicht, ob sie einer christlichen Denomination, einer muslimischen Gemeinschaft angehören oder sich als «buddhistisch» begreifen; es bleibt die Tatsache bestehen, dass sie sich in den Spielen aktiv mit religiösen Inhalten aus der christlichen Tradition auseinandersetzen, sie für sich interpretieren und gegebenenfalls auf ihr Leben anwenden. Religiöse Praktiken sind vielfältig, sowohl in der vergangenen als auch in der heutigen Welt, sie produzieren immer wieder neue Bedeutungen, werden adaptiert, vermitteln der aktuellen Lebenswelt angepasste Werte und Normen. Aber fest steht: Ihre Einflusssphäre verringert sich nicht. Das bestätigt zumindest der Blick auf die Oberammergauer Passionsspiele.

Theater als religiöse Praxis

Es ist bereits später Abend, die Aufführung ist zu Ende. Die Zuschauenden sind zumeist überwältigt, erschöpft und, trotz der mitgebrachten Decken, etwas durchgefroren vom langen Sitzen unter freiem Himmel. Am Ende ist Jesus nicht am Kreuz hängen geblieben, sondern auferstanden. Der feierliche Schlusschoral des Chores hängt noch in der Luft:

> Halleluja
> Überwunden hat der Herr der Hölle Macht!
> Ihn hat nicht der Tod gebunden
> in der düstern Grabesnacht
> […]
> Auferstanden ist der Herr!
> Jauchzet ihm, ihr Himmel zu!
> […]
> Halleluja
> Preis, Ruhm, Anbetung, Macht und Herrlichkeit
> sei dir von Ewigkeit zu Ewigkeit!

Was für ein Schlusswort dieser 42. Passionsspiele! Es ist schon bezeichnend; am Ende steht kein Appell für die heutige Welt, sondern eine Bekräftigung der allumfassenden Macht Gottes. Macht das die Passion nun zum Gottesdienst? Ist es eine Theatervorstellung, ein religiöses Ritual oder beides? Die Unterscheidung verschwimmt in den Oberammergauer Passionsspielen. Religiöse Praktiken sind gleichsam theatrale Praktiken, und beides hat nicht unbedingt mit Glauben zu tun, sondern mit der Verarbeitung, Inszenierung, Repräsentation und Tradierung (religiöser) Inhalte. Sie halten diese am Leben, vermitteln diese und machen Religion zu einem wichtigen Deutungshorizont der heutigen Welt.

Der Berg bietet dabei einen Ort der Grenzen und der Überschreitung dieser Grenzen zugleich, wodurch Bedeutungsdimensionen in die religiöse Sphäre eröffnet werden. Der Ort Oberammergau wird als (religiöse) Utopie präsentiert, als idyllischer Sehnsuchtsort, der Natur, Gemeinschaft und Tradition repräsentiert. Durch die Passionsspiele, deren Zweck es ursprünglich war, die Pest fernzuhalten, wird auch heute noch eine Art «Schutzraum» generiert, in dem die Welt in Ordnung ist und die konfliktbehaftete Realität ferngehalten wird. Es findet ein Wechselspiel statt zwischen Unkontrollierbarem (Krankheit, Tod, Armut, Kriege) und Kontrolle durch ein Ritual, das einen zeitumfassenden Bogen spannt, der von der biblischen Zeit bis heute reicht.

Im Rückblick auf das gute Leben
Edle Alpenräume an der *Belle Epoque Woche* in Kandersteg

Verena Marie Eberhardt

Just in dem Moment an einem Sonntagmorgen im Januar, in dem die Alphorngruppe «Echo vo Fründe» auf dem Kirchplatz zum ersten Ton anstimmt, setzt das Glockengeläut der reformierten Kirche Kandersteg anlässlich des bevorstehenden Gottesdiensts ein. Alphörner und Kirchenglocken eröffnen am 22. Januar 2023 gemeinsam die 13. *Belle Epoque Woche* in der Gemeinde Kandersteg im Kanton Bern in der Schweiz. Auf 1174 Metern über dem Meeresspiegel gelegen, veranstaltet das Bergdorf seit 2011 jedes Jahr ein Festival, das mit kostümierten Besucherinnen und Besuchern, sportlichen Aktivitäten wie Skirennen, Schlittschuhlaufen und Eisstockschiessen sowie mit Workshops und Ausstellungen zu Mode und angemessenem Betragen an jene Zeit um 1900 erinnert, die als Belle Epoque im kulturellen Gedächtnis Europas verankert ist.

Die *Belle Epoque Woche* in Kandersteg ist Gegenstand dieses Beitrags, der Spuren der als alpin imaginierten Traditionen erkundet, die bei diesem Festival im Vordergrund stehen. Mit zahlreichen Events im ganzen Dorf und aufwendig kostümierten Teilnehmenden erinnert die Veranstaltung an den aufstrebenden Tourismus in den Schweizer Alpen, verbunden mit einem nostalgischen Rückblick auf die «gute alte Zeit». Der Beitrag fokussiert darauf, wie sich die Erinnerung an eine längst vergangene Zeit als Hoffnung auf die Zukunft ausdrückt. Die Grundlage des Beitrags bilden neben der Predigt des Pfarrers die Eröffnungsreden der Präsidentin des *Belle Epoque Vereins* und eines ehemaligen Bundesrats sowie eigene Beobachtungen auf der *Belle Epoque Woche* 2023.

Alpiner Tourismus als Event

Die Geschichte der *Belle Epoque Woche* reicht zurück ins Jahr 2011, in dem das Festival zum ersten Mal durchgeführt wurde. Die Idee zur Veranstaltung hatte Jerun Vils, der damalige Tourismusdirektor von Kandersteg und spätere Geschäftsführer des Schweizer Alpen-Clubs. Der Impuls für das Event lag nicht nur im Wunsch der Zelebrierung von Nostalgie, sondern war auch wesentlich von wirtschaftlichen Überlegungen geprägt. In den touristisch ruhigen Januar gelegt, ist die *Belle Epoque Woche* zur Attraktion avanciert, die Jahr für Jahr auch ausserhalb der Hauptsaison zahlreiche Touristinnen und Touristen in das kleine Dorf lockt. Die Berichterstattung, beispielsweise in der Süddeutschen Zeitung oder im Südwestrundfunk in Deutschland, machte das Festival auch überregional bekannt. Als Blick in die Vergangenheit sind der internationale Tourismus und die Etablierung diverser Wintersportarten, die für den wirtschaftlichen Aufschwung des Berner Oberlands um 1900 entscheidend waren, nun also Teil des regionalen Tourismus von heute geworden.

Die Geschichte des Tourismus rund um die Region Kandersteg ist eng mit der Ausweitung des Eisenbahnnetzes verbunden. Der Bau des Lötschbergtunnels von 1906 bis 1913 stärkte die Nord-Süd-Achse, die das Kandertal mit dem Kanton Wallis verbindet. Viele der heute noch betriebenen Hotels und Pensionen wurden gerade in dieser Zeit gebaut. Für die Jahre zwischen 1880 und 1912 zeugen Aufzeichnungen davon, dass im Kanton Bern die Anzahl der Hotelbetriebe von 107 auf 665 stieg. Einige der Häuser verbinden architektonische Versatzstücke von Schlössern und Palästen, ein Hoteltyp, der sich an den Wohnstätten der Aristokratie orientierte. Der Lebensstil, der mit dieser Art Hotel assoziiert wird, greift die Illusion auf, Teil einer Gemeinschaft zu sein, die mit Privilegien ausgestattet ist und die für die Zeit des Aufenthalts überdurchschnittlichen Komfort geniessen kann. Damals wie heute gehört zur Belle Epoque die Imagination, nach höherem sozialem Status zu streben und eine Zeit lang in der Utopie zu leben, wie es wohl wäre, gehörte man zu den Reichen und Schönen.

Im kulturellen Gedächtnis ist der Eindruck verankert, es handle sich ausschliesslich um wohlhabende Menschen aus der Oberschicht, die in jener Zeit die Reise aus Grossbritannien, Deutschland, Italien oder Frankreich angetreten haben, um sich in Kandersteg zu vergnügen. Doch zeigt sich in der Zeit zwischen 1880 und 1914 bereits eine weitgreifende Entwicklung vom Luxus- zum Massentourismus. So reisten beispielsweise im Jahr 1880 80,68 % der Touristinnen und Touristen in der dritten Klasse und nur 1,44 % in der ersten Klasse mit der Bahn ins Berner Oberland. Im Jahr 1912 waren es noch lediglich 0,53 % aller Bahnreisenden, die die erste Klasse für ihre Fahrt wählten, 86,85 % fuhren in der dritten Klasse. Als Folge dieser Entwicklungen ist zu beobachten, dass viele wohlhabende Personen aus England, die als Wegbereiter des schweizerischen Fremdenverkehrs gelten, die Schweizer Berge nur noch im Winter besuchten, um die neuen, noch exklusiven Wintersportarten zu betreiben. Neben englischsprachigen Werbeplakaten, die auch für Kandersteg bekannt sind und sich an Britinnen und Briten richteten, wurde die Region ebenso mit Postkarten beworben, deren Blütezeit von etwa 1895 bis 1914 dazu beitrug, die Eindrücke der Reisen festzuhalten und Impressionen der Region weiterzutragen. Nicht zuletzt sind es auch literarische Vorlagen wie Sir Arthur Conan Doyles Figur Sherlock Holmes in *Das letzte Problem* aus dem Jahr 1893, die das Berner Oberland international bekannt machten.

Der starke Ausbau der Infrastruktur führte in der Zeit um 1900 zu einer Breitenentwicklung des Tourismus. Damals wie heute ist der Wintersport in den Bergen dessen treibende Kraft. Die *Belle Epoque Woche* ist also nicht nur eine Veranstaltung, die von der Erinnerung lebt, sondern auch ein Event, das von der Beständigkeit der um Kandersteg liegenden Berge, etwa des Balmhorns, des Inneren Fisistocks oder der Wildi Frau, profitiert. Während die Zeit der Belle Epoque durch Kleidung, Tätigkeiten und Geschichten in der Erinnerung hervorgebracht wird, die das Festival vom Alltag loslöst, wird der Raum als beständige Grösse gedacht, die Jahr für Jahr zur Verfügung steht, um kollektive Identität aufzuführen.

Imaginationen des guten Lebens

Der Eröffnungsgottesdienst der *Belle Epoque Woche* in der Kirche im Dorfkern der Gemeinde Kandersteg ist gut besucht. Neben wenigen Jugendlichen, die in diesem Jahr konfirmiert werden, sitzen Besucherinnen und Besucher in Alltags- und Sportbekleidung und diejenigen, die sich mit langen Röcken, rüschenbesetzten Ärmeln und ausladenden Hüten bekleidet haben, gleichermassen auf den hölzernen Kirchenbänken. Der Gottesdienst bildet formell den Auftakt der achttägigen *Belle Epoque Woche*, und auch inhaltlich sucht der Pfarrer in seiner Predigt die Nähe zur Belle Epoque, die er nicht nur historisch beleuchtet, sondern auch theologisch reflektiert.

Der Pfarrer erzählt in seiner Predigt die Zeit um 1900 als die des guten Lebens, eine Zeit, die für unser heutiges Verständnis des Alltags unabdingbar sei. So sei es jene Epoche von 1895 bis zum Ausbruch des Ersten Weltkriegs im Jahr 1914 gewesen, in der das Bürgertum in seiner Lebensweise, Kultur, Rationalität, Wissenschaft und Technik triumphierte, an den Fortschritt der Zivilisation glaubte und den Durchbruch der Moderne feierte.

All das, was unser heutiges Leben ausmacht, wurzle in der Belle Epoque. Diesen Aufbruch in eine neue Zeit erzählt er nicht nur anhand der grossen gesellschaftlichen Strömungen, er fokussiert auch auf die individuelle Ausprägung dieser Entwicklungen, auf Vergnügen wie Reisen, sportliche Betätigungen, Reiten, Automobile. Mit diesen Aktivitäten wird die Belle Epoque greifbar, sichtbar sei sie in den Grand Hotels in den Kurorten, in denen internationale Gäste aus der Oberschicht verkehrten.

In dieser Erinnerung an eine vergangene Zeit, an einem Ort, der noch heute besteht, imaginiert der Pfarrer das gute Leben als eines, das sich durch Freizeit und Reisen, Mut und Tatkraft auszeichnet. Es ist ein unkritisches und elitäres Bild, das hier gezeichnet wird und nur eine kleine Gruppe der damals lebenden Menschen einschliesst. Die Belle Epoque wird als eine schöne Zeit dargestellt, eine Zeit des guten Lebens, an der wir nun, über 100 Jahre später, teilhaben können, eine Woche lang so tun können, als gehörten wir zur Oberschicht und weder infrage stellen müssen, ob die Kolonisierung von Regionen ausserhalb Europas angemessen ist, noch die Leiden des Grossteils der Bevölkerung um 1900 nachempfinden müssen. Bereits zu Beginn der Predigt wird deutlich, dass die Belle Epoque mehr Imagination als wirklich gutes Leben gewesen sein muss, dass die Erinnerung daran stärker ist als die sozialgeschichtlichen Entwicklungen bezeugen. Wie fluide dieser Zeitraum im Rückblick ist, zeigt sich auch darin, dass nicht eindeutig klar ist, wann diese Belle Epoque gewesen ist. Während der Beginn des Ersten Weltkriegs als Endzeit allgemeingültig gesetzt zu sein scheint, ist man sich über den Beginn der Epoche nicht einig. Der Pfarrer nennt die Zeit von 1895 bis 1914, der *Belle Epoque Verein Kandersteg* macht die Zeit von 1884 bis 1914 als Belle Epoque aus und ein SVP-Politiker und ehemaliges Mitglied des Bundesrats nennt in seiner Rede den Zeitraum von 1898 bis 1914.

Während der Pfarrer in seiner Erzählung über die Belle Epoque vor allem auf den Aspekt der Zeit fokussiert, lenken die Präsidentin des Belle Epoque Vereins sowie ein bundesrätlicher Gast in ihren Eröffnungsreden den Blick auf den Raum. Umgeben von beschneiten Berggipfeln auf dem Vorplatz des Bahnhofs, erzählt die Präsidentin, dass es vor allen Dingen Authentizität und Nostalgie seien, die dieses Festival in Kandersteg ausmachten. Die *Belle Epoque Woche* sei mit dem Gedanken initiiert worden, früher sei doch alles besser gewesen. Der ehemalige Bundesrat betont zudem die eindrucksvolle Geschichte des Skisports in Kandersteg, der gerade in der Belle Epoque den Tourismus ankurbelte und die Region zur Wiege des Wintersports in dieser «wunderbaren Kulisse» gemacht habe. Teile seiner Ansprache hält er auf Englisch und Französisch, der Bundesrat adressiert seine Rede damit nicht nur an französischsprachige Schweize-

Abb. 30: Viele Gäste des Festivals kleiden sich in historisch anmutenden Kostümen.

rinnen und Schweizer, sondern auch an die britischen und französischen Touristinnen und Touristen, die damals nach Kandersteg kamen, ihre Ferien mit Wintersport verbrachten und die Region aufblühen liessen.

Die Stimmung, die die Predigt des Pfarrers sowie die Eröffnungsreden der Präsidentin und des ehemaligen Bundesrats erzeugen, stützt sich auf das behagliche Gefühl des gemeinsamen Erinnerns. Es geht weder um detailgetreue Geschichtsschreibung noch um die akribische Nachbildung historischer Kleidung, was an der Verwendung von Polyesterstoffen, für diese Zeit ungewöhnlichen Schnitten und wenigen Korsetts beobachtbar ist. Viel eher vergegenwärtigt das Event Imaginationen der Zeit der Belle Epoque und schreibt sie in das kollektive Gedächtnis der Gemeinschaft und des Orts ein. Die gemeinsame Erinnerung wird performativ aufgeführt, sie zeigt sich in Kostümen und Accessoires, in alten Kinderwägen und Schlitten, in einer Idee davon, wie sich die Menschen damals wohl in ihrer Umwelt bewegt haben. Während der Nostalgiemarkt, die vielen Drehorgelspieler und die zahlreichen Apéros und Dîners unterhaltenden Charakter haben, sollen Ausstellungen zu Mode, Vorführungen mechanischer Nähmaschinen und Kurzvorträge über Auguste Escoffiers Kochkunst vertieften Einblick in jene Zeit geben, die der Pfarrer als Zeit des Aufbruchs bezeichnet. Die vielen Angebote sind Teil der aufgeführten Erinnerung. Es ist der Pfarrer, der in dieser Erinnerung den Blick in die Zukunft wirft, die Belle Epoque im himmlischen Jerusalem erwartet und damit an religiöse Weltbilder anknüpft.

Erinnerung als Blick in die Zukunft

Während die Alphorngruppe «Echo vo Fründe» auf dem Kirchplatz mit den den Instrumenten eigentümlichen Klängen die Erwartungen an einen Sonntagmorgen im Berner Oberland umfassend erfüllt, bietet das Orgelspiel in der Kirche zur Eröffnung des Gottesdienstes ein überraschendes Kontrastprogramm. Die Melodie des durch Boney M. bekanntgewordenen Hits *By the Rivers of Babylon* erfüllt während des Einzugs der Gemeinde den Kirchenraum. Der Pfarrer hat dieses Stück zur Eröffnung der *Belle Epoque Woche* mit Bedacht ausgewählt. Er erklärt in seiner anschliessenden Predigt, dass es sich im Text dieses Songs um Psalm 137 des Alten Testaments handle:

> Wir sassen an den Flüssen von Babylon und weinten, wenn wir an Jerusalem dachten. Und sie erinnerten sich an diese schöne Zeit, an diese Belle Epoque, wo der schöne Tempel war und all die schönen Gewänder der Priester und all der Leute, die in den Gottesdienst kamen. Ja, sie blickten zurück auf diese schöne Epoche, das gibt's auch schon in der Bibel.

Der Pfarrer liest aus dem zweiten Petrusbrief und sieht auch hier einen Bezug zur Belle Epoque, die sich als Verheissung in der Zukunft ausdrücke: «Wir alle aber warten auf den neuen Himmel und die neue Erde, die Gott uns zugesagt hat.» Mit diesen einführenden Worten verbindet der Pfarrer die aufgeführte Erinnerung an eine Zeit, die von Elan und Hoffnung gekennzeichnet sei, mit der Gegenwart, in der auf dieselbe Hoffnung auf das himmlische Jerusalem gesetzt werden könne, wie sie in der Bibel erwähnt wird.

Der Pfarrer würdigt die Belle Epoque in kultureller und wirtschaftlicher Hinsicht als fortschrittlich und zukunftsweisend, vertieft diesen Zeitraum aber auch theologisch. Er schildert, dass Gott an Bedeutung verloren habe, zitiert die Religionskritiken Friedrich Nietzsches, Sigmund Freuds, Ludwig Feuerbachs und Karl Marx':

> In der Theologie setzte sich eigentlich der Kulturprotestantismus durch bei uns. Der Glaube daran, wir schaffen das. Wir schaffen das Reich Gottes selbst mit unserem Fortschritt, mit allem, jetzt kommt alles gut. Und das Christentum ist noch da für die Sitte, für die Anständigkeit, aber eigentlich, wir erreichen alles, wir brauchen keine Verheissung mehr. Die Belle Epoque

Abb. 31: Die Natureisbahn auf der Bahnhofmatte Kandersteg, eingebettet in die winterlichen Alpen.

war vor allem für das gehobene Bürgertum und auf der anderen Seite war in dieser Zeit auch die Arbeiterbewegung im Aufschwung, Klassenkampftheorien stammen aus dieser Zeit, aber auch diese Bewegung hatte das Lebensgefühl: «Wir schaffen das!» [...] Aber es war eben ein ungeheurer Fortschrittsglaube von allen Schichten der Gesellschaft eigentlich geteilt. [...] Wir, das Bürgertum, die westliche Welt, das Christentum, wir sind nahe daran, das Reich Gottes zu erreichen.

Auch wenn die Katastrophen des Ersten und Zweiten Weltkriegs, Auschwitz und die in eine Krise gekommene Eschatologie in der Retrospektive den Blick auf diese progressive Zeit veränderten, bleibe für uns heute von der Belle Epoque vor allem eines übrig:

Erinnerung an eine schöne Zeit, wo auch irgendwie die Verheissung drinnen ist. Friede, schöner Aufbruch, Fortschritt, Wissenschaft, Kultur, der Höhepunkt unserer Zivilisation, eine faszinierende Zeit, die Belle Epoque. Es ist gut, sich daran zu erinnern, wie die Juden an die Zeit des Tempels erinnern in Jerusalem. Weil darin, in Erinnerung auch die Kraft liegt auf die Zukunft. Erinnerung an Zukunft. Wir warten aber auf den neuen Himmel und die neue Erde, die Gott uns zugesagt hat.

Die im Eröffnungsgottesdienst gehaltene Predigt verdeutlicht, dass sich Erinnerung nicht nur rückwärtsgewandt in die Vergangenheit richtet, sondern auch einen starken Bezug auf die Gegenwart in sich trägt. Die Erinnerung vermag es, Zeiträume miteinander zu verbinden, sie verweist von einer als vergangen gedachten Zeit aus der Gegenwart heraus in die Zukunft. Erinnerung ist eine vielfältig medial gestützte Praxis, sie drückt sich im Fall der *Belle Epoque Woche* in Kleidung, Musik, Tanz, Essen und Sport aus, doch auch die Predigt, die Geschichten, die erzählt werden, formen Erinnerung und prägen das Bild einer längst vergangenen Zeit. In der Predigt erscheint die Belle Epoque nah an unserer Lebenswelt, sind es doch genau die Bereiche des Lebens, die auch heute für viele Teil des Alltags sind. Dazu gehören neben Freizeit und Reisen ein anerkennender Blick auf die Wissenschaft und die Technologien, die unser Handeln beeinflussen und angesichts von Klimaveränderungen, Krieg in Europa und wirtschaftlicher Instabilität vielleicht auch der Wunsch auf die Hoffnung, dass in der Zukunft vieles gut oder zumindest nicht schlechter wird. Es ist der Pfarrer, der diesen Gedanken in das Festival einbringt und der Religion damit die Rolle zuschreibt, in einer als chaotisch und unkontrollierbar wahrgenommenen Welt Orientierung zu geben.

Die Erinnerungen, die die *Belle Epoque Woche* an jene Zeit weckt, in der der Glaube an die Zukunft im Mittelpunkt gestanden habe, sind nicht unsere. Wir haben nie in dieser Zeit gelebt, die Erinnerungen spiegeln nicht unsere Erfahrungen, sondern die Imagination dessen, was man damals wohl erlebt haben könnte. Die gemeinsame Erinnerung ist identitätsstiftend, sie gibt einem für einen kurzen Zeitraum das Gefühl, Teil einer Gemeinschaft zu sein, die ähnliche Interessen vertritt und sich ebenso viel Mühe gibt, das Event zu dem zu machen, was es ist. In ihrer Eröffnungsrede erzählt die Vereinspräsidentin, es sei das Streben nach der Zeit, in der alles besser gewesen sei, das zur Etablierung der *Belle Epoque Woche* geführt habe. Die Erinnerung an die Geschichte des Wintersports, der den Tourismus ankurbelte, ist jedoch nicht nur Nostalgie und Sehnsucht nach der Vergangenheit, sondern auch – und das nicht aus Zufall – Teil des gegenwärtigen Tourismus in Kandersteg. Dabei spielt der Berg als Sehnsuchtsort die zentrale Rolle. Gekoppelt mit dem damaligen und heutigen Tourismus in Kandersteg ist eine Romantisierung der Berge, was in der *Belle Epoque Woche* explizit und implizit immer wieder angetönt wird.

Diese Romantisierung der Berge als idyllische Kulisse, als reiner, natürlicher Ort, reicht weiter zurück als die Belle Epoque, sie beginnt schon mit Naturforschungen im 18. Jahrhundert. Literatur, Malerei und nicht zuletzt der Tourismus beflügeln im 19. Jahrhundert eine romantische Imagination der Alpen. Ob Johanna Spyris *Heidi*, mit Bildern von glücklichen Kühen beworbene Milchprodukte oder im Alpen(vor)land spielende Heimatfilme – all diese medialen Formen tragen und trugen dazu bei, die Alpen zu romantisieren und ein wohliges Gefühl von Heimat hervorzubringen. Diese Nachwirkungen bleiben bis heute, sodass die *Belle Epoque Woche* das Kandersteg um 1900, eingebettet zwischen Berggipfeln, als Sehnsuchtsort des guten Lebens, der heilen Welt und als Erinnerung an eine zukunftsweisende Ferne imaginiert.

überbrücken

Grenzen

Umrisse
Vier Stücke für Lupophon,
Violoncello und Akkordeon (2023)

Matthias Arter

Musik über Texte und Inhalte von Geschichten zu komponieren, gehört schon seit vielen Jahren zu meinen Lieblingsaufgaben. Bei den vier Stücken für die pre-art soloists habe ich dabei auf musikalisches Material zurückgegriffen, das ich 2014 für «Party Music» entwickelt und verwendet hatte, einem Duo für ein tiefes Instrument (Bassklarinette oder Lupophon) und Akkordeon.

Gipfelkreuz
für Lupophon, Violoncello und Akkordeon

Matthias Arter

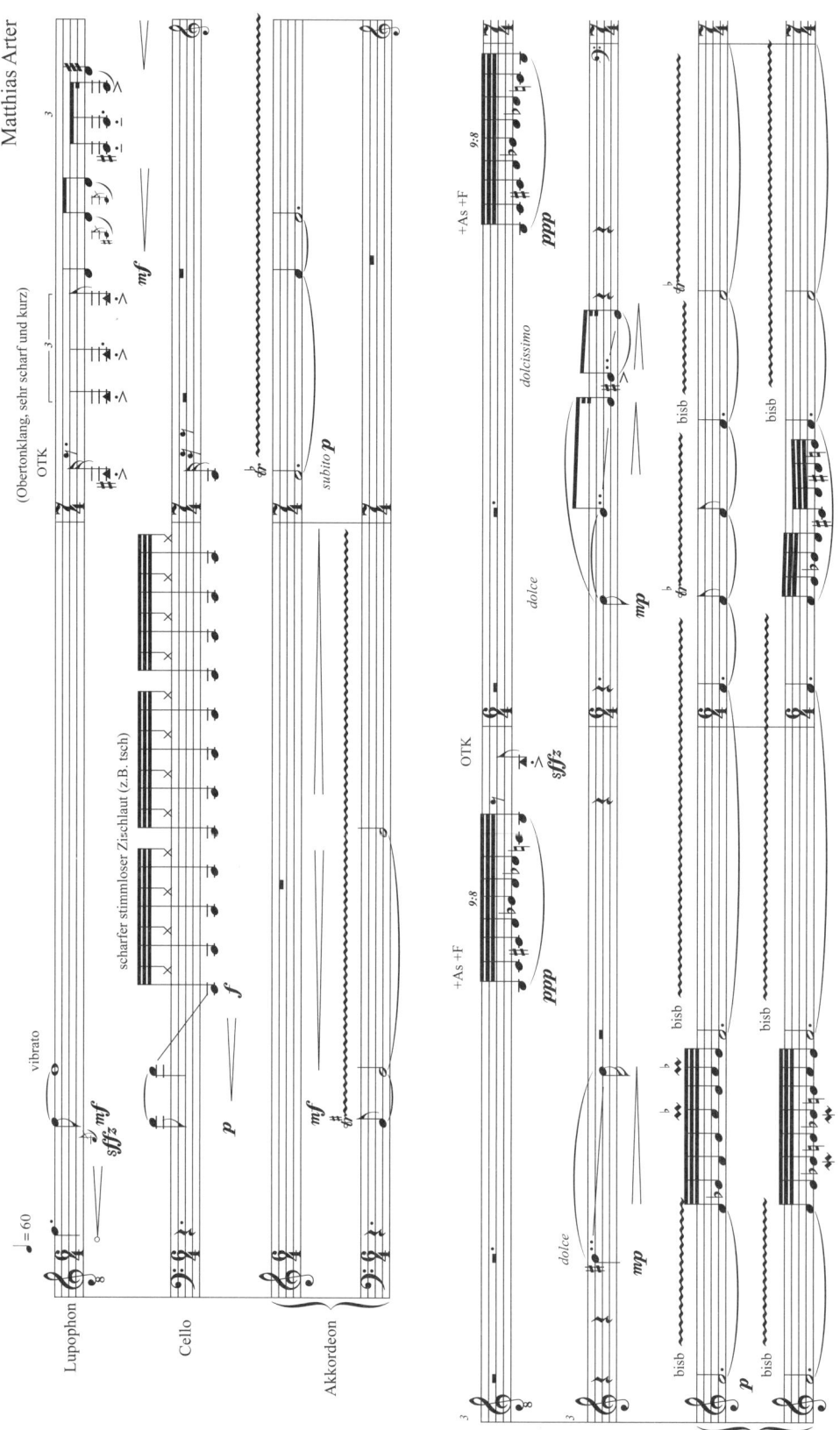

©2023 by Matthias Arter

Gipfelkreuz

Ausgangspunkt und Inspiration für diese Komposition war ein Text von Martin Scharfe: *Trompetengeschmetter am Gipfelkreuz*. Der Text ist an und für sich bereits voller Musik, er ist reich an «Klängen» und für mich das genaue Gegenteil von «lyrisch», weshalb er mich zu einer Musik inspiriert hat, die in einem gewissen Sinne hyperaktiv ist. Sie verweilt nie länger als ein paar Sekunden in einer Stimmung, sondern folgt stets der nächsten Idee, die sie in einen Strudel weiterführt, durch den ich immer wieder in Extreme gelange. Die drei dafür gewählten Instrumente – das Lupophon (eine neu entwickelte Bassoboe), das Violoncello und das Akkordeon – umschlingen sich meistens sehr eng, geben sich die Melodien und Tonfetzen weiter und ergänzen einander. Man könnte ohne Weiteres sagen, dass die drei Instrumente miteinander sprechen und singen. Im Text von Martin Scharfe werden auch Böllersalven erwähnt, die als Echo donnernd von den Felswänden zurückprallen. In meiner Komposition findet dies seine Entsprechung in einigen sehr heftigen, dissonanten und beinahe schon gewaltsamen Einschnitten.

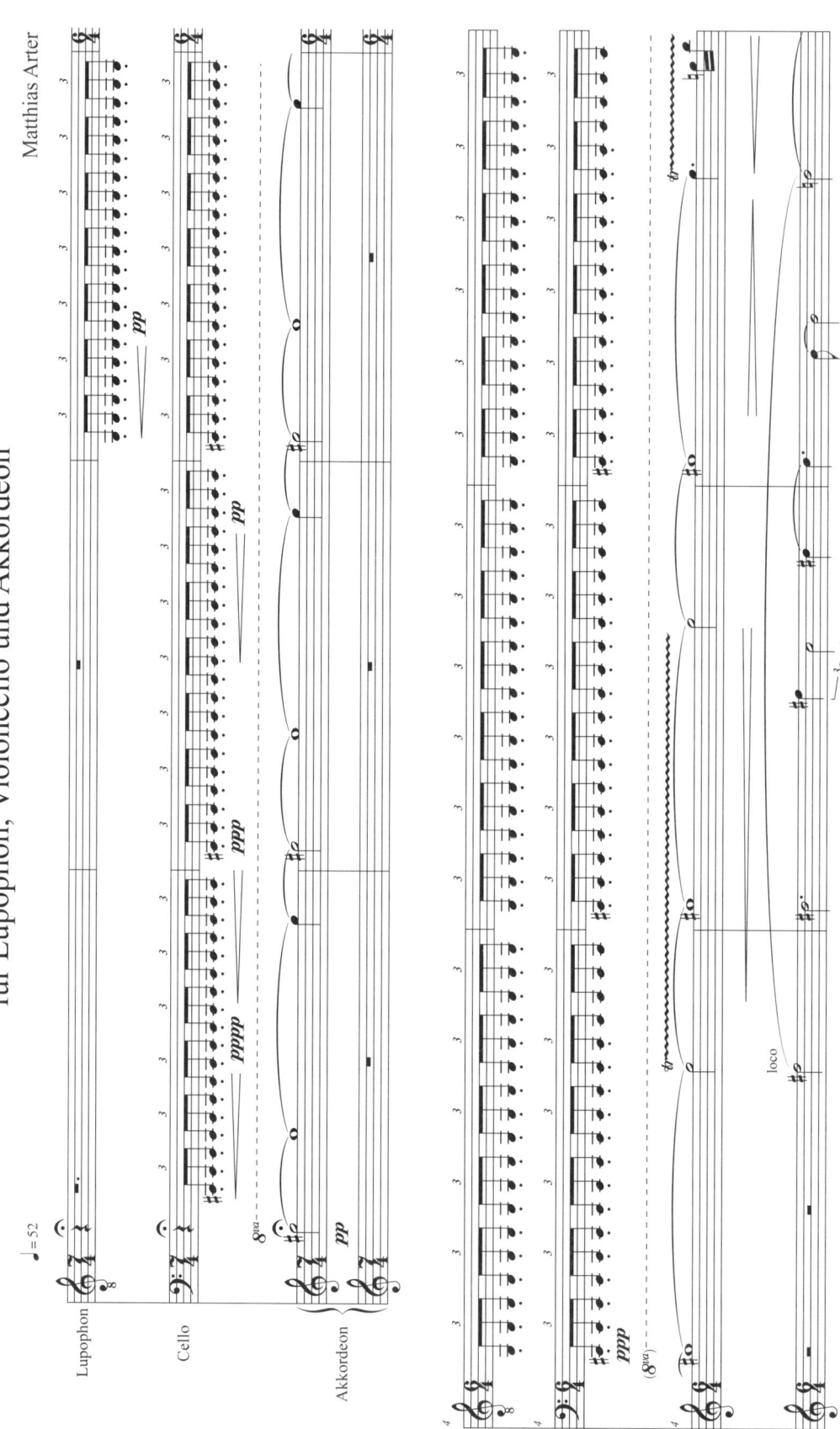

Refrain

Dieses Stück ist inspiriert durch die Geschichte *Die Göttin und der Hirtenknabe* von Anna-Katharina Höpflinger. Sie beschreibt darin ein leises Lied mit einem Refrain, der sich in einen trotzigen Ruf wandelt, aufbegehrt und widersetzt. Die Sängerin, eine junge Frau, singt es nach eigenem Bekunden nicht immer gleich: «Die Melodie ändert sich immer wieder. Folgt meinen Gefühlen. Die Verse aber sind in Fels gemeisselt.» Dieser Refrain, der sich immer wieder verändert, war der Ausgangspunkt meiner Komposition. Ich habe ihm einen zweiten Gedanken hinzugefügt: In der Geschichte geht es um einen Hirtenknaben, der die Heilige Margaretha enttarnen und verraten möchte, obwohl sie Gutes tut. Daraufhin wird der Hirtenknabe getötet, und es bleiben nur Zeichen der Zerstörung übrig. Nach dieser gewalttätigen Episode bleibt der Refrain einsam zurück, aber nicht mit einem beruhigenden und wohligen Gefühl, sondern mit der Gewissheit, dass es kein Zurück mehr zur Idylle des Anfangs geben kann.

Gletscher
für Lupophon, Violoncello und Akkordeon

Matthias Arter

©2023 by Matthias Arter

Gletscher

Eine Hommage an Ferdinand Ramuz von Pierre Bühler mit dem Titel *Wenn der Gletscher zu rumoren beginnt …* war mir eine reiche Inspirationsquelle für dieses Stück. Die Musik ist dreiteilig komponiert, zu Beginn hören wir die «beängstigende Stille», die der Gletscher ausstrahlt und die etwas Unheimliches und Unbegreifliches vorausahnen lässt. Anschliessend erzählt ein lyrischer, melodiöser Abschnitt von der unglücklichen Liebesgeschichte von Victorine und Joseph, die nach einigen Wirrungen und Missverständnissen mit dem Tod der jungen Frau endet. Der dritte Teil schliesslich ist eine recht kurze und heftige Schilderung der unheimlichen Geräusche und des darauffolgenden Gletscherabsturzes, der die Geschichte abschliesst.

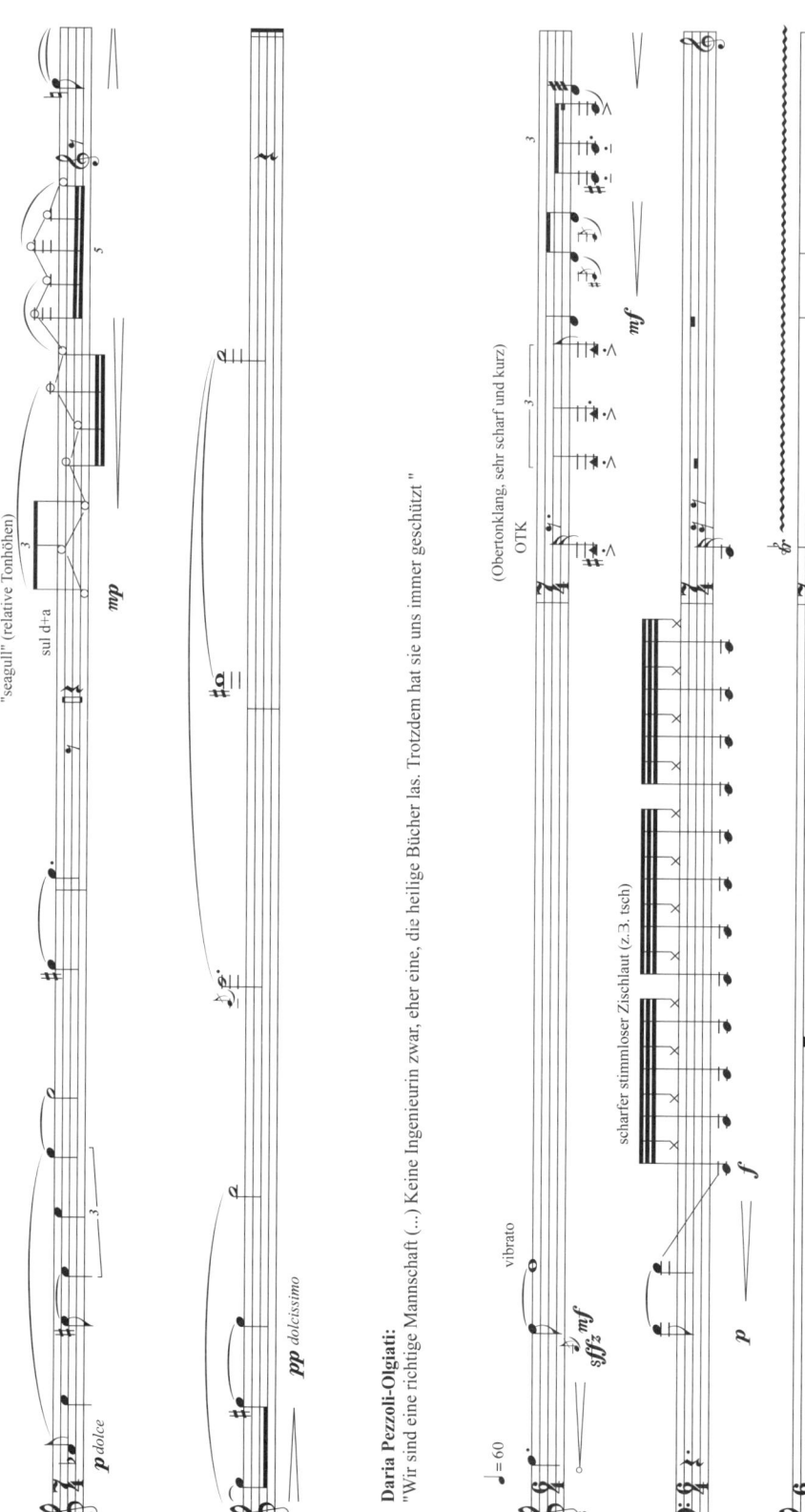

Daria Pezzoli-Olgiati:
"Wir sind eine richtige Mannschaft (...) Keine Ingenieurin zwar, eher eine, die heilige Bücher las. Trotzdem hat sie uns immer geschätzt."

Tunnel

Eine mehrteilige und zweisprachige Erzählung von Daria Pezzoli-Olgiati, *Stimmen an der Grenze der Transzendenz,* die sich mit verschiedenen Aspekten des Tunnelbaus beschäftigt, hat mich zu einer Suite in Form eines Rondos inspiriert. Zwischen den sieben kurzen Sätzen wurden in der ursprünglichen Fassung die sechs Textteile der Erzählung eingefügt. Das Material von *Tunnel* ist zu grossen Teilen identisch mit demjenigen von *Gipfelkreuz*, es soll die Dichte der Kommunikation der drei Instrumente darstellen, die mit einzelnen Schlüsselworten der Erzählung korrespondieren, wie etwa: «L'aria è gelida», «Das Leben unter dem Berg ist hart», «Umhüllt mit einem schützenden Gewand», «Fa paura questa montagna», «Die Felsen haben mich aufgenommen», «Wir sind eine babylonische Mannschaft, jeder spricht eine andere Sprache». Und zum Ende ist meine Musik ganz bei der Heiligen Barbara, auf die alle vertrauen können, weil sie «uns alle immer geschützt» hat.

Ouroboros
Vier Stücke für Oboe, Violoncello und Akkordeon (2023)

Darija Andovska

Der Zyklus der vier Stücke «Ouroboros» ist nicht in einer bestimmten Reihenfolge angeordnet, sondern enthält jeweils Elemente der anderen Sätze. Alle Stücke, die sich auf kurze Geschichten beziehen, stehen in Verbindung zum transzendenten Moment der Alpen und zu der sowohl zerstörerischen als auch beschützenden Natur des Menschen. Auf diese Spannung verweist der Titel *Ouroboros*: Der Ouroboros ist ein antikes Symbol, das eine Schlange darstellt, die ihren eigenen Schwanz verschlingt. Dieses Symbol wurde im Gnostizismus und in der Hermetik, vor allem aber in der Alchemie verwendet und deutet in diesen Kontexten auf die ewige zyklische Erneuerung und den Kreislauf von Leben, Tod und Wiedergeburt hin.

Four eternal watchtowers
Andreas Bäumler

- And I, the hell, hear concerts from all sides -

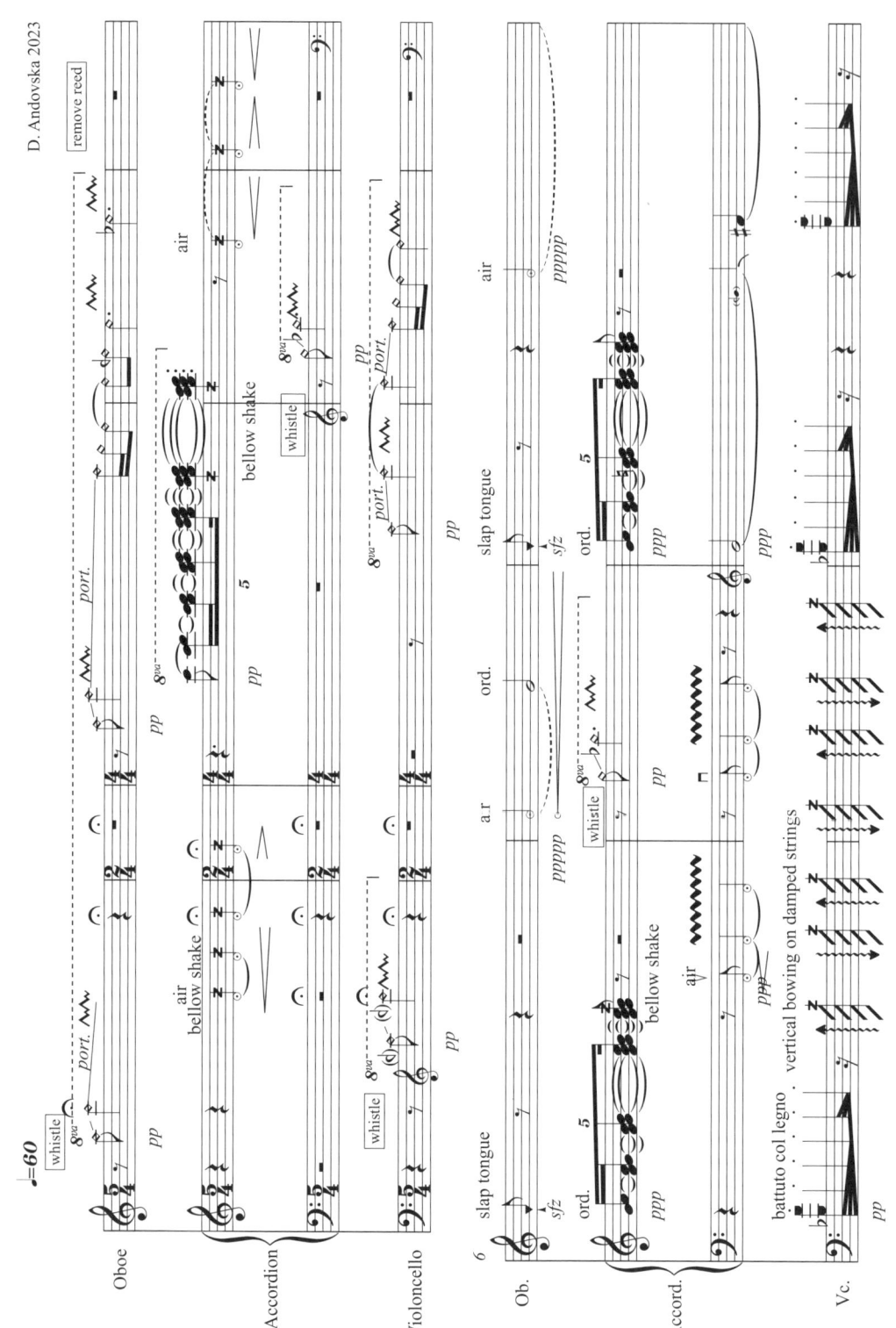

Four eternal watchtowers

Dieses Stück gründet auf einer Kurzgeschichte von Andreas Bäumler mit dem Titel «*Und ich, zum Teufel, höre von allen Seiten Konzerte!*». Ich habe mich in meinem Komponieren an Stichworten der Erzählung orientiert: Panoptikum, Schiffskräne, Ölpumpen und Dampfhämmer. Konkreter: die zentrale «Festung» der europäischen Berge als Wachtürme, das Ächzen der Schiffskräne in Marseille, die Gondelrufe aus Venedig, die monotonen Ölpumpen von Ploieşti und das Kreischen und Zischen der Dampfhämmer im Ruhrgebiet.

Weather bells

Aline Stadler

- Beware of the devil's terror and hailstorms -

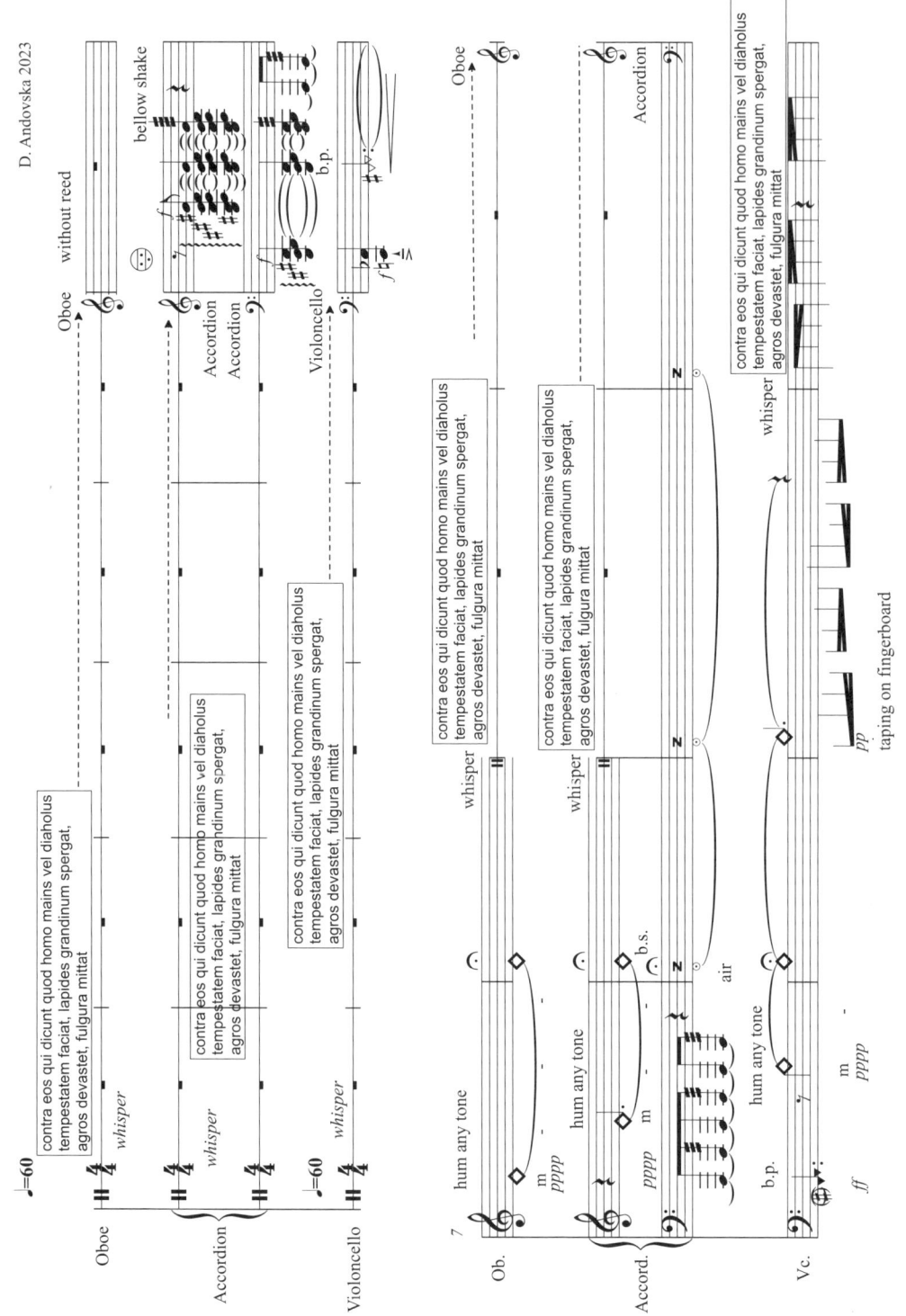

Weather bells

Inspiriert von einer Kurzgeschichte von Aline Stadler mit dem Titel *Vom Wetterläuten im Alpenraum* entstand ein Stück, das sich auf die Themenfelder Sturm, Glocken, Schrecken und Winde beruft. Ich habe die Geschichte der Wetterglocken recherchiert. Diese wurden verwendet, um vor Gewitter zu warnen oder böse Geister und Stürme zu vertreiben.

Der zu Beginn des Stücks und auch später wieder geflüsterte Beschwörungsspruch, der vom mittelalterlichen Bischof Ratherius überliefert wurde, ist kein ganz korrekter lateinischer Text, aber er kommt dem am nächsten, was die einfachen Menschen damals für Lateinisch hielten: «Contra eos qui dicunt quod homo mains vel diaholus tempestatem faciat, lapides grandinum spergat, agros devastet, fulgura mittat … (Gegen diejenigen, die sagen, dass ein Mann oder ein Teufel ein Unwetter verursacht, Hagelkörner streut, die Felder verwüstet, Blitze schickt).»

Descent

Boris Previšić

- No high spirit lets itself be blinded by ambition -

D. Andovska 2023

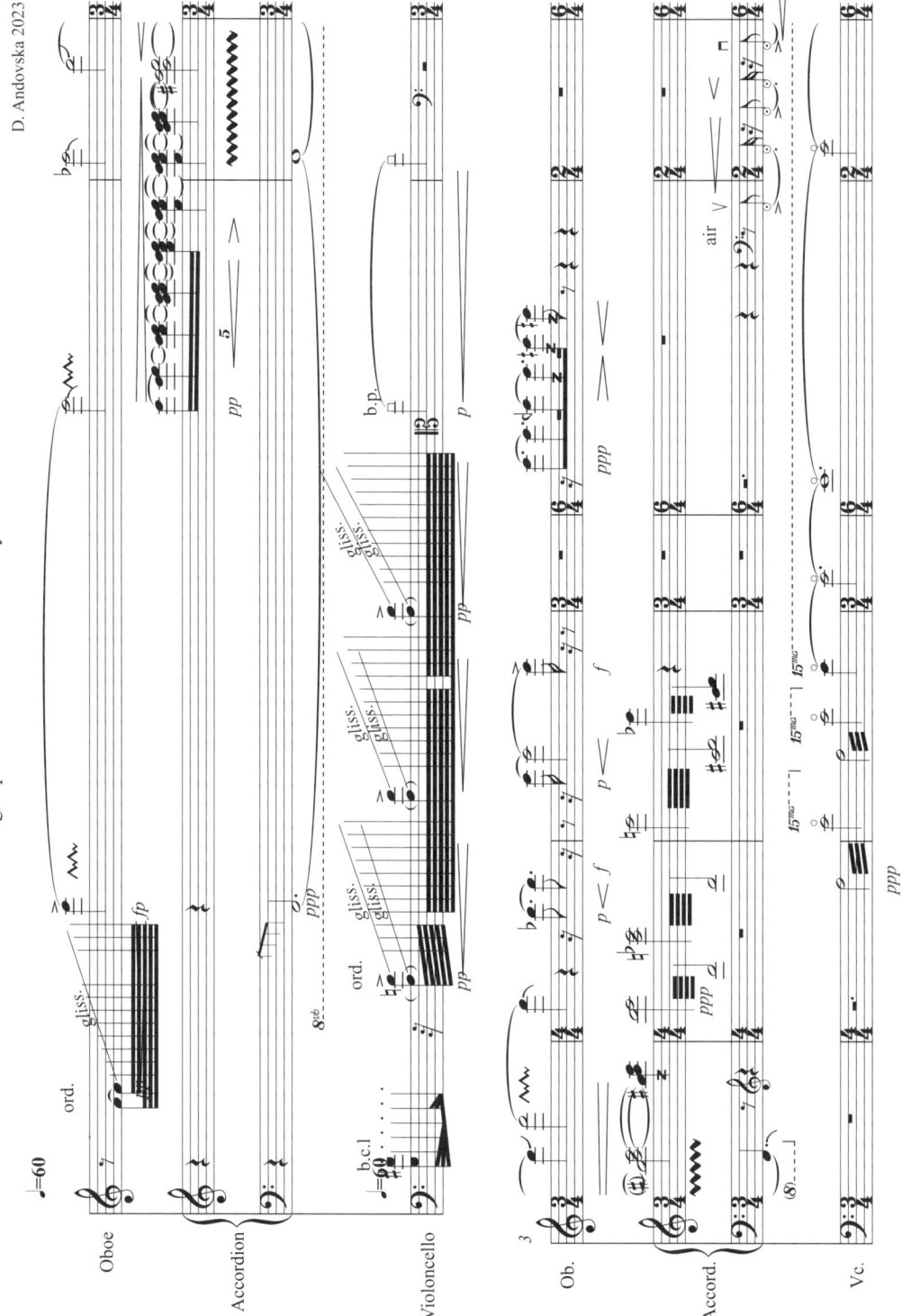

Descent

Ein kurzer Einakter von Boris Previšić mit dem Titel *Hallers Toteis* sowie daran anlehnende Schlüsselwörter wie kochendes Gebräu (Thermalquellen), Zertrümmerung von Marmor, starke Strömungen und erschreckendes Geräusch motivierten mich zu diesem Stück. Darin konzentriere ich mich vor allem auf die Gefühle der beiden Protagonisten: auf der einen Seite die Mutter, eine Frau, die müde und vom Leben enttäuscht ist, aber dennoch kämpft und ihr Bestes tut, um ihrem Sohn die Schönheit des Lebens aufzuzeigen. Auf der anderen Seite der Sohn als ihr Antipode. Dieser pflegt den Weltschmerz, ohne jedoch dieselben Erfahrungen gemacht zu haben wie seine Mutter. So verflechten sie sich – die Mutter versucht, dem Sohn ein Stück Hoffnung mitzugeben und ihm die helle Seite der Welt darzulegen, während der Sohn zwar intellektuell die Kämpfe des Lebens kennt, sie aber nicht wie seine Mutter erlebt hat.

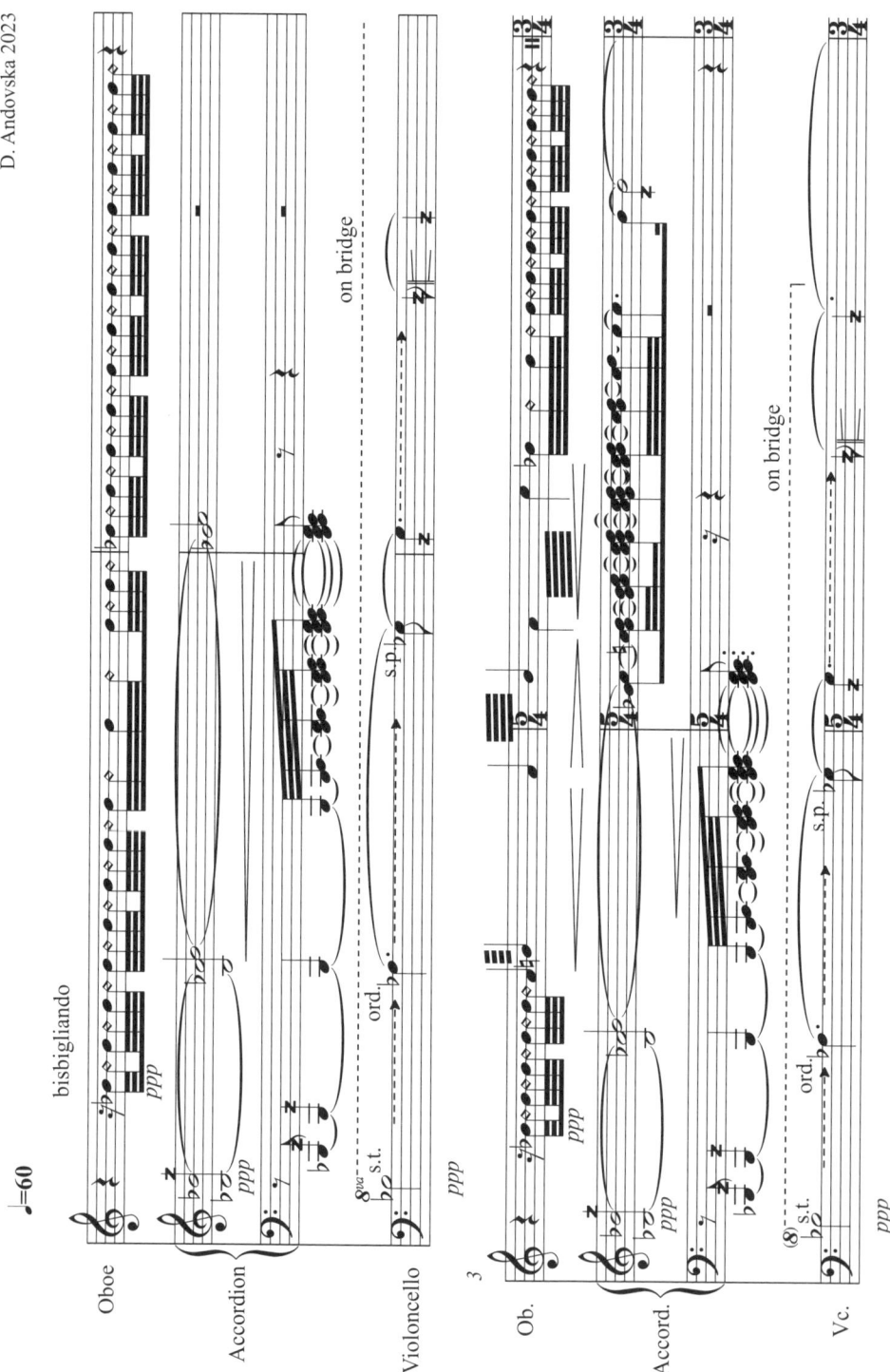

Il curios pader

Dieses Stück basiert auf einer Kurzgeschichte von David Atwood mit dem Titel *Il curios pader e la musica.* Inspiriert von einzelnen Begriffen der Erzählung wie Windsteine, Kristalle, Steinböcke, Gletscher, Sturm, Furcht und Lawine habe ich den geheimnisvollen und irgendwie bedrohlichen Anfang der Alpensinfonie von Richard Strauss paraphrasiert, ebenso wie einen Ausschnitt des Oboensolos aus demselben Werk. Dieses wurde verfremdet als Pfeifen vertont und nicht auf der Oboe gespielt. Mit der Verwendung eines benediktinischen Halleluja-Gesangs bringe ich ausserdem eine zusätzliche Farbe ins Spiel, die sich auf die Mönche im Text bezieht.

verdichten

Grenzen

Religion thematisiert die Spannung zwischen den Bereichen des Lebens, die unkontrollierbar sind, und denen, über die der Mensch verfügen kann. Diese Spannung ist jedoch nicht ein festgelegter Prozess, sondern sie wird, je nach Kontext und den jeweiligen zeitgenössischen Herausforderungen, immer wieder neu geformt. Dabei verdichtet sie sich in besonderen Momenten, die Fragen einer bestimmten Zeit oder eines spezifischen Orts aufnehmen. Solchen Verdichtungen ist der fünfte Teil des Buchs gewidmet.

Der erste Beitrag des Religionswissenschaftlers David Atwood thematisiert die Herausforderung des Bergsteigens. Während der Berg lange als unheimlich und gefährlich galt, kam im 19. Jahrhundert immer stärker die Sehnsucht nach dem Bezwingen der Alpen auf. Einer der frühen Pioniere des Bergsteigens ist der Bündner Mönch Placidus Spescha, ein eigenwilliger Zeitgenosse, den es auf die Gipfel zog, und der deswegen als kurios galt. David Atwood folgt Speschas Spuren und zeigt dabei auf, wie sich die Spannung zwischen dem Menschen und dem Berg, aber auch zwischen Religion und Berg im frühen Alpinismus verdichtet. Einen ganz anderen Weg, den man ebenso nur mit gut besohlten Schuhen gehen kann, beschreitet der Germanist Rudolf Meyer. Sein Beitrag nimmt uns mit auf eine Wanderung durch die Val Lavizzara im Tessin. Anhand von drei unterschiedlichen sakralen Gebäuden zeigt er den Einfluss der alpinen Umwelt auf die religiöse Praxis und die Kultur, in der sie eingebettet ist. Dabei spürt er der Verbindung zwischen der religiösen Architektur und der atemberaubenden Berglandschaft nach.

Der Philosoph Jens Badura nimmt uns mit auf eine Sondierung, die dem Verhältnis des Menschen und seiner natürlichen Umwelt nachspürt. Ausgehend vom *genius loci* der Alpen, also der besonderen Atmosphäre alpiner Orte, denkt er über eine Neuvermessung des Verhältnisses zwischen dem Menschen und der Natur nach. Dabei stellt er das Konzept der Korrespondenz, das die Dynamik der Koexistenz von Menschen und Umwelt betont, ins Zentrum. Die Berge werden so zu einem Experimentierfeld für Reflexionen über das Unverfügbare und die Macht des Menschen. Eine besondere Relation zwischen dem Menschen und der Umwelt äussert sich in avantgardistischen Techniken, mit denen man die höchsten Gipfel überwinden und sich durch die härtesten Felsen graben kann. Ein besonders beeindruckendes Ereignis war in dieser Hinsicht die Bohrung des Basistunnels im Gotthard-Massiv. Damit wurde ein Grenzgebiet, nämlich das Berginnere, verfügbar gemacht und gleichzeitig die Grenze des Gebirges überwunden. Die Religionswissenschaftlerin Daria Pezzoli-Olgiati fokussiert in ihrem Beitrag auf die facettenreichen religiösen Rituale, die diese doppelte Grenzerweiterung verdichten. Sie zeigt auf, welche Rolle religiöse Rituale beim ersten Durchbruch des längsten Tunnels der Welt im Oktober 2010 einnahmen und wie die Heilige Barbara zur Protagonistin dieses Ereignisses wurde. Die Religion des Tunnels verbindet Menschen, Technik und das Unkontrollierbare. Dabei nimmt die Erinnerung an jene, die auf der Baustelle verstorben sind, eine zentrale Rolle ein.

Mythos Placidus Spescha
Ein «kurioser» Mönch auf Abwegen?

David Atwood

In Disentis, auf halbem Weg zwischen Bahnhof und dem über das Dorf wachenden Benediktinerkloster, steht an der Kreuzung zwischen Fussgängergasse und vielbefahrener Durchgangsstrasse ein Brunnen. Dieser ist mit der knapp einen halben Meter hohen Statue eines Wanderers mit Stock und angehängtem Bündel geschmückt. Der Wanderer ist der Pater Placidus (bürgerlich: Giuli Battesta) Spescha, ein bekannter Mönch und Gelehrter, Naturforscher, Kartograf und früher Alpinist aus der Surselva, der von 1752 bis 1833 gelebt hat und dabei mitten in die kriegerischen Wirren an der Grenze von alter und neuer Zeit geriet.

Die Statue, wenn sie auch klein und eher unscheinbar ist, suggeriert eine lokale Anerkennung von Leben und Werk dieses Bündners. Allerdings blieb ihm gerade diese sein Leben lang verwehrt. Er galt aufgrund seiner ungewöhnlichen, aufklärerisch-republikanischen Ansichten als der «kuriose» Mönch und war dafür in der ganzen Surselva bekannt – und nicht unbedingt beliebt. Spescha litt zeit seines Lebens daran, dass er sowohl in Disentis und der Klostergemeinschaft wie auch in der gesamten Surselva als komischer Kauz betrachtet wurde. Er war in mancher Hinsicht ein Aussenseiter, obwohl er die allermeisten Lebensjahre in «seinem» Tal lebte und wirkte und 1833 schliesslich in seinem Geburtsort Trun starb.

Der Brunnen *Fonzetta cumin* mit der Statue von Spescha wurde im Jahr 1984 erbaut. Die Statue stammt aus einer Giesserei in Monza und war eine Auftragsarbeit von Gemeinde und Kloster. Sie zeigt den «Forscherpater» mit klobigen Bergschuhen und einem für «Bergreisen» (wie er seine Bergbesteigungen nannte) geschulterten Sack, den er an einem kurzen Stock über der

Schulter hält. Die Statue ist dem einzigen Ganzkörperbild nachempfunden, das vermutlich 1808 von Pater Josef Isenring gemalt wurde.

Der Ort, an dem dieser Brunnen steht, ist ein eher unscheinbarer Erinnerungsort in einem Tal, das für die Geschichte des Alpinismus genauso wie für die Geschichte der Schweiz wenig beachtet ist – ein Tal, das somit zur peripheren Figur Placidus Spescha passt. Die Surselva – auch das Vorderrheintal genannt – beginnt nach der bekannten, engen Rheinschlucht, durch die sich die rhätische Bahn von Chur kommend bis zum Oberalppass schlängelt. Oberhalb der Rheinschlucht öffnet sich der Blick weit und zeigt das breite Tal mit seinem unteren Hauptort Ilanz, der ehemaligen Handelsstadt, und den verschiedenen Seitentälern, die vom Haupttal abgehen, etwa dem Safiental oder der Val Lumnezia, dem Tal des Lichts.

Diese Landschaft war zeitlebens das Wirkungsgebiet des Placidus Spescha, er hat an vielen Orten im Tal seine Spuren hinterlassen. So verwundert es nicht, dass in der heutigen Surselva verschiedene Orte an ihn erinnern. In Trun gibt es neben der Kapelle der heiligen Anna, der Caplutta Sontga Onna, einen Erinnerungsstein, der neben anderen in die Wand eingelassenen wichtigen Persönlichkeiten aus der Trunser Geschichte «al Geograf P. Placi a Spescha 1752–1833» erinnert. Ebenfalls in Trun findet man im «Museum Sursilvan», dem früheren Rathaus des «Grauen Bundes», sein letztes Schlafzimmer wiederhergestellt, in dem er zeitweise gelebt hat. Auch im Clubführer *Bündner Alpen 2* des Schweizerischen Alpenclubs SAC wird an Placidus Spescha erinnert. Bei unzähligen Bergen der Surselva ist Spescha als Erstbegeher verzeichnet. Viele dieser Besteigungen sind in seinen eigenen Schriften nachzulesen. Diese Aufzeichnungen machen deutlich, dass er einer der stärksten Bergsteiger seiner Zeit – und weit darüber hinaus –

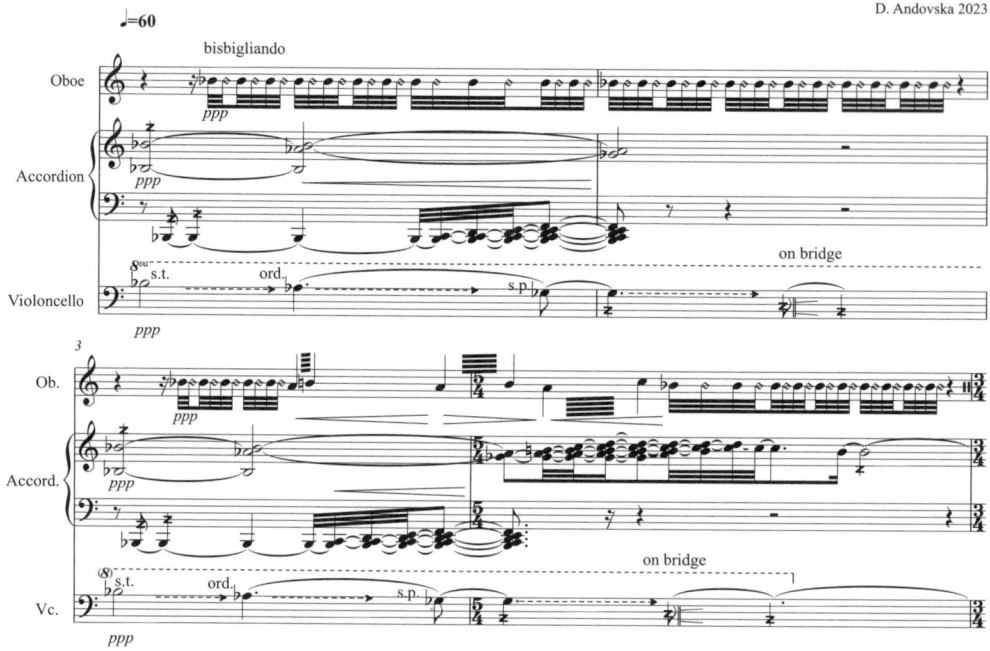

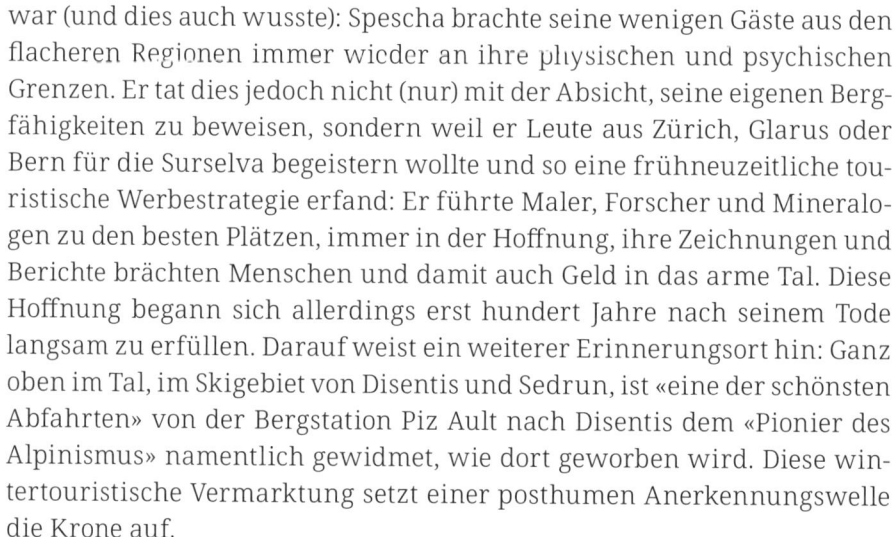

Abb. 32: Erste Partiturseite des Stücks *Il curios pader* von Darija Andovska.

war (und dies auch wusste): Spescha brachte seine wenigen Gäste aus den flacheren Regionen immer wieder an ihre physischen und psychischen Grenzen. Er tat dies jedoch nicht (nur) mit der Absicht, seine eigenen Bergfähigkeiten zu beweisen, sondern weil er Leute aus Zürich, Glarus oder Bern für die Surselva begeistern wollte und so eine frühneuzeitliche touristische Werbestrategie erfand: Er führte Maler, Forscher und Mineralogen zu den besten Plätzen, immer in der Hoffnung, ihre Zeichnungen und Berichte brächten Menschen und damit auch Geld in das arme Tal. Diese Hoffnung begann sich allerdings erst hundert Jahre nach seinem Tode langsam zu erfüllen. Darauf weist ein weiterer Erinnerungsort hin: Ganz oben im Tal, im Skigebiet von Disentis und Sedrun, ist «eine der schönsten Abfahrten» von der Bergstation Piz Ault nach Disentis dem «Pionier des Alpinismus» namentlich gewidmet, wie dort geworben wird. Diese wintertouristische Vermarktung setzt einer posthumen Anerkennungswelle die Krone auf.

Zu Lebzeiten blieb der Ruhm dem Freigeist Spescha, der sich in der Cadi, dem (katholisch-konservativen) oberen Teil des Tals, offen für die aufklärerischen Ideen der Franzosen zeigte und sich sogar für den französischen Kaiser Napoleon begeisterte, verwehrt. Die neue Anerkennung der Taten und Forschungen des Placidus Spescha in der Surselva weist auf die Tatsache hin, dass Anerkennung nicht nur eine individuell gesuchte und passiv erhoffte Gnade bezeichnet, sondern auch die kollektive Erinnerung an einen Menschen meinen kann, welche die verschiedensten Formen annimmt – von Brunnen über Clubführer bis hin zu Skipisten.

Im Fall des «kuriosen Paters» ist die Frage nach der Anerkennung nur zu beantworten, wenn dessen Leben im Kontext von Tal und Zeit nacherzählt wird.

Der kuriose Pater Placidus Spescha

Während sich die frühe Geschichte des Alpinismus in den meisten Fällen um die Leistungen von Engländern oder Bürgersöhnen aus den schweizerischen Städten dreht, die sich ab 1750 immer grösseren und schwierigeren Gipfeln zugewandt haben, wird mit dem Pater Placidus Spescha eine Geschichte aus der Peripherie erzählt: einerseits von der geografischen Peripherie her, denn die Surselva besitzt weder einen Viertausender noch viele ikonische Gipfel, die eine populäre Bekanntheit wie etwa die Berner oder Walliser Alpen erlangt haben. Andererseits steht die Geschichte des Placidus Spescha aber auch für die sozialhistorische Peripherie, denn sie stellt den Bewohner eines Bergtals dar, der durch seine Bildung die Möglichkeit erhielt, Berge zu besteigen, sie zu erkunden und darüber zu berichten. Spescha selbst erschrieb sich diesbezüglich eine biografische Kontinuität: Zur Naturkunde und zur Geografie sei er von Jugend an geneigt gewesen und in den Bergen habe er alles gefunden, dessen er bedürfe.

Spescha zeigte früh grosse schulische Begabungen und wurde deshalb gefördert, zuerst in Chur und später im Vinschgau. Es folgten Klosterschule und Noviziat in Disentis und schliesslich der Abschluss der Ausbildung durch einen sechsjährigen Studienaufenthalt in Einsiedeln. Aus einfachen Verhältnissen stammend, blieb Placidus Spescha stets mit seinem Herkunftsdorf Trun verbunden. Der Vater starb früh, vermutlich aufgrund seines Alkoholismus. Umso wichtiger war ihm die Mutter, die erst nach 1800 starb, wann genau ist nicht klar. Sie war es jedoch, die – vermutlich schon als Kind, als Spescha mit den Ziegen auf den Berghängen unterwegs war –, auch seine Bergreisen unterstützte.

Berge zu besteigen, sie zu kartografieren, ihre Beschaffenheit mitsamt den Mineralienvorkommen zu beschreiben und damit zur frühen Naturforschung beizutragen – das war die Leidenschaft von Placidus Spescha. Damit stellt er eine Ausnahme der klassischen Alpingeschichte dar. In dieser treten die Bewohner der Alpentäler mehrheitlich erst im Gefolge der grossen Gipfelbesteigungen als notwendige «Türöffner» auf, etwa mit Michel-Gabriel Paccard und Jacques Balmat bei der Erstbesteigung des Mont Blanc. Die beiden erreichten zwar 1786 als Erste den Gipfel des Mont Blanc, benötigten dafür aber den bürgerlichen Naturforscher Horace Bénédict de Saussaure aus Genf, der eine Belohnung auslobte. Spescha war allerdings nicht der erste Bündner, der auf Berggipfel stieg. Iso Müller verortet die erste Besteigung eines Bündner Berggipfels im Jahr 1559, als Churer Herren den Calanda erstiegen. Müller weist auch auf die – nach der wenig an Bergbesteigungen interessierten Zeit des Barocks – ersten Forscher hin, die sich für die hohen Gipfel zu faszinieren begannen: Zeitgenossen von Johann Jakob Scheuchzer und Albrecht von Haller, die ab 1730 anfingen, Gipfel der Zentral- und Ostschweizer Alpen zu besteigen. Dazu zählen etwa der Prättigauer Pfarrer Nicolin Sererhard, der um 1740 die Scesaplana (2969 m ü. M.) erklomm, oder der Engadiner Pfarrer Luzius Pol. An diesen wenigen Vorbildern orientierte sich Spescha, als er nach seiner Rückkehr in die Surselva 1780 begann, grössere Gipfel zu besteigen und diese Besteigungen auch zu beschreiben. Sein Abt in Disentis, der gelehrte Kolumban Sozzi, förderte ihn in seinen naturkundlichen und bergsteigerischen Unternehmungen. Diese Jahre unter Sozzi waren für Spescha vermutlich die schönste Zeit seines Lebens. Mit der Unterstützung des Abtes kümmerte er sich zeitweise um das Hospiz auf dem Lukmanierpass, was eine hervorragende Ausgangslage für die Erkundung der nahen Berge war. Er legte eine grosse Mineraliensammlung an und kartografierte den grössten Teil der oberen Surselva. In diese knapp zwanzig Jahre fallen auch einige schwierige Erstbesteigungen, darunter diejenige des Rheinwaldhorns (romanisch Valrein, im Tessin Adula genannt) im Jahre 1789, zusammen mit drei Ärzten: Albrecht Rengger aus Bern, Jakob Fidelis Ackermann aus Mainz und Wilhelm Friedrich Domeier aus Hannover. Die drei Ärzte verirrten sich in der Gegend um Disentis und baten deshalb Spescha, dass er sie führen möge. Aufgrund ihrer mangelnden Erfahrung bestieg Spescha das Rheinwaldhorn schliesslich allein und musste die Ärzte auf dem Abstieg sogar retten. Der entsprechende Bericht ist eine der frühesten Ausführungen über Schneeblindheit und hochalpinen Sonnenbrand, der mit «Brennen in den Augen und im Gesichte» beginnt und mit dem Schälen der Haut endet – und dem Hinweis, dass solcherlei Betragen keineswegs erwünscht war. So schrieb Spescha in seinen Tagebüchern, die von Friedrich Pieth und Karl Hager 1913 neu veröffentlicht wurden:

Abb. 33: Das hohe Güferhorn und, rechts, das leicht höhere Rheinwaldhorn, Adula-Alpen, Graubünden/Tessin.

>Als ich mich vor dem Abten [im Kloster Disentis] stellte, um, wie üblich, seinen Segen zu empfangen, machte er über mich ein geschwindes «Kribis-Krabis» [schnelle Handbewegung] und sagte nur: gehen Sie! Etwelche Täge durfte ich nicht öffentlich mich sehen lassen. Die Haut schälte sich vom Gesichte und den Händen ganz; ich bekam eine neue und es war mir wohl.

Spescha fügte jedoch sogleich eine alpinistische Erkenntnis an:

>Sehen sie, meine Leser, die Vorsehung liess mich physisch wie den Paulus blind werden, um mich moralisch sehend zu machen. Denn öfters brannte meine Haut, [...], aber zu gering, um mich zur Vernunft zu weisen. Nun aber dachte ich ernstlich an einen Flor, um das Gesicht zu verdecken, und an Fusseisen, um mich stützen zu können. (S. 315)

Immerhin hatten also diese Leiden zur alpintechnischen Weiterentwicklung beigetragen. Unser Bündner Mönch sollte später genauer auf die Fusseisen eingehen und Hinweise zu ihrer technischen Verbesserung geben. Spescha selbst verglich rund zwanzig Jahre später diese Besteigung des Rheinwaldhorns mit derjenigen des Mont Blanc, den er als ähnlich hoch einschätzte – ein beträchtlicher Trugschluss.

Es blieb nicht seine letzte Fehleinschätzung. Als Naturforscher hatte er keineswegs die besten Voraussetzungen: Die naturwissenschaftliche Bibliothek in Disentis war nicht auf dem neusten Stand, sodass er manchen veralteten Theorien anhing – ein peripherer Forscher, der trotz seines ungeheuren Engagements von den gebildeten Städtern nicht als Gleicher angesehen wurde. Nichtsdestotrotz war er ein geschätzter Gesprächspartner für viele Gelehrte, die sich für die Alpen zu interessieren begannen, so etwa Christoph Meiners, Professor für Philosophie und Religionsgeschichte in Göttingen. Dieser kam 1788 in Disentis vorbei und notierte sich wenig Schmeichelhaftes über die Menschen des Orts, die er als «hässliche» und «düstere» Leute beschrieb. Allerdings lobte er die Forschung und Sammlung von Spescha.

Speschas letzte Bergreise im 18. Jahrhundert markiert die politischen Unruhen, die ihn in den nächsten Monaten bis nach Innsbruck ins Exil bringen sollten, wohin er als Franzosenfreund von den Österreichern deportiert wurde. Über die Besteigung des Piz Cavel 1799 notiert er später:

> Ich erstieg diesen Gipfel am Ende des Augustmonats im J. 1799 und hatte das unbeliebige Vernehmmen anzuhören, wie die Franzosen die Oesterreicher im Ursära-Thal bekriegten. Mann konnte einen jeden Schuss unterscheiden. (nach Müller, S. 19)

Der Krieg, den Spescha hier sah, war der neu aufgeflammte zweite Koalitionskrieg, in dem die Koalition aus Österreich, Russland, dem osmanischen Reich, Portugal und weiteren kleineren Staaten (wiederum erfolglos) versuchte, das nunmehr napoleonische Frankreich zurückzudrängen. Spescha selbst fühlte sich seit seiner Ausbildung zu Frankreich und zu den dort aufkeimenden Ideen hingezogen, die wir heute unter «Aufklärung» zu kategorisieren gelernt haben. Er schätzte Rousseaus Ideen (obschon er seine Naturschwärmereien für naiv hielt) und hatte sogar für Napoleon Bonaparte grosse Sympathien, die sicherlich kein Mitbruder in Disentis teilte. Im Gegenteil, die grosse Mehrheit der Mönche sympathisierte mit dem katholischen Österreich, dem Gegner Frankreichs in den Kriegen, die insgesamt in verschiedenen Koalitionen von 1792 bis 1807 dauerten. Die Surselva war während dieser Kriegszeit immer wieder Durchgangstal für die verschiedenen Truppen, was die sowieso schon arme Talbevölkerung zusätzlich belastete.

Disentis selbst wurde zum Ort des Konflikts, als Napoleons Armee im Frühjahr 1799 dort lagerte. Das mit den Österreichern sympathisierende Kloster wurde zu massiven Zahlungen gezwungen, wobei hier Spescha massgeblich zur Schlichtung der Konflikte beitrug. Nicht nur agierte er als

Vermittler zwischen Armee und Einwohnern, sondern setzte seine bis dahin auf eine stattliche Grösse angewachsene Mineraliensammlung sowie viele seiner Karten als Teil der Zahlung ein. Besonders seine Karten waren in Kriegszeiten von grossem Wert und deshalb sehr begehrt bei den Armeeführungen.

Obschon sich Dorf und Kloster in Disentis an die Zahlungen hielten, eskalierte die Lage im Mai, als Spescha aus Verhandlungsgründen in Bonaduz weilte. Dorfbewohner griffen am 1. Mai die noch in Disentis stationierten Soldaten an und töteten ungefähr 40 Franzosen. Die Reaktion liess nicht lange auf sich warten. Bevor Spescha zurück war, brannten die Franzosen am 6. Mai das Kloster und viele Häuser des Dorfs nieder. Damit verlor Spescha den Rest seiner noch nicht durch Kriegskontribution verlorenen Sammlung sowie die gesamte Bibliothek, für die er in den letzten Jahren des 18. Jahrhunderts verantwortlich gewesen war. Eine Katastrophe, nicht nur für das Kloster, sondern speziell für ihn. Als wenige Monate später die Österreicher die Surselva wieder übernahmen, wurde Spescha als Franzosenfreund verdächtigt. In einer undurchsichtigen Intrige wurde er an die österreichische Armee ausgeliefert und schliesslich mit anderen Bündnern nach Innsbruck deportiert. Allerdings stellte sich diese Zeit letztlich als weniger schlimm heraus: In Innsbruck konnte er bald die deutlich besser ausgestattete Bibliothek konsultieren und mit gelehrten Mitbrüdern über Kartografie, Mineralien und Bergreisen diskutieren. Dort schrieb er auch die *Anleitung zur Unternehmung von Bergreisen*, was vermutlich eines der ersten Lehrbücher des Bergsteigens ist.

Dennoch forderte er nach seiner Rückkehr eine Genugtuung von den Bündnern und von seinen Mitbrüdern, was ihm allerdings verwehrt wurde. Vermutlich nicht zuletzt deswegen wollte er nicht ins Kloster zurück, worauf man ihn zum Kaplan machte und zunächst in die Val Lumnezia nach Vrin beorderte. Nun folgte eine unstete Zeit: Spescha blieb in den folgenden Jahren an kaum einem Ort länger als ein Jahr. Nicht selten wurde er aufgrund seiner Nachlässigkeit bei der Amtsausübung – er war nämlich nicht nur wochentags auf den Bergen unterwegs, sondern in Ausnahmesituationen sogar an Sonntagen – abgesetzt und an andere Kaplaneien in der Surselva weitergeschickt.

Spescha überwarf sich darüber hinaus auch wegen verschiedener theologischer Streitigkeiten mit seinem Kloster. Er vertrat Positionen, die ihn noch weiter zum Aussenseiter werden liessen. So forderte er um 1800 offen die Abschaffung des Zölibats oder begrüsste die Auflösung des Kirchenstaats durch Napoleon 1809. Ein ganz und gar ungewöhnlicher und in seiner Kongregation unbeliebter Mönch. Einer, der sich in seiner Religiosität deutlich stärker von Bergen und der Natur berührt zeigte.

> Bei meinen Reisen nahm ich Bedacht auf alle Gegenstände, die sich meinen Sinnen darstellten: auf das Gewild, wie es flog und flatterte, wie es weidete, sprang und pfiff; wie die Pflanzen aufkeimten und blüheten, wie die Glätscher krachten; wie die Steine und Felsen, das Eise und der Schnee sich losrissen und der Tiefe zueilten. Dieses Krachen und Donnern, wie das Wachsen und Leben, ergötzten mich mehr als alle Prachten und Musiken dieser Welt. (nach Zopfi, S. 25)

Die Porta da Spescha (3352 m ü. M.) als Erinnerungsort

Ein für Spescha zentraler Ort in der Natur war einer, den er selbst nie erreichte: der Piz Russein, auf Deutsch Tödi genannt. Auf dem Gebirgskamm dieses Tödi gelegen, etwas südlich zwischen dem Piz Mellen und dem Stoc Grond, markiert die Porta da Spescha den südwestlichen Einstieg auf den Bifertenfirn. Östlich davon zieht sich dieser Gletscher rund tausend Höhenmeter nach unten, bis er, ausgezehrt auf ungefähr 2500 m ü. M. endet, jedes Jahr etwas höher. Westlich davon fällt der Fels steil ab, gezeichnet von vielen kleinen Erosionen und Abbrüchen im Gneis. Ein unzugänglicher Ort, den heute nur noch wenige geübte Alpinisten betreten. Die allermeisten Bergsteigerinnen und Bergsteiger gehen auf den herkömmlichen, gut ausgetretenen und mit Infrastrukturen wie modernen SAC-Hütten versehenen Wegen von der Glarner Seite auf den Tödi hoch.

Kann aber ein Ort, der heute kaum noch betreten wird und der keinerlei Erinnerungsspuren trägt, ein Erinnerungsort sein? Die einzige Spur, welche die Porta da Spescha markiert, ist ihre Kennzeichnung auf der Karte. Reicht dies, um als Erinnerungsort zu gelten? Reicht dieser Signifikant – ein Name auf einer Karte? Während die zeitgenössische Erinnerungspolitik bemüht ist, die pädagogische Erkennungsschwelle entsprechender Orte niedrig zu halten, etwa indem erklärende Signale und Plakate angebracht werden, lohnt sich ein solcher Aufwand für diesen Ort nicht. Was also ist der Ort «Porta da Spescha»?

> Jener Durchgang der Zukunft, jenes nahezu 11 000 Fuss über Meer gelegene Felsenthor zwischen Stockgron und Piz Mellen – es heisse fortan die Placidus-Pforte; oder – um auch der romanischen Sprache gerecht zu werden: Porta da Spescha. (S. 48)

Dies schreibt der Berner Geologe Johann Simler im 1863 erschienenen Büchlein *Der Tödi-Rusein und die Excursion nach Obersandalp.* Er zollt da-

Abb. 34: Der Tödi von Nordosten, am linken Bildrand die Scharte der Porta da Spescha, Glarner Alpen.

bei dem Pionier der Tödi-Besteigung durch diese Namensgebung seinen Respekt – die aber gleichwohl seine Namensgebung bleibt.

Die Bezeichnung der Porta verweist auf eine bestimmte Erinnerungsspur, nämlich diejenige ihrer Erstbesteiger und all der Menschen, für die eine Besteigung dieses «fürstlichen Bergriesen» fortan zu etwas Erstrebenswertem wurde. Somit steht sie für viele Orte auf den Karten dieser Welt, in denen die imperialen Gesten von «Erstbesteigern» oder anderen «Entdeckern» namentlich eingeschrieben wurden – nicht immer vor Ort, aber eben sehr wohl auf der Karte. Damit verlagert sich der Erinnerungsort von der physischen und geografischen Ebene auf diejenige der Zeichen. Nicht am realen Ort wird erinnert, sondern auf dem Koordinatensystem, das wir heute z. B. in Form der Wanderkarten zur Orientierung benutzen. Sehnsüchte, Ängste, Wünsche werden an einem Ort – dem Gipfel –, aber auch in einem simplen Namen, an der «Pforte», verdichtet. Sichtbar sind die hier von Simler festgelegten, von ihm und Spescha geteilten Sehnsüchte und Wünsche nur für diejenigen, welche die Geschichte kennen (und nun auch für Sie, liebe Leserin und lieber Leser).

Die Idee, auf den Tödi zu steigen, war bei Spescha schon lange vor der geglückten Erstbesteigung vorhanden. Ab 1800 spricht und schreibt er kontinuierlich davon, wohl beeinflusst von der Erstbesteigung des Mont Blanc. Viele Nebengipfel hatte er schon vor 1800 erklommen, so etwa den Stocgron (1782) oder den Piz Urlaun (1793 und 1799). Er unternahm insgesamt sechs vergebliche Versuche, den Gipfel des Russein – den südlichen Gipfel des breiten Bergs – zu erreichen, den letzten als 72-jähriger Senior.

Von ihm angeleitet gelang die Besteigung dann 1824 den jüngeren Gemsjägern Placi Curschellas und Augustin Bisquolm: Spescha instruierte die beiden und gab ihnen die Aufstiegsroute an, die durch das Couloir oberhalb der Alp Russein Sura auf die Öffnung führte, die er von seinen früheren Versuchen her kannte – die später nach ihm benannte Porta da Spescha. Er selbst verfolgte ihren Aufstieg vom Gegenhang mit dem Fernrohr. Spescha reihte diesen Erfolg in seinen Tagebüchern durchaus unbescheiden in seine Bergreisen ein: «So endigten meine 40 und mehrjährigen Bergreisen unbeschädigt. Gott sey Dank!» (S. 362) Immerhin also die Genugtuung, dass es wirklich möglich war, diesen höchsten Berg der Surselva zu besteigen.

Während die Besteigung des Mont Blanc noch vor der Ungewissheit stand, ob Menschen eine derartige Höhe überhaupt überleben, konnte die Besteigung des Tödi nicht mehr mit dieser naturkundlichen Grundfrage begründet werden. Nicht zuletzt deswegen wird Placidus Spescha als «erster wahrer Alpinist» (Donatsch) bezeichnet, einer, der Bergsteigen zum Selbstzweck erklärte – so, wie es heute hunderttausende Menschen tun. Einer, der eine Sehnsucht nach einem Gipfel entwickelt und damit eine moderne Eroberungsgeste zeigt, die im Jahre 1824 noch durchaus begründungspflichtig war. Dieser moderne und narzisstische Wunsch, auf einem einsamen und hohen Gipfel zu stehen, über der Welt, in der man lebt, über allen Mitmenschen, und zwar durch die eigene Kraft und Ausdauer – dieser Wunsch nimmt hier Gestalt an.

Die Porta da Spescha als Erinnerungsort «entsteht» allerdings erst in einem zweiten Schritt, nämlich in der genannten Ersteigung des Tödi von seiner Nordseite aus durch Theodor Simler im Jahr 1864. Diese «Exkursion» war die allererste Unternehmung des neu von Simler und anderen am 19. April 1863 in Olten gegründeten Schweizerischen Alpenclubs S. A. C. Simler als dessen erster «Centralpräsident» plante die Tödi-Besteigung in militärischer Weise: Drei «Détachements» rückten in das Gebiet in einem «combinierten Feldzug» ein. Simlers Unternehmung markiert eine neue Epoche im Alpinismus: Nicht mehr die Ungewissheit einer Besteigung stand im Zentrum, sondern lediglich die Frage, wie viele Détachements es benötigt, um dem Gipfel zu Leibe zu rücken. Diese Plan- und Machbarkeit ist eine andere Form des Bergreisens als diejenige des noch dem Barock und der

Naturkunde verbundenen Spescha. Die an diesem Ort verdichteten Grenzen sind somit auch epistemische Grenzen: Keine Ungewissheit, sondern eine Planbarkeit umrahmt Simlers Besteigung des Tödi.

Die Religion erklimmt die Berge

Die Geschichte des Placidus Spescha verdeutlicht, wie sich vom 18. bis ins 19. Jahrhundert das Bergsteigen als neue Form der Körpertechnik etabliert, die für sich steht. Spescha war einer der Ersten, die auf Berge stiegen, einfach «weil sie da sind». Die damit einhergehende Transformation ist eine sowohl religiöse – von der Kirche zum Berg – als auch eine alpinistische: Neu werden Flor und Fusseisen, genauso wie Pickel und Stock zu wichtigen Geräten, während in den ersten Jahrzehnten des Alpinismus die naturkundlichen Instrumente zur Messung noch zentral waren. In der technischen Infrastruktur schlägt sich somit eine Veränderung in der Art und Weise, was wie gewusst werden soll, nieder: Während bis um rund 1800 die naturkundliche Legitimation zwingend notwendig war, dürfen Berge nun «einfach so» bestiegen werden. Mit Simler wird dann deutlich, dass jetzt fast alles möglich wird – es kommt nur auf die Organisation an.

Die verschiedenen Erinnerungsorte an Spescha machen deutlich, wie die religionshistorischen Spuren der Gegenwart mit den politischen, technologischen und wissenschaftlichen Spuren verwoben und vielleicht gar nicht davon zu trennen sind. Die Religionsgeschichte des Alpinismus zeigt uns eine Form der Religiosität in der Neuzeit: Religion wird in die Reflexion gedrängt, Orte und Dinge werden «als religiöse» diskutiert und mit den bekannten religiösen Stätten wie Klöstern und Kirchen verglichen. Berge werden zu Orten, die einen «mehr als alle Prachten und Musiken dieser Welt [ergötzten]», vielleicht sogar mehr als Klöster und Kirchen.

Drei sakrale Bauten der Lavizzara
Annäherungen

Rudolf Meyer

Es ist schon mehr als ein Jahrzehnt her, als ich mich oft im Tessin aufhielt und zwar in der Lavizzara in der oberen Valle Maggia, genauer in Peccia an der Scuola di Scultura. Meine freien Stunden verbrachte ich meistens mit Ausflügen in die nähere Umgebung. Beeindruckt von der Natur der Berglandschaften und von der Kultur ihrer Menschen versuchte ich, mich den noch unvertrauten Gegenden anzunähern und die Bewegungen, die das Leben und besonders das religiöse Leben der Menschen geprägt hatten, wahrzunehmen. Meinen Notizen aus jener Zeit entnehme ich die Porträts dreier sakraler Bauten, nämlich der Pfarrkirche von Peccia, der Wegkapelle von Monte dell' Ovi und der neuen Kirche von Mogno. Ich habe sie leicht überarbeitet und mir dabei vergegenwärtigt, wie ich die drei Bauten im Zusammenhang mit ihrem topografischen und kulturellen Umfeld erlebt hatte. Einleitend schicke ich ein paar Bemerkungen zum Dorf Peccia voraus.

Ein Dorf im Wirkungsfeld von Natur und Kultur

Peccia befindet sich mitten in der Berglandschaft der Lavizzara am Fuss der obersten Talstufe, wo die von Norden herkommende Maggia und die von Westen herkommende Peccia zusammenfliessen. Die Maggia passiert die Talstufe durch eine steile, mit gewaltigen Felsbrocken durchsetzte Schlucht. Die aus dem Seitental kommende Peccia fliesst als breiter Bergbach in den Talgrund ein. Das Dorf liegt an der linken, der östlichen Talseite auf einer schmalen über dem Talgrund erhöhten Terrasse. Die älteren Häuser stehen eng beieinander. Und mit ihnen auch die Kirche. An deren Südseite befindet sich ein kleiner Platz, an den auch das ehemalige Pfarrhaus, die Casa Patriziale und ein paar andere schöne Wohnhäuser grenzen. Der Friedhof liegt unterhalb des Dorfs an der von Sornico heraufkommenden Durchgangsstrasse. Diese windet sich oberhalb des Dorfs mit vielen Serpentinen zur obersten Talstufe hinauf. Der Raum von Peccia ist zwar nach drei Richtungen hin offen, aber von steilen oder gar senkrecht aufragenden Talflanken umgeben, die vorwiegend von dichten Wäldern überwachsen sind. Die Menschen leben hier in einem Talkessel. In den Wintermonaten reichen die Sonnenstrahlen für längere Zeit nicht bis auf seinen Grund.

Peccia war Jahrhunderte lang ein Bergbauerndorf. Die Familien lebten mehrheitlich von der Landwirtschaft: von den Erträgen ihrer kleinen Gärten und Äcker, ihrer Kastanien- und Nussbäume, aber hauptsächlich von ihrer Viehhaltung, die sie als Alpwirtschaft betrieben. Im Frühling führten sie ihre Kühe, Schafe und Ziegen aus den engen Ställen zu den Maiensässen, die sich vor allem auf der obersten Talstufe befanden. Dort gab es auch schon frisches Gras. Im Sommer wanderten die Älpler mit ihnen bis auf die Alpen der Gipfelregion. Dort hüteten sie die Tiere, verarbeiteten die Milch und hielten die Alpweiden instand, während ihre Angehörigen auf den Maiensässen die Gärten und Wiesen bearbeiteten, damit auf den Winter hin für genügend Futter gesorgt war. Nur wenige Angehörige lebten im Dorf. Im Herbst kamen die Älpler und die Tiere nach einem Zwischenhalt auf den Maiensässen wieder ins Dorf zurück. Diese höchst anspruchsvolle Alpwirtschaft reichte allerdings selbst in guten Jahren kaum für ihren Lebensunterhalt aus. Die Männer behalfen sich mit Gelegenheitsarbeiten. Einige betrieben sogar ein altes Handwerk, wofür die Lavizzara berühmt war: Sie arbeiteten mit Lavezstein, auch Speckstein genannt, weil er weich und leicht zu bearbeiten war. In der Gipfelregion des Pecciatales kam er häufig vor. Die Männer schleiften grosse Brocken davon ins Tal hinunter. Sie verwendeten ihn zum Bau von Öfen oder drechselten ihn zu Töpfen und Schüsseln, die bis nach Italien hinein Absatz fanden. Zwar verstanden diese Menschen ihre kargen Ressourcen so gut zu nutzen, dass sie davon, wenn auch arm, so doch irgendwie autark leben konnten. Aber es war ein sehr hartes Leben und oft ein Überlebenskampf. Am schwersten setzten den Menschen die Naturkatastrophen und der allgemeine Niedergang ihrer Wirtschaft zu.

Die Gefahr von Naturkatastrophen drohte den Menschen von Peccia aus der Schlucht, durch welche die Maggia herunterkam. Langanhaltende Regenfälle konnten im Dorf grosse Schäden anrichten. In den Jahren 1757, 58 und 60 zerstörten Überschwemmungen das ganze damals noch auf der rechten Talseite liegende Dorf. Die Menschen bauten es wieder auf, jedoch auf der linken Talseite an einer besser geschützten Stelle. In den Jahren 1834, 39 und 40 verursachten Dauerregen erneut Überschwemmungen. 1834 lösten sie am Talhang des Pizzo Rüscada einen gewaltigen Bergsturz aus. Dessen Ausläufer reichte bis weit in den Talgrund von Peccia hinunter.

Der Niedergang der alpinen Landwirtschaft im 19. und 20. Jahrhundert wird überall im Alpenraum beobachtet. Die traditionelle Landwirtschaft mochte ihre Möglichkeiten bis zum Äussersten ausschöpfen und konnte doch die wachsende Bevölkerung nicht mehr ernähren. Die üblichen Reformen waren aussichtslos. Moderne, ertragreichere Methoden erforderten grosse Anbauflächen und weiträumige Märkte. In den engen Alpentälern liessen sie sich nicht verwirklichen. Die Industrialisierung bevorzugte städtische Lebensverhältnisse. Wie sollte sie da in den kleinen Bergdörfern Fuss fassen? Seit 1890 versiegte der Markt mit Lavezsteinprodukten und damit die wichtigste zusätzliche Verdienstmöglichkeit. Kein Wunder, dass unter solchen Lebensbedingungen mehr und mehr Menschen nicht nur verarmten, sondern sogar verelendeten und dass es im 19. und frühen 20. Jahrhundert zu einem eigentlichen Auswandererstrom kam. Erst allmählich bekam die Wirtschaft von Peccia wieder neue Impulse. Ich denke an den Bau und Unterhalt der Maggia-Elektrizitätswerke, an den Abbau und die Verarbeitung des Peccia-Marmors, an die Gründung der Scuola di Scultura und an das Aufleben eines sanften Tourismus.

Die Landschaft von Peccia ist wie die ganze Valle Maggia ein winziger Teil der katholischen Glaubenswelt: die Glaubenslandschaft einer armen Bergbevölkerung. Staunend begegnet man überall Denkmälern einer einst intensiv gelebten religiösen Kultur. Jedes Dorf hat seine Kirche, jeder Weiler hat sein Kirchlein, bei jeder noch so kleinen Siedlung steht eine Kapelle. Alle diese Denkmäler erinnern an die Jahrhunderte, als die Kirche in Peccia wie in allen Tessiner Gemeinden das geistige Zentrum der Dorfgemeinschaft war. Der Dorfpfarrer und seine Helfer gestalteten fast das ganze kollektive Dorfleben: die täglichen und sonntäglichen Gottesdienste, die Kirchenfeste, das Kirchenjahr. Auch begleiten sie die ihnen anempfohlenen Menschen durch alle Stationen des Lebens: Taufe, Firmung, Hochzeit, Tod. Sie sollten sich in ihrer Kirchgemeinde, mehr noch: in der Welt-Ordnung der katholischen Kirche, aufgehoben fühlen. Letztlich ging es immer darum, diese oft nur noch um ihr Überleben kämpfenden Menschen vor der Verelendung zu bewahren und sie auf einen Heilsweg zu leiten, auf dem sie ihre menschliche Würde ihr Leben lang und über dieses hinaus erhalten würden. Und das alles so, dass sie es auch fassen und beherzigen konnten.

Die Pfarrkirche von Peccia und ihr Heiliger Antonius

Die Pfarrkirche von Peccia machte mir, von aussen gesehen, nicht den Eindruck von etwas Besonderem. Sie schien mir nach demselben Muster gebaut zu sein wie die meisten Dorfkirchen in der Valle Maggia: ein einfaches Schiff mit Chor und Glockenturm, schmucklos wie die meisten Wohnhäuser im Dorf, feiner ausgegliedert nur der oberste Teil des Turms mit dem Glockenstuhl, der alle Dächer überragt. Das Innere der Kirche überraschte mich durch seine reiche Ausgestaltung: Ein hoher übergoldeter Schnitzaltar strahlt aus dem Chor in den Kirchenraum, als wolle er die Gemüter der Gläubigen ganz auf sich lenken. Von den Wänden und Deckengewölben wirkte eine Fülle von Bildern auf mich ein. Ich suchte nach den Glaubensinhalten, die sie den Menschen vor Augen führen. Da ist, wie gesagt, der Hauptaltar. Er zeigt, auf seiner zentralen Achse aufsteigend, eine Sequenz von fünf Bildern: zuunterst Maria mit dem Leichnam Jesu; darüber Maria und Johannes am Stamm des Kreuzes mit dem sterbenden Jesus; darüber die Himmelfahrt der Maria; darüber der vom Himmel herabblickende Gott Vater; und zuoberst der auferstandene Erlöser.

In der Mitte des Schiffs stehen einander in je einer Altarnische zwei Statuen gegenüber. Die eine zeigt die als Himmelskönigin gekrönte Maria, das Kind auf dem linken Arm; die andere zeigt als Gegenstück dazu Josef, ebenfalls das göttliche Kind auf dem linken Arm und sein Attribut, die weisse Lilie, in der rechten Hand. Alle diese Bilder erzählen von Kindheit, Passion, Tod und Auferstehung Jesu. Sie erzählen vom Leben der Maria, der jungen, dann der reifen mitleidenden und trauernden Mutter Jesu und, den biblischen Rahmen durchbrechend, von ihrer Himmelfahrt. Lauter Glaubensinhalte, die zum Grundbestand des katholischen Glaubens gehören und in jede Tessiner Dorfkirche passen würden. Aber es gibt da noch zwei Bilder, die besonders die Kirche von Peccia auszeichnen: Bilder des heiligen Antonius, dem sie geweiht ist. Eine Statue und ein Ölgemälde. Beide Male tritt der Heilige dem Betrachter als bärtiger Mann im Mönchgewand entgegen, seine rechte Hand zum Segen erhoben, seine linke Hand einen einfachen Krummstab mit einem Glöckchen haltend und, an seinen linken Fuss geschmiegt, ein Schwein. Antonius lebte nach frühmittelalterlicher Überlieferung im Ägypten des 3. und 4. Jahrhunderts. Er stammte aus einer wohlhabenden christlichen Familie. Als junger Erwachsener veräusserte er sein elterliches Erbe und ging den Weg extremer Armut und Askese, der ihn über verschiedene Stufen bis in die Einsamkeit der Wüste führte. Es war ein Weg qualvoller innerer Kämpfe und erhabener Einsichten. Viele Menschen holten sich bei ihm Rat und Hilfe. Viele folgten ihm in die Wüste nach. Er gilt als der Vater des frühchristlichen Eremitentums. Später, im 11. Jahrhundert, wurde in Frankreich in Antonius' Namen ein Krankenpflege-Orden gegründet. Die Antoniter lebten selbst in Armut. Man sagt, sie hätten das Recht bekommen, ihre Schweine, deren Fleisch sie für die Stärkung der Kranken brauchten, auf öffentlichem Grund weiden zu lassen, und man erklärt sich so, wie der Heilige zu seinem seltsamen Attribut gekommen sei.

Ruinen und eine Wegkapelle im Wald

Der Talgrund, wo die Peccia und die Maggia zusammenfliessen, wird auf seiner rechten Seite begrenzt durch eine steile Talflanke, die weiter oben bis in die Gipfelregion hinaufreicht. Sie ist ausserordentlich dicht bewaldet. Es dominieren mächtige Haselbüsche, durchsetzt von Eschen, Birken, Bergahornen, vereinzelten Kastanienbäumen. Der Anblick dieses so kompakten und zugleich vielfältigen Waldes reizte meine Neugier. An einer einzigen Stelle fiel mir ein kleines weisses Haus auf. Wie mochte es aus der Nähe aussehen? Ich stieg den einigermassen begehbaren Waldweg hinauf. Nachdem ich an den Resten mehrerer zerfallener Ställe vorbeigekommen war, trat ich auf eine Lichtung. Ich ging an einer kleinen Wegkapelle vorbei und erreichte dann das gesuchte Haus und seine zwei dunklen hölzernen Schuppen, die ich vom Tal aus nicht erkannt hatte. Das Haus schien mir bewohnbar, aber schon seit längerer Zeit nicht bewohnt, was auch sein kleiner, verwilderter Garten bezeugte. Ein paar Schritte weiter unten trat ich auf einen Aussichtspunkt, von dem aus ich den ganzen Raum von Peccia überblickte. Ich war auf der am besten erhaltenen Stelle einer sehr schmalen und etwa zweihundert Meter horizontal verlaufenden Lichtung angekommen, die genau entlang der Grenze zwischen dem unteren sehr steilen und dem oberen weniger abfallenden Talhang verlief. Als ich ihr ein Stück weit folgte, stiess ich auf eine Reihe von Ruinen. Es mussten einmal Schafställe gewesen sein. Ich befand mich auf dem Boden der kleinen Siedlung Monte dell'Ovi. Dort lebten einst im Sommer Familien mit ihren Schafen. Diese liessen sie im Wald weiden, wo sich die Tiere hauptsächlich von den Blättern der Sträucher und Bäume ernährten. Mitten im Bosco dell'Ovi(li), im grossen «Wald der Schafställe».

Die noch gut erhaltene Wegkapelle, an der ich auf dem Weg zu den Ruinen vorbeikam, hat die Gestalt eines nicht viel mehr als mannshohen, steinernen Hauses mit einem von Gneisplatten bedeckten Giebeldach. Seine getünchten Aussenwände sind mit vielen Heiligenfiguren bemalt, von denen mir die meisten unbekannt sind. Der offene Innenraum ist mit drei kunstlosen Wandgemälden ausgestattet: Das zentrale Bild zeigt die unter freiem Himmel sitzende Maria. Auf ihrem Schoss hält sie ihr lose in ein weisses Tuch gehülltes Kind. Sie drückt es sanft an ihre linke Brust. Mit gesenkten Lidern blickt sie auf es herab, während es mit wachen Augen vor sich hin in eine ihm noch fremde Welt blickt. Beide, Mutter und Kind, tragen die göttliche Krone. Im Hintergrund ein karger felsiger Berg und mittendrin eine winzige Kapelle. Das Bild rechts zeigt einen Schutzengel mit einem Mädchen. Der Engel führt es einem felsigen Weg entgegen. Aus Angst wagt es nicht, ihn zu betreten. Es klammert sich am Gewand des Engels fest. Dieser legt seine linke Hand schützend über die Schulter des Mädchens und ermutigt es, indem er mit seiner rechten Hand auf Maria und ihr Kind hinüber zeigt, das Mysterium des Mensch gewordenen Gottes. Das Bild links zeigt den Heiligen Franziskus. Er blickt aus dem Bild heraus auf den Betrachter und deutet mit seiner rechten Hand, in der er einen Totenkopf hält, ebenfalls auf Maria und ihr Kind, als wolle er daran erinnern, dass das Mysterium des Mensch gewordenen Gottes auch dessen Tod einschliesst.

Religion als Spiegel damaliger und heutiger alpiner Lebensbedingungen

Ich möchte die Dorfkirche von Peccia und die Wegkapelle von Monte dell'Ovi als zwei Zeugnisse einer alpinen christlichen Glaubenswelt verstehen, die sich während Jahrhunderten unter den harten Lebensbedingungen der dort lebenden Menschen herausgebildet hat. Nicht nur im gemeinsamen kirchlichen Gottesdienst, sondern erst recht im Alltag ihres zerstreuten Lebens sollten die Gläubigen die Fülle der christlichen Geschichten und Verheissungen als Bilder vor Augen haben, um aus ihnen immer wieder die Gewissheit zu schöpfen, nicht verloren zu sein.

Tatsächlich ist das Erbe der christlichen Bilderwelt heute noch gegenwärtig. Auch die jetzigen Bewohner der oberen Valle Maggia kümmern sich darum, es im kulturellen Gedächtnis zu behalten, so wie sie sich darum bemühen, ihre Alpen und Alpwege vor dem fortschreitenden Zerfall zu schützen. Jedoch haben schon im letzten Jahrhundert die Fortschritte der modernen Technik begonnen, die Lebensweise der Menschen in diesen Gebieten zu verändern. Am auffallendsten wohl durch den Bau der Wasserkraftwerke oder durch den Abbau der Marmore weit hinten in der Valle di Peccia. Und zweifellos dürfte der technische Wandel auch ins religiöse Leben hineingewirkt haben. Ein Zeugnis davon ist die neue Kirche von Mogno, die ich als letzte beschreibe. Ein Bauwerk, das aus der Landschaft der Lavizzara heraus geschaffen ist und das seinen Besuchern einen Raum gibt, ihren Glauben von Grund auf zu überdenken.

Mogno liegt zwischen Peccia und Fusio auf der obersten Talstufe, dicht an ihrer Ostflanke. Im April 1986 traf eine Lawine nicht nur auf mehrere Wohnhäuser und Stadel des Orts, sondern auch auf die im 17. Jahrhundert erbaute Kirche. Sie wurde samt dem kleinen Beinhaus total zerstört, sodass an einen rekonstruierenden Wiederaufbau nicht zu denken war. Man beschloss, eine ganz neue und der Zeit gemässe Kirche bauen zu lassen. Der Auftrag dazu ging an den Tessiner Architekten Mario Botta. Er führte ihn kompromisslos aus. Im Sommer 1996 wurde sie eingeweiht – Bottas erste Kirche und zugleich ein bedeutendes Werk zeitgenössischer sakraler Architektur.

Von Weitem erscheint die Kirche als ein gedrungener zylindrischer Turm auf einem elliptischen Fundament. Er ist so abgeschrägt, dass die dem Berg zugewandte Seite mehr als doppelt so hoch aufragt als die Seite, die dem Talgrund zugewandt ist. Auf der Bergseite gleicht sie einem Festungsturm, der jedem vom Berg her hereinbrechenden Unheil standhalten soll. Seine Öffnung nach oben wird durch ein grosses, rundes Glasdach abgedeckt, wodurch das Tageslicht den Innenraum erhellt. Die Aussenwände sind ganz mit Granit aus Riveo und mit Marmor aus Peccia ausgekleidet. Dunkle und helle Streifen regelmässig abwechselnd übereinander geschichtet. Sie verleihen dem schweren Betonkörper eine fast spielerische Leichtigkeit und legen zugleich die Vermutung nahe, Botta habe, als er die Kirche entwarf, die Gebirge der Lavizzara vor Augen gehabt. Die Vermutung scheint sich zu bestätigen, wenn man von unten her kommend auf sie zugeht und von dem vorgelagerten Kirchplatz aus ihre Talseite betrachtet. Man ist gebannt von dem hier dominierenden, grossen runden Fensterdach, das mit seinem Gefälle den ankommenden Menschen gleichsam entgegenkommt, um sie dann durch die einzige, zentral angebrachte Pforte einzulassen. Bei dieser einladenden architektonischen Gebärde hat es Botta nicht bewenden lassen. Er

Abb. 35: Pfarrkirche
San Giovanni Battista,
Altar, Mogno,
Valle Lavizzara.

Rudolf Meyer

hat über und vor dem Gebäude ein brunnenartiges Wasserspiel installiert. Allerdings kommt es nur bei Regenwetter in Gang. Das Regenwasser wird auf der ganzen Dachfläche durch symmetrisch angeordnete feine Rinnen aufgefangen und in eine zentrale Hauptrinne geleitet. Am untersten Punkt des Dachs bildet es vor der Aussenwand einen kleinen Wasserfall. Oberhalb der Eingangspforte setzt das Wasser seinen Weg über einen schlanken Aquädukt mit vielen kleinen Treppenstufen fort, um auf dem Kirchplatz in ein rechteckiges flaches Becken zu münden. Unter den Steinplatten des Kirchplatzes fliesst es schliesslich ab. Ein scheinbar belangloses Spiel mit fliessendem Wasser. Aber es ist mehr als das: Der künstlich gestaltete Was-

Abb. 36: Pfarrkirche San Giovanni Battista, eine starke Präsenz im Dorfbild von Mogno.

serlauf erinnert an die Bäche, wie sie sich in den weiten Quellgebieten der Gipfelregionen sammeln und als kräftige Bergbäche oder Wasserfälle zum Talgrund hinunter fliessen oder stürzen. Vor dem künstlichen Wasserfall gleich unterhalb des Dachs hat Botta ein metallenes Gerüst angebracht. Darin hängen zwei kleine Kirchglocken. Auch sind daneben zwei Stricke angebracht, womit sie sich läuten lassen. Die beiden Glocken waren von der Zerstörung der alten Kirche übrig geblieben.

Durch das Portal und eine dämmerige Eingangsnische trete ich in den Innenraum. Ich stehe auf dem Grund eines grossen steinernen Gefässes. Boden und Wände bestehen, gleich wie die Aussenwände, aus Granit von Riveo und aus Marmor von Peccia. Die rhythmische Anordnung der hell- und dunkelgrauen Elemente überspielen auch hier die Wucht der Betonmassen. Ebenso die Wände in ihrer kühnen Durchgestaltung. Sie stehen senkrecht auf ihrem rechteckigen, dem Elliptischen eingeschriebenen Grundriss. Sie werden von der Eingangsnische und zwei seitlichen Nischen aufgebrochen, wie auch vom bogenförmigen Durchgang hinter dem Altartisch. Nach oben hin biegen sie sich leicht zurück, um sich in die runde Fensteröffnung einzufügen. Diese lässt von oben das Tageslicht hereinfliessen, das Licht des Himmels über der Lavizzara. Über dem Altartisch und dem bogenförmigen

Durchgang ist an einem metallenen Kreuz eine Skulptur des Gekreuzigten angebracht. Sein Haupt ist nach links geneigt, nach dort, wo sich an der Wand ganz unten eine byzantinische Skulptur der Maria mit dem Kind befindet.

Es kommt mir vor, als wiederhole sich in diesem Raum die Gebirgslandschaft von Peccia: die steilen Talflanken, der durch den hohen Horizont umgrenzte Himmel, jedoch in architektonisch-skulpturaler Form. Dieser Raum verweist mich auf mich selbst, auf meine Grenzen und meine Fähigkeiten, sie ahnend zu überschreiten. Nur Eines gibt er aus dem grossen Fundus unseres kulturellen Gedächtnisses zu erinnern: das geheiligte Bild vom Menschenleben in der kleinen Zeitspanne zwischen Geburt und Tod.

Korrespondenzen
Sondierungen zwischen
Himmel und Höhle

If, today, our world is in crisis,
it is because we have forgotten how to correspond.
Tim Ingold

Jens Badura

Die Ettenberger Wallfahrtskapelle Mariä Heimsuchung liegt auf einem sonnigen Hochplateau an der bayerischen Südflanke des Untersbergmassivs, auf halbem Weg zwischen Salzburg und Berchtesgaden und in Sichtweite der österreichisch-deutschen Landesgrenze. Der Sakralbau entstand im frühen 18. Jahrhundert, wurde regionaltypisch im Rokoko-Stil gebaut und ist mit dem standorttypischen Bildrepertoire und Skulptur-Ensemble ausgestaltet. Die Kapelle ist in den kirchlichen Betrieb der Pfarrei St. Nicolas in Marktschellenberg eingebunden und mithin ein «religiös aktivierter» Ort. Für mich und auch andere mir bekannte Menschen, die sich, wie der Soziologe Max Weber das nannte, als eher «religiös unmusikalisch» einschätzen, ist diese Kapelle in ihrer örtlichen Konstellation ein typisches Beispiel für das, was zuweilen als *genius loci* bezeichnet wird. Gemeint ist damit eine dem Ort zugeschriebene Kraft, die spezifische, atmosphärische Qualitäten hervorbringen und Gestimmtheiten hervorrufen kann. In diesem Fall für eine Gestimmtheit, die Besinnung erlaubt – und Besonnenheit ermöglicht.

In der Regel ist nichts Ungewöhnliches dabei, wenn man von der besonderen Atmosphäre eines Orts spricht. Die Rede von der «Kraft» oder, wie das lateinische Wort *genius* auch übersetzt werden kann, dem «Geist» eines Orts, löst allerdings bei zahlreichen Zeitgenossen relativ verlässlich ausgeprägten Obskurantismusverdacht aus. Das sei, so sagen viele, kein Vokabular für aufgeklärte Verhältnisse.

Wohin esoterische Verkapselungen führen können, lässt sich ebenfalls an einem mit dem Untersberg verbundenen Beispiel zeigen. Dieser ist nämlich auch ein populärer «alpiner Kraftort» und firmiert verlässlich auf den oberen Rängen einschlägiger Hot-Spot-Rankings der europäischen Schamanismus-Szene. Das nicht zuletzt, weil das Karstgestein des Massivs ein weitläufiges und gut zugängliches Höhlensystem birgt, das mit zahlreichen Legenden verbunden wird – und die Höhlen wie auch an anderen Orten als potente Katalysatoren für Jenseitsimaginationen fungieren. Diese Legenden sind nicht nur ein gern genutztes Reservoir für das Destinationsmarketing, in dem der «mythische Untersberg» als regionale Besonderheit beworben wird, sondern auch Resonanzraum eines esoterischen Programms, in dem sich magische Kräfte, ungewöhnliche Zeit- und Lichtphänomene oder auch Erdgeister versammeln. Mittels eines zwar nicht belegten, dafür aber umso häufiger wiederholten, Zitats des Dalai Lama wird auch die These unterlegt, dass der Berg das *Herzchakra* der Erde berge.

Doch wie im Fall der Kapelle gibt es Menschen – auch hier zähle ich mich dazu –, die sich zwar als esoterisch unmusikalisch einschätzen würden, sich aber dennoch dazu bekennen, dass da etwas Eigenwilliges ist, das der fragliche Berg buchstäblich *mit einem macht* – im Doppelsinne des Worts als «miteinander machen» und «zu etwas machen». Anders gesagt: Dass am Ort eine korrespondenzstiftende Kraft wirkt, deren Effekt sich als spezifisches Momentum der Zusammenkunft von etwas und jemand manifestiert.

Umwege

Es wäre im Rahmen des etablierten, sogenannten «aufgeklärten Weltverhältnisses» kein grosser Aufwand, solcherart Erfahrungen mittels rationaler Relativierungen zu begegnen und die Fallhöhe des Staunens vernunftversichert zu begrenzen. So könnte man etwa auf historisch geladene Projektionen hinweisen, die sich in die Wahrnehmung eingeschrieben haben, wie es der französische Historiker Pierre Nora mit seinem Konzept der «Gedächtnisorte» getan hat. Es könnte als eine der variantenreichen Suchen nach Himmelshaken für Sinnstiftung identifiziert werden. Oder es könnte als Ausdruck des Bemühens um Selbststabilisierung interpretiert werden, wo mittels Einschreibung in verschworene Gemeinschaften der Bedarf nach einer Zugehörigkeit befriedigt wird – um nur ein paar Varianten zu nennen, die zum Einsatz kommen.

Die weiteren Überlegungen zielen aber nicht auf eine solcherart forcierte Rationalisierung des umrissenen Phänomens. Versucht werden soll vielmehr, *genius loci*-Befunde als Inspirationsquelle für eine Neuvermessung der unterschiedlichen, wechselseitigen Wirkdimensionen zwischen Menschen und ihrer natürlichen Umwelt nutzbar zu machen. Im Zentrum steht dabei der Begriff *Korrespondenz*, verwendet im Sinne des britischen Anthropologen Tim Ingold. Er versteht darunter die responsiv-dynamische Koexistenz von Menschen und nichtmenschlichen Umwelten. Das Verhältnis des Menschen zum Nicht-Menschlichen wird dabei nicht als Subjekt-Objekt-Dichotomie gedacht, sondern als eine spezifische Aufmerksamkeit gegenüber den Qualitäten des Anders-Seins. In jüngerer Zeit hat das Interesse an solcherart Korrespondenzbeziehungen und ihren Wirkungsweisen vor allem in Debatten zur Neuvermessung des Mensch-Umwelt-Verhältnisses zugenommen. Das gilt nicht zuletzt für die unter der Chiffre Klimakrise diskutierten Symptome, wenn sie nicht auf das Thema Dekarbonisierung reduziert werden, sondern als Anlass für die Auseinandersetzung mit dem ökologischen Analphabetismus dienen, in dem sich Teile der Menschheit eingerichtet haben. Und, so die These, in diesem Zusammenhang öffnen sich für und durch die Auseinandersetzung mit dem *genius loci* neue Wege. Diese führen zunächst einmal in die Berge – in der Absicht, dort eine argumentative Versuchsanordnung zu finden, mit der zukunftsfähige Formen der Korrespondenz mit unserer Umwelt ausgelotet werden können.

Abb. 37: Schwarzhorn, Wildstrubel-Massiv, Berner Alpen.

Alpine Affizierungen

Berge formen, so heisst es zuweilen, Seelenlandschaften. Die geomorphologischen Gegebenheiten, in denen Zeitläufe und Naturkräfte jenseits der Vorstellbarkeit anschaulich werden, bilden eine Szenerie und ein Formenensemble, das in besonderer Weise einlädt, als Spiegel existenzieller Befindlichkeiten wahrgenommen zu werden: Faltungen und Brüche, Überblicke und Abgründe, Robustheit und Fragilität, Starrheit und Fluss. In der ästhetischen Erfahrung alpiner Konstellationen oszillieren Faszination und Bedrohung, Schönheit und Erhabenheit, Motivation und Resignation, Neugier und Scheu, Mut und Angst, Leben und Tod. Die Verdichtung versteinerter Zeit und formgewordener Kraft affiziert Menschen in spezifischer Weise – sie macht buchstäblich Eindruck und erregt das Denken. Am Gipfel der Gefühle oder im tiefen Tal der Tränen – unsere Sprache ist reich an montanen Metaphern und das über Kulturgrenzen hinweg. Berge materialisieren die Logik des Vertikalen und mithin das, was auch Menschen existenziell zwischen unten und oben «einstellt»: So wie Berge gegen den Himmel strebende Erde sind, deren Gipfelpunkte den Übergang zum Über-Irdischen und deren Talklüfte und Höhlen Zugänge in das Unter-Irdische markieren, so stehen Menschen in einer existenziellen Spannung im Grenzraum von Irdischem und Über-Irdischem. Nicht umsonst spielen Berge auch in den Religionen eine wichtige Rolle: Sie sind Katalysatoren für Transzendenzerfahrungen, die sowohl in die über- als auch die unterirdische Dimension hineinreichen und jeweils Jenseitiges zu imaginieren anregen. Ambitionen, aus dem irdischen Grenzraum hinauszutreten, scheitern spätestens mit der Ankunft am Gipfel oder dem Ende des Höhlensystems – und gleichwohl gerät man hier vermeintlich näher an das, was dem Diesseitigen einen Rahmen gibt.

Verortungen

Berge sind als materialisierter Verweis auf den Zusammenhang zwischen Jenseits und Diesseits prädestinierte Kontaktzonen für die Korrespondenz zwischen Physischem und Metaphysischem, Menschen und Göttern oder Kultur und Natur. Insofern verwundert es nicht, dass auch in den Alpen eine Vielzahl von Kultstätten existieren, in denen solche Korrespondenzbeziehungen gesucht und gepflegt wurden bzw. werden. Die hohe Dichte an Marterln, Kapellen und anderen Manifestationen kultischer Ortsmarkierungen bezeugt fast allgegenwärtig das Bedürfnis, dem Jenseitsbewusstsein Ausdruck zu verleihen und es topografisch zu verankern.

Dabei ist, neben der Selbstverortung des Menschen in Bezug auf transzendente Konstellationen, ein Bedürfnis aktiviert, der Korrespondenz mit dem Jenseitigen konkrete Orte zu geben. Wie auch andere Bergregionen sind die Alpen ein Lebensraum, in dem für lange Zeit ein Überleben nur dann möglich war, wenn sich die Menschen gleichermassen tiefenscharf wie demütig mit der natürlichen Umwelt ins Benehmen zu setzen wussten – nicht nur zur Deckung von körperlichen Grund- und Schutzbedürfnissen, sondern auch in der Reflexion auf die eigene Situiertheit in einem herausfordernden Umfeld. Die vorhin genannten Kultstätten lassen sich als solche Kontaktstellen für Korrespondenz verstehen: Es handelt sich um Orte der Besinnung auf und des Bekennens von Grenzen des eigenen Könnens und Wissens, um Orte der Bezeugung von Demut gegenüber dem, was als Schicksal anzunehmen ist, und um Orte der Hoffnung, wo Wünsche an und für die Zukunft artikuliert und deponiert werden können. An solchen Kontaktstätten wird man sich der Eingebettetheit in einen Zusammenhang, der ein verträgliches Leben möglich sein lässt, gewahr. Anders gesagt: Es sind Orte, an denen man, um Bewohner des Diesseits bleiben zu können, jenseits des Diesseits die Möglichkeitsbedingungen des Bleibens abzustimmen versucht.

Abb. 38: Alphubel, Walliser Alpen.

Obdachlosigkeiten

Glücklicherweise müssen wir heute nicht mehr unter Bedingungen der Entbehrung leben, wie es Menschen in den Alpen bis noch vor relativ kurzer Zeit zu tun gezwungen waren. Wissenschaft, Technik und die flankierende Kulturentwicklung haben unser Weltverhältnis und damit verbunden auch unser Naturverhältnis grundsätzlich transformiert – und auch den Charakter von Korrespondenzbeziehungen zu verschiedenen Zonen der Jenseitigkeit fundamental verändert. Der damit verbundene Zuwachs an Annehmlichkeit hat allerdings eine erhebliche Zahl an teils gravierenden Nebenwirkungen. So konstatierte Georg Lukács zu Beginn des 20. Jahrhunderts, dass sich die Menschen mit der Moderne und der Emanzipation von religiösen Autoritäten und Sinnstiftungsangeboten in einen Zustand «transzendentaler Obdachlosigkeit» manövriert hätten. Diese Formel bringt prägnant auf den Punkt, was bis heute als Grundrauschen vieler kulturkritischer Diagnosen fortwirkt: Mit dem Schwinden des transzendentalen Obdachs korreliert ein infektiöser Sinnlosigkeitsverdacht, wie Hans Blumenberg es nennt. Und dieser Verdacht lässt seither die Dächer der Schutzräume für existenzielle Belange undicht und ihre Wände porös werden. Er zwingt dazu, neue Arten des Unterkommens zu entwickeln oder tradierte Formen zu renovieren.

Diese Gemengelage prägt auch zeitgenössische Auseinandersetzungen mit der Frage nach dem Sinn und der Suche nach dessen Stiftung. Säkulare Konstellationen, denen das allgemeinverbindliche, transzendenzstabili-

Abb. 39: Monte Grona und eine Bergkette des Piemonts.
Blick vom Monte Legnoncino, Bergamasker Alpen.

sierte Obdach fehlt, vermögen gesellschaftlich auf diese Frage nur prekäre Antworten zu geben – was von manchen als aufklärungsbedingte Errungenschaft, von anderen als destabilisierender Verlust von Verbindlichkeit und Zuwachs von Ambivalenz angesehen wird. Nichtsdestotrotz schien es – zumindest aus eurozentrischer Perspektive – für eine gewisse Zeit so, als habe man mit zunehmender Erfahrung im Umgang mit dieser Spannung mehr oder weniger gangbare Wege gefunden, um ein hinreichend robustes und dennoch flexibles Dach über das kollektive Dasein decken zu können. Als konkretes Beispiel wären säkulare liberaldemokratische Gesellschaftsformen sowie formelle und informelle Mechanismen und Prozeduren zu nennen. Sie erlaubten es mehr oder weniger effektiv, eine humanistische Werteordnung auf Basis zwar vielstimmiger, aber kulturell mehr oder weniger ausbalancierter Sinnstiftungsvarianten relativ stabil zu halten und ermöglichten dabei auch Rückbezüge auf traditionelle Formen des Umgangs mit Transzendenz. Wenn diese Gefüge des Kollektiven auch immer prekär blieben – letztlich liess sich mit dem Modell für eine geraume Zeit ganz gut leben; jedenfalls so lange, wie es nicht durch ein Übermass an inneren und äusseren Stressfaktoren destabilisiert wurde.

Abb. 40: Uisters Tal und Petersgrat, Lötschental.

Unselbstverständlichkeiten

Inzwischen allerdings sind solche Stressfaktoren omnipräsent. Dafür gibt es vielerlei Gründe, die hier nur angezeigt werden sollen: ökonomische und kulturelle Mondialisierungen im Sinne einer globusumspannend «kurzgeschlossenen» Menschheit sowie damit verbunden postkoloniale Sensibilisierung und neue geopolitische und ideologische Konflikte, technologiegetriebene Transformationen der Lebenswelt usw. Hinzu kommt allerdings auch eine neue Form von Obdachlosigkeit, die sich wesentlich von der durch Lukács diagnostizierten, transzendentalen unterscheidet: eine ökologische Obdachlosigkeit, die die konkrete, physische Bedrohung menschlicher Lebensmöglichkeiten anzeigt. Was sich hinter dem Kollektivsingular «Klimawandel» an Bedeutungen versammelt, ist letztlich nicht weniger als die Wahrnehmung der Unselbstverständlichkeit unserer Existenz – bei gleichzeitiger Irritation über die Diskrepanz zwischen dem Ausmass des eigenen Handlungsvermögens (gefasst in der normativ gefärbten Vokabel Anthropozän) und dem Unvermögen, dieses für den Menschen und seine Umwelt gattungsdienlich einzusetzen. Und bei allen Unterschieden zur Konstellation, auf die Lukács sich bezog, sind doch frappierende Parallelen zu erkennen. Paul Valéry konstatierte 1919 im Nachgang zum Ersten Weltkrieg in seinem gleichnamigen Essay eine fundamentale Krise des Geistes:

Abb. 41: Pizzo Gallina, Val Bedretto, Tessin.

> Wir Kulturvölker, wir wissen jetzt, dass wir sterblich sind. [...] Soviel Schreckliches wäre nicht möglich gewesen ohne so vorzügliche Eigenschaften. Es bedurfte zweifellos vielen Wissens, um in so kurzer Zeit so viele Menschen zu töten, so viele Güter zu verschwenden, so viele Städte zu vernichten; aber nicht weniger bedurfte es dazu moralischer Kräfte. Wissenschaft und Pflicht, seid ihr nun auch verdächtig? (S. 26f.)

Die heute virulente Krise des Klimas dürfte der Krise des Geistes im Erschütterungsgrad kaum nachstehen. Nachdem sich im ersten modernen Krieg das Potenzial zur militärischen Selbstvernichtung andeutete, das sich bis hin zum nuklearen Overkill in eine neue Dimension des Sinnlosigkeitsverdachts gesteigert hat, ist es nun die Sichtbarwerdung der mannigfaltigen Folgen des Extraktivismus der Moderne wie auch der Grösse der Aufgabe, ihn nachhaltig rückabzuwickeln. Schliesslich geht es um nicht weniger als das Bewusstwerden des anstehenden Verlustes vertrauter Lebensumwelten durch die Veränderung der natürlichen Lebensgrundlagen zuungunsten ihrer Lebensförderlichkeit. Etwas salopp gesagt: Nachdem mit der Moderne die Gewissheit einer behütenden Hand aus dem Jenseits abhanden kam, beginnt nun auch der Boden unter den Füssen des Diesseits zu brennen.

Solastalgie

Es wird also auf neue Weise unbehaglich. Konkret heisst das, dass der Blick in die Zukunft eine Heimatlosigkeit erwarten lässt, weil die bekannte Welt, in der wir zu leben gewohnt sind, vor unseren Augen zu verschwinden beginnt. Heimat verstehe ich dabei mit dem Kulturwissenschaftler Hermann Bausinger als vertraute Nahwelt, die eine existenziell stabilisierende Funktion hat und Sicherheit und Trost verspricht. Der australische Philosoph Glenn Albrecht hat das mit der Heimatlosigkeit verbundene Gefühl Solastalgia genannt: Ein Neologismus, der sich aus den Wortteilen *solace* und *nostalgia* zusammensetzt und einen inzwischen offiziell als Krankheitsbild anerkannten Leidenszustand bezeichnet. Dieser Leidenszustand, so Glenns Diagnose, entsteht dann, wenn sich die eigene Heimat durch Umwelteinflüsse so massiv verändert, dass ihre beheimatende Funktion verloren zu gehen droht. Ein Verlust des versichernden und tröstenden Momentums durch den Verlust von Heimat kann gemäss der Solastalgia-These fundamental auf das Befinden eines Individuums einwirken. Auf der kollektiven Ebene stellt sich die Frage: Wo und wie lässt sich auf einem unwirtlich werdenden Globus künftig daheim sein? Und: Woraus lässt sich Hoffnung gewinnen, wenn in der Zukunft Vorstellungen für ein gutes Leben vermeintlich keinen denkbaren Platz mehr haben?

Martin Heidegger hat im Vortrag *Bauen, Wohnen, Denken* von 1952 ein Verständnis des Wohnens entwickelt, das Wohnen nicht als einen Zustand definiert, in dem man ein verlässliches Dach über dem Kopf hat. In diesem Fall spricht er von blossem *Hausen*. *Wohnen* hingegen steht in seiner Terminologie für den Zustand eines existenziellen Halts, der sich durch die Eingelassenheit in dem Umweltzusammenhang der Existenz bildet – und mithin das kennzeichnet, was auch Heimat im Sinne der vertrauten Nahwelt zu geben vermag. Diesen Ansatz Heideggers griff der norwegische Architekturtheoretiker Christian Norberg-Schulz auf, als er sich mit dem Topos *genius loci* auseinandergesetzt hat:

> Der Mensch wohnt, wenn er sich in einer Umgebung orientieren kann, kurz, wenn er seine Umgebung als sinnvoll erlebt. Ein Ort ist ein Raum mit einem bestimmten, eigenen Charakter. Seit alters her wurde der Genius Loci, der Geist, der an einem Ort «herrscht», als die konkrete Realität angesehen, der der Mensch in seinem alltäglichen Leben gegenübersteht und mit der er zu Rande kommen muss. (S. 18)

Führt man diesen Gedanken nun weiter und mit den zuvor skizzierten Befunden der ökologischen Obdachlosigkeit und der Solastalgia zusammen, dann zeigt sich in dem Moment, wo Besagtes zu Rande kommen nicht mehr gelingt, auch ein Verlust an Orientierung. Anders gesagt: Wenn die umgebende Umwelt als unwohnlich empfunden wird, oder aber unwohnlich zu werden droht, gerät die Obdachlosigkeitsperspektive genauso in den Blick wie das Gefühl, keinen Zugang mehr zu dem zu haben, mit dem man zu Rande kommen muss. Umgekehrt aber kann in dieser Logik betrachtet eine gelingende Korrespondenz, die sich auf den Genius eines Orts einzulassen vermag und auch einlässt, Erfahrungsgrundlage für die Abstimmung eines angemessenen Umgangs mit diesem Ort sein: Im Zuge eines eingelassenen Korrespondierens könnte sich dann das zeigen, was für eine gelingensfähige Beziehung mit diesem Ort zu bedenken und in der Folge praktisch zu berücksichtigen wäre, um an diesem Ort leben und ihn als eine mögliche, bewohnbare Heimstatt erleben zu können.

Absturzgefahren

Da sich die vorangehenden Überlegungen zunehmend in ein begriffliches Gelände hinein bewegt haben, in dem Worte wie Heimat gehäuft zur Sprache kommen, ist allerdings eine gewisse Kontextualisierung erforderlich. Denn derartiges Vokabular wird schnell und aus guten Gründen mit mehr oder weniger appetitlichen Versionen romantisierender oder retrotopischer Visionen in Verbindung gebracht. Retrotopia nannte der Soziologe Zygmunt Bauman die Neigung moderner Gesellschaften zu idyllisierender Rückwärtsgewandtheit – inklusive einer gewissen Musikalität für reaktionäre Denkmuster. Vorsicht geboten ist auch mit Blick auf leicht auszulösende Assoziationen rund um den Begriff der Korrespondenz im Kontext von Mensch-Natur-Beziehungen. Da lässt dann die Rede vom Einklang mit der Natur nicht lange auf sich warten, verbunden mit der Forderung, dass Menschen und ihre individuellen und kollektiven Lebensformen von nun an bestimmten Masterplänen folgen müssten, um in einen vermeintlich ursprünglichen Zustand zurückzukehren. Doch so relevant diese Bedenken auch sind – die bisherige Begrifflichkeit gerät an Grenzen, gerade wenn es darum geht, das zu verhandeln, was hier mit der Formel «ökologische Obdachlosigkeit» zu adressieren versucht wird. Seit geraumer Zeit hat sich daher nicht nur in den einzelnen Wissenschaften, sondern auch in transdisziplinären Diskursen zur ökologischen Krise eine Auseinandersetzung etabliert, die ältere Theorien neu denkt. So wird etwa der Materialismus neu angelegt, zeitgenössische Interpretationen animistischer Denkfiguren werden erprobt, Denktraditionen wie die Deep Ecology weiterentwickelt oder ästhetisches Forschen als Quelle relevanter Erkenntnisproduktion einbezogen. Wenn augenfällige Phänomene durch vorhandene Begriffe nicht mehr auf den Begriff gebracht werden können, steht Begriffsarbeit an, nicht aber Ignoranz gegenüber der Vorstellung, die damit zum Ausdruck gebracht werden soll.

Übungen im Echoland

Zurück zum Berg, dem Himmlischen und der Höhle. Die Beispiele, die am Anfang des Textes standen, sind natürlich keine für Verallgemeinerungen belastbaren Referenzen, mit denen die bis hier ausgeloteten Befunde und Thesen bewiesen werden könnten. Vielmehr sind es Ausgangspunkte für eine Auseinandersetzung mit Möglichkeiten eines angemessenen Umgangs mit ökologischer Obdachlosigkeit, der nicht im Modus dauerhaften Biwakierens in solastalgischen Stimmungslandschaften operieren will.

Das Leben in den Alpen fand in einem spezifisch geladenen Spannungsfeld zwischen Hausen und Wohnen statt. Entsprechend vielgestaltig sind die kulturellen Praktiken, mit denen Menschen sich in diesem Spannungsfeld bewegen und sich räumlich wie konzeptuell verortet und gelagert haben. Es könnte daher lohnen, diese in den unterschiedlichsten Narrativen und materialisierten Formen geborgene kulturelle Reserve als Ressource für die Entwicklung einer Kultur ökologischer Korrespondenz nutzbar zu machen und daraus entstehende Vorgehensweisen auch praktisch zu erproben. Die Berge mit ihren diversen Kultstätten und Kraftorten würden so zu einem zeitgenössischen Labor für unterschiedliche explorative Ansätze der Weltzugewandtheit und Praktiken der Welteinlassung. Praktiken, die empfänglich werden lassen für das, was sich zeigt – gerade auch *unvermutet* und *unverhofft* zeigt – wenn man es vermag, sich von Verlustängsten zu emanzipieren. Diese Ansätze können neomaterialistisch orientiert, ökologisch inspiriert oder transzendenzoffen sein – gemeinsam wäre ihnen das Interesse an der Erkundung von Optionen des Vernehmens im hier adressierten Verständnis einer responsiv-dynamischen Koexistenz. Gemeinsam wäre ihnen auch das Ziel, ein Vermögen zur tätigen Sorge um die stimmige Verortung in der Welt zu fördern, um korrespondierend das zu *finden*, was dem Menschsein zur Bleibe werden kann. Ein zeitgenössisches Labor also, in dem nicht zuletzt auch Kultstätten wie die Ettenberger Kapelle oder andere Kraftorte neu erschlossen und dort Praktiken der Korrespondenz ihren Platz finden können.

Die Religion des Tunnels
Den Berg bezwingen im Zeitalter von Mobilität und Technik

Daria Pezzoli-Olgiati

«Der Berg ist gross, wir sind klein», stellte ein gerührter Bundesrat Moritz Leuenberger 2010 in den Tiefen des Gotthard-Massivs fest. Der kleine Mensch bezwingt den riesigen Berg, indem er den längsten Eisenbahntunnel der Welt bohrt. Diese Geschichte hört sich wie der altorientalische Mythos von Gilgamesch, dem unruhigen König von Uruk, an. Gilgamesch ist zu zwei Dritteln Gott und zu einem Mensch. Er ist daher sehr strak, aber dennoch sterblich. Auf der Suche nach einem Mittel gegen den Tod unternimmt der Held eine Reise, die vor ihm noch niemand gewagt hat. Sein Ziel ist eine weit entfernte Insel, auf der der einzige Mensch lebt, den die Götter unsterblich gemacht haben. Gilgamesch möchte ihm das Geheimnis der Unsterblichkeit entlocken. Der mühsame Weg führt durch den Berg Maschu, dessen Eingang vom Skorpionmenschen bewacht wird. «Noch nie gab es, Gilgamesch, auch nur einen, der dieses verlangte! Das Innere des Bergs hat niemand je erblickt! Zwölf Doppelstunden weit dehnt sich dessen Inneres aus. Die Finsternis ist undurchdringlich, denn Licht gibt es keines», warnt das Mischwesen den königlichen Helden. Weder der angsterregende Skorpionmensch noch die Unzugänglichkeit des mysteriösen Bergs schrecken Gilgamesch vor dieser Tat zurück, zu stark ist sein Begehren, den Tod zu überwinden.

Das Berginnere ist ein Grenzgebiet, nicht nur in antiken mythologischen Erzählungen, sondern auch in der zeitgenössischen Gesellschaft, die von hoher Mobilität und noch nie dagewesenen technischen Möglichkeiten gekennzeichnet ist. Wie die Parallele mit dem Berg Maschu zeigt, ist die Vorstellung des Bergs als Bereich des Unkontrollierbaren schon lange in die Kultur- und Religionsgeschichte eingeschrieben.

Der Berg als Grenze

Die Alpenkette stellt eine Grenze in vielerlei Hinsicht dar. Ihre Höhe und Unzugänglichkeit, die raue Witterung und die langen Winter machen sie zu einem natürlichen Hindernis für Reisende. Die Wahrnehmung des Bergs als Grenze stellt ein Leitmotiv in den Geschichten der Überschreitung des Gotthard-Massivs dar. Sie ist mit Erzählungen menschlicher Errungenschaften verwoben, die dem kleinen Wesen erlaubt haben, die Hindernisse der gewaltigen Landschaft zu überwinden. Die Legende über die Teufelsbrücke in der Schöllenenschlucht im Kanton Uri verdichtet exemplarisch die Herausforderung, die Natur zu beherrschen. Nach unzähligen gescheiterten Versuchen, die steile, ausgesetzte Schöllenenschlucht mit Konstruktionen passierbar zu machen, beauftragten schliesslich die Urner den Teufel, eine solide Brücke zu bauen. Er nahm den Auftrag an, verlangte dafür aber die Seele des ersten Wesens, das die vollendete Brücke überqueren würde. Als das Werk stand, hetzten die schlauen Bergler einen Ziegenbock über die Brücke und überlisteten somit den Dämon.

Während in dieser Legende der Teufel die komplexe Brücke baut und die unkontrollierbare Schlucht überwindet, ist die Erschliessung des Gotthards historisch eng mit technischen Erneuerungen verbunden. Eine Brücke über die Schöllenen wurde im 13. Jahrhundert gebaut, wobei das technische Wissen dafür möglicherweise aus der Erfahrung der Herstellung von

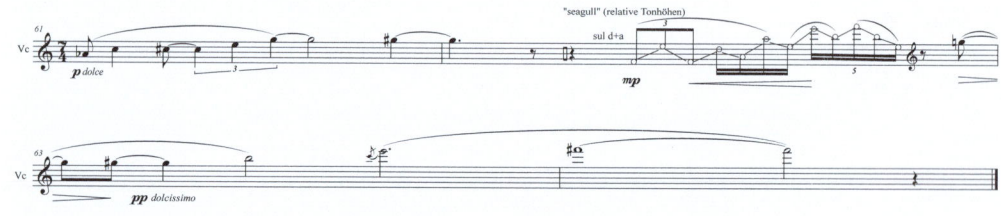

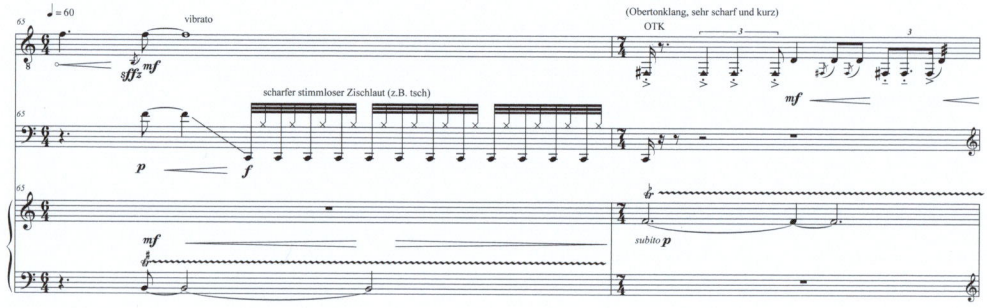

Daria Pezzoli-Olgiati:
"Wir sind eine richtige Mannschaft (...) Keine Ingenieurin zwar, eher eine, die heilige Bücher las. Trotzdem hat sie uns immer geschützt "

Abb. 42: **Partiturseite 18 des Stücks** *Tunnel* **von Matthias Arter.**

Wasserkanälen in den Alpengebieten gewonnen wurde. Der Ausbau des Passwegs mit unterschiedlichen Formen der Organisation der Transporte durch Genossenschaften von Säumern charakterisiert die eher lokale Nutzung des Gotthardpasses zwischen Mittelalter und früher Neuzeit. 1653 richtete Pietro Maderni aus Lugano den ersten wöchentlichen Transportdienst zwischen Mailand und Luzern ein. Ende des 17. Jahrhunderts führten der Zürcher Caspar Muralt und der Berner Beat Fischer den Pferdepostdienst zweimal pro Woche ein. Pietro Morettini aus Cevio leitete 1707 die Arbeiten zur Bohrung eines Strassentunnels. Mit dem 60 Meter langen Urner Loch konnte die Twärrenbrücke, die eine weitere schwierige Stelle über die Schöllenen passierbar machte, umgangen werden. Im 19. Jahrhundert wurde die Passstrasse allmählich ausgebaut: Ab 1831 fand ein regelmässiger Transport von Waren und Personen statt; in den 1840er Jahren gab es tägliche Verbindungen mit der Postkutsche im Sommer und mit dem Postschlitten im Winter. 1882 wurde dank eines Verbunds, an dem sich die Schweiz, Italien und Deutschland beteiligten, der Eisenbahntunnel durch den Gotthard eröffnet. In den späten 1930er Jahren fand der Ausbau der Passstrasse für den privaten Autoverkehr im Sommer statt; 1980 wurde der 17 Kilometer lange Strassentunnel zwischen Göschenen und Airolo eröffnet, 1992 die Vorlage für die Neue Eisenbahn-Alpentransversale (NEAT)

am Lötschberg und am Gotthard als Grundpfeiler der Modernisierung der Europäischen Bahnverbindungen auf der Nord-Süd-Achse in einer eidgenössischen Abstimmung durch das Schweizer Stimmvolk gutgeheissen. Es folgte der Bau des Eisenbahntunnels, der mit 57 Kilometern einen Weltrekord darstellt und seit 2016 in Betrieb ist. Am 29. September 2021 begannen die Arbeiten für die Bohrung der zweiten Röhre des Strassentunnels.

Diese kurze Rekapitulation der Erschliessung eines der heute am meisten benutzten alpinen Nord-Süd-Pässe hebt die Ambivalenz der Alpen als Grenze hervor. Der Berg wird einerseits als Hindernis und Herausforderung erlebt, andererseits erscheint er – nach seiner Bezwingung – als Sinnbild der Verbindung unterschiedlicher Regionen, Länder und Kulturen. In diesem Sinne materialisieren die Bauten über und im Gotthard die Idee der Grenze. Insbesondere die Eisenbahn-Alpentransversale wird in dieser Spannung gedeutet, weil sie ein Projekt der Superlative ist. Das Berginnere war in geologischer Hinsicht nicht vollständig erfasst und die Absicht, es zu durchbohren, mit gigantischen wissenschaftlichen, technischen, finanziellen und politischen Herausforderungen verbunden.

Eine Verdichtung der Grenze dank Technik und gesellschaftlicher Kohäsion

Die Passagiere, die heute mit dem Zug den Gotthard in 20 Minuten durchqueren, werden beim Eingang des Basistunnels via Bildschirm über die technischen Eigenschaften dieses Weltrekord-Baus informiert. Es handelt sich tatsächlich um ein bemerkenswertes Grossprojekt: Der Tunnel misst 57 Kilometer und wurde in 17 Jahren realisiert; schätzungsweise 2400 Menschen haben darin im Dreischichten-Rhythmus gearbeitet. Insgesamt kostete dieser Bau 12,2 Milliarden Schweizer Franken, die mit öffentlichen Mitteln finanziert wurden. Seit Dezember 2016 in Betrieb, wurde der Tunnel für eine Kapazität von 260 Güter- und 60 Personenzüge pro Tag ausgerüstet. Der Basistunnel ist für die Hochgeschwindigkeit konzipiert und deswegen relativ flach; der Höhepunkt liegt auf 550 Höhenmetern. Zusammen mit dem weiteren Tunnel am Monte Ceneri sind Zürich und Mailand um eine ganze Stunde näher gerückt, die Zugfahrt auf dieser Strecke dauert heute nur noch drei Stunden.

Der ausserordentliche Bau fügt sich bestens in die Narrative ein, die das Gotthardgebiet als Sinnbild für die Schweizer Kohäsion charakterisieren: Am Gotthard begegnen sich unterschiedliche Kulturen und Sprachen. In diesem Gebiet entspringen die Quellen der Flüsse Rhein, Reuss, Tessin und Rhone, die durch verschiedene Länder Europas in Richtung

Nordsee oder Mittelmeer fliessen. Diese Naturelemente werden symbolisch gedeutet und mit einer Imagination des Gotthards als Wiege der multikulturellen Schweiz im geografischen Zentrum des Kontinents verknüpft. Diese Berglandschaft versinnbildlicht die Kohäsion des Landes und der Länder. Die Visionen des Bergs als Verbindung kontrastieren mit den Narrativen und den Bauten, die den Berg als Grenze bezwingen. Der Gotthard verdichtet den Berg somit als eine Grenze, an der sowohl Trennung als auch Verbindung erlebt werden können.

Diese Motive dominieren auch die Feier, die anlässlich des ersten Durchbruchs mitten im Berg am 15. Oktober 2010 stattfand. Daran nahmen zahlreiche Menschen teil, die am Bau des Tunnels beteiligt waren: Tunnelarbeitende und andere Fachleute, Gäste aus Wirtschaft und Politik sowie Medienleute aus der ganzen Welt. Das Ereignis fand im Tunnel statt, der dank der Live-Übertragung im Fernsehen medial global erweitert wurde. Die 27 Transportminister und -ministerinnen der EU, die in Luxemburg tagten, wurden mittels Videostreaming in die Feier involviert. Im Zentrum stand die Durchbohrung des letzten Meters Gestein, der letzten dünnen Wand, die den Norden vom Süden trennte. Die offizielle Bühne wurde auf der Nordseite installiert; dort wurden die Arbeitenden und die Gäste versammelt. Die Tunnelbohrmaschine namens Sissi, ein 440 Meter langes High-Tech-Gerät mit 9,8 Metern Durchmesser, näherte sich der Wand von der südlichen Seite her.

Die Feier wurde schlicht gehalten und war in drei Teilen aufgebaut. Zuerst wurde die Bedeutung des Baus erklärt, im Mittelteil wurde der Durchbruch inszeniert, und schliesslich standen die Freude und der Stolz der Mineure und der für den Bau Verantwortlichen im Mittelpunkt. Die Schweiz hielt am frühen Nachmittag des 15. Oktobers 2010 den Atem an: Viele Menschen verfolgten das Geschehen im Fernsehen.

Angesichts der Überlegenheit des Bergs

Nach einem Gesangsstück von Christian Zehnder ergreift Renzo Simoni, der Generaldirektor von AlpTransit, dem für den Bau verantwortlichen Unternehmen, das Wort und begrüsst Anwesende und Zugeschaltete auf Deutsch, Französisch, Italienisch, Rumantsch und Englisch. Damit spannt er einen Bogen zwischen der lokalen Verortung des Geschehens in den Tiefen der Surselva und der nationalen sowie länderübergreifenden Bedeutung des Ereignisses. Noch stärker als die Worte der Dankbarkeit und des Stolzes stehen zwei Handlungen im Vordergrund seiner Rede: Entgegen aller Sicherheitsmassnahmen nimmt der Chef den Helm ab, verneigt sich vor den

Mineuren und Arbeitenden und drückt mit dieser körperlichen Geste Dankbarkeit, Ehrerbietung und Demut angesichts der erbrachten Leistung aus. Anschliessend liest er die Namen der Menschen vor, die dem Tunnel ihr Leben opfern mussten.

Mit dem bedächtigen Vorlesen von Namen und Daten wird die Unkontrollierbarkeit des Bergs thematisiert, der trotz der Sicherheitsvorkehrungen tötet: Andreas Reichhardt (Deutschland), Jacques Du Plooy (Südafrika), Heiko Bujack (Deutschland), Albert Ginzinger (Österreich), Salvatore di Benedetto (Schweiz), Andrea Astorino (Italien), Thorsten Eisenmann (Deutschland), Hans Gammel (Deutschland), Giuseppe Luizzo (Italien) wurden Opfer verschiedener Unfälle während des Baus.

Das Motiv der gewaltigen Überlegenheit des Bergs gegenüber dem Menschen bildet die inhaltliche Brücke zur folgenden Rede. Bundesrat Moritz Leuenberger, der Vorsteher des Eidgenössischen Departementes für Umwelt, Verkehr, Energie und Kommunikation, steigt mit diesen Worten ein:

> Liebe Schweizer Stimmbürgerinnen und Stimmbürger,
> liebe Mineure, Bauarbeiter, Vermesser und Ingenieure,
> liebe Verkehrsminister aus der EU, live zugeschaltet aus Luxemburg,
> liebe Sissi,
> liebe Heilige Barbara,
> der Berg ist gross, wir sind klein. Gestern wollten wir den Berg versetzen. Heute durchbohren wir ihn und schaffen den längsten Tunnel der Welt, zum Zeitpunkt, wie wir ihn planten, zu den Kosten, wie wir sie rechneten.

Die Spannung zwischen Kontrollierbarkeit und Unkontrollierbarkeit wird hier eindrücklich aufgebaut: Während das Stimmvolk, die Arbeitenden, die Verkehrsminister und die Tunnelbohrmaschine die kleinen erfolgreichen Bezwinger des Bergs sind, spielt die Heilige Barbara auf die Unberechenbarkeit des grossen Massivs als transzendente Grösse an. Als Beschützerin der Tunnelarbeitenden und «Fachheilige» für den unerwarteten Tod personifiziert sie die Grenze zwischen der Domestizierung des Bergs und der Gefahr, die von ihm ausgeht.

Der Verkehrsminister betont dann die Wichtigkeit des Basistunnels für die Bahninfrastrukturen und die Konstruktion Europas als solidarischen Kontinents. Der Bau wird als Beweis für das Funktionieren der direkten Demokratie gedeutet: Er sei ein Zeichen der Aufmerksamkeit gegenüber Minderheiten sowie ein Beitrag zur ökologischen Nachhaltigkeit. Gelegen direkt unter der Wasserscheide, verbinde er Meere und Völker.

In den konzisen Eröffnungsreden wird der Basistunnel mit eindeutigen Werten verbunden: Politische, gesellschaftliche und finanzielle Verantwortung, Kompromissbereitschaft, Beharrlichkeit, Solidarität, Professionalität und Präzision hätten dem winzigen Land Schweiz erlaubt, die Kohäsion des gesamten Kontinents zu verstärken. Die positiven Auswirkungen des Rekordbaus werden vor dem Hintergrund der Gefährlichkeit des Bergs hervorgehoben. Die Erinnerung an die verstorbenen Mineure bezeugt, dass trotz aller Fortschritte in den Ingenieurwissenschaften ein so gigantischer

Abb. 43: Die Nische mit den Porträts der Verstorbenen.

Abb. 44: Der Bundesrat, begleitet von einem Bundesweibel, hält seine Rede.

Tunnelbau nicht zu unterschätzende Risiken mit sich bringt. Der Tod lauert in den Tiefen der Erde. Im Gestein ist die Zerbrechlichkeit des Lebens ganz intensiv zu spüren. Heldentum und Demut, Erfolg und Verlust, Technik und Unfall werden bei diesem Anlass in ungewohnte Nähe zueinander gerückt.

Eine Wand zwischen Natur und Schöpfung

Zwei Priester treten nun in die Mitte des Geschehens. In ihren traditionellen weissen und goldenen Messgewändern, Helme tragend, schreiten sie langsam nach vorne. Eine Frau im Overall begleitet die Kirchenleute; sie hält einen Metalleimer voller Weihwasser. Unmittelbar wird die Feier in ein religiöses Ritual überführt: Die Priester in liturgischer Kleidung sprechen zur Gemeinde der Menschen in orangen Arbeitsoveralls. Der Rohbau, einer Grotte ähnlich, wird zum sakralen Raum. Der Berg soll nun in einem römisch-katholischen Rahmen gesegnet werden.

Pater Vigeli Monn aus dem Benediktinerkloster Disentis und der umstrittene Priester Reto Nay, damals für die Kirchengemeinde Sedrun zuständig, wechseln sich bei den Lesungen und den Gebeten auf Deutsch, Italienisch und Rumantsch ab. Den roten Faden bilden schöpfungstheologische Motive wie die Schönheit und die Herrlichkeit der von Gott geschaffenen Natur sowie die Kraft, Ganzheit und Überlegenheit des Schöpfers. Die Verbindung von ausgewählten biblischen Stellen aus Psalmen und Jesus Sirach mit den ausgewählten Gebeten hebt die Ambiguität der Beziehung zwischen Gott und Mensch hervor. Die Stellung des Menschen in der wunderbaren Schöpfung wird mehrmals genannt: Der Herr habe

Abb. 45: Die zwei Priester beginnen den liturgischen Teil der Feier.

Abb. 46: Die Brustwand wird gesegnet.

den Menschen erschaffen und ihm seine Schöpfung anvertraut, damit er sie mitgestaltet und verwaltet. Gleichzeitig wird Gott gebeten, die Hand des Menschen zu leiten, damit er sich nicht an der Schöpfung vergreift. Folgende Fürbitte schliesst den ersten Teil des Segnungsrituals ab:

> Lasset uns beten.
> Allmächtiger Gott,
> Du hast dem Menschen aufgetragen,
> sich die Erde untertan zu machen
> und ihn dazu mit Geist und Kraft ausgestattet.
> Wir danken Dir für dieses Werk,
> das durch die Planung und den Einsatz vieler geschaffen wurde.
> Segne diese Brustwand und diesen Tunnel und alle, die hier beschäftigt sind.
> Dein Heiliger Geist walte in ihren Herzen,
> damit sie nicht nur tun, sondern auch verstehen,
> dass Du der grosse Durchbruch in ihrem Leben bist.
> Darum bitten wir durch Jesus Christus, unseren Herrn. Amen.

Ist der Mensch überhaupt in der Lage, seine Rolle als Aufseher der Schöpfung durchzuführen? Ist der Bau des Basistunnels ein Ausdruck dafür, dass Gott seine Hand leitet? Könnte es nicht auch ein Akt des Übermuts sein? Obwohl die Schöpfungsmythen im Vordergrund stehen, wird manchen Zuschauenden dieser Liturgie implizit die Erzählung des Turms von Babel in den Sinn gekommen sein.

Die Priester gehen zur durchzubrechenden letzten Felsenwand und segnen sie mit reichlich Weihwasser. Daraufhin besprengen sie damit alle

Abb. 47: Die Tunnelbohrmaschine Sissi wird betätigt. Die Porträts der Verstorbenen stehen bei der Steuerungskonsole.

Abb. 48: Erste Risse erscheinen ...

Anwesenden. Es folgen weitere Fürbitten, welche die Themen der vorangehenden Reden aufnehmen, sie aber im Kontext eines religiösen Weltbildes umdeuten. Es wird darum gebeten, dass Wissenschaft und Technik, wie sie im Tunnel zum Vorschein kommen, zum Besten für die Menschen eingesetzt werden mögen; Gott wird für den Schutz der Tunnelarbeitenden und der künftigen Reisenden angerufen. Eine Fürbitte für die Verstorbenen schliesst das umfangreiche Ritual ab.

In Wort und Handlung eignet sich diese Liturgie den Berg an, indem sie ihn als Teil der Schöpfung deutet, die der Mensch sich untertan machen soll. Der Bau wird zum Beweis der menschlichen Überlegenheit gegenüber der Natur interpretiert und veranschaulicht den Geist und die Kraft des Menschen, der von Vernunft und Wissenschaft geleitet ist. Zugleich wird der Durchbruch, der Anlass der Feier, als Metapher für die Beziehung des Schöpfers zum Geschöpf gelesen.

Es ist nicht mehr rekonstruierbar, warum an einem so aufgeladenen Anlass zur Feier von Technologie und Mobilität, der für die international zusammengesetzte Gemeinschaft der Arbeitenden und für ein globales Fernsehpublikum inszeniert wird, die religiöse Feier einer lokalen konfessionellen Gemeinschaft so stark betont wird. Man hätte eher ein ökumenisches oder interreligiöses Ritual erwartet. Was auch vermisst wird, ist ein Bezug zur Heiligen Barbara. Pater Vigeli bemerkt zwar zu Beginn, dass ihm die jährlichen Feiern für die Heilige Barbara auf der Baustelle gezeigt hätten, wie bedeutsam sie für alle, die im Tunnel arbeiten, sei. Im Segnungsritual wird sie jedoch nicht mehr erwähnt.

Abb. 49: ... und die Wand fällt.

Abb. 50: Hubert Bär grüsst die Menge mit der Heiligen Barbara in den Armen.

Die Heilige Barbara als Protagonistin der Feier

Die Rolle und Bedeutung der Heiligen Barbara steht jedoch im weiteren Verlauf der Feier im Zentrum. Sissi wird betätigt, die Spannung beim Publikum steigt, in der fragilen Wand bilden sich Risse. Plötzlich fallen Bruchstücke herunter, der Lärm der Tunnelbohrmaschine wird sehr laut. Um 14:18 Uhr ist die Trennwand zerstört und die Verbindung zwischen Norden und Süden durchbohrt. Durch den Nebel des Staubes sieht man begeisterte Menschen, die Kameras zeigen die gefallenen Felsbrocken und das riesige Bohrschild. Man hört triumphale Trompetentöne, die von der Südseite kommen.

Dem erfahrensten Mineur Hubert Bär wird die Ehre zuteil, durch die Maschine zu laufen und den neuen Süd-Nord-Übergang zu beschreiten. Er trägt eine Holzstatue der Heiligen Barbara in den Armen. Sie passiert als Erste die Stelle, an der noch vor wenigen Minuten die Felsenbarriere stand. Bär folgt der Heiligen und bringt sie zur Nische, in denen die Fotos der Verstorbenen hängen. Mit einer achtsamen Geste stellt er sie zu ihnen. Unterdessen haben sich andere Arbeiter und Arbeiterinnen durch den Kopf der Maschine geschlichen und erreichen voller Freude und Stolz Kolleginnen und Kollegen sowie die zahlreichen Gäste auf der Nordseite. Die Fahnen der Kantone Tessin und Graubünden, der Eidgenossenschaft und der vielen Länder der internationalen Gemeinschaft der Tunnelarbeitenden werden geschwenkt. Hände werden geschüttelt, (bundesrätliche) Tränen fliessen über die strahlenden Gesichter, alle jubeln. Der kleine Mensch hat den grossen Berg besiegt! Barbara verfolgt das Geschehen in hölzerner Stille in der Nische der Verstorbenen.

Abb. 51: Die Heilige Barbara wird zu den Verstorbenen gestellt.

Abb. 52: Fahnen aus aller Welt visualisieren die internationale Herkunft der Arbeitenden.

Statuen der Heiligen Barbara sind an allen Baustellen und in vielen Bauten in den Tiefen der Alpen vorhanden. Die Heilige gilt als Patronin der Mineure und der Menschen, die unter der Erde arbeiten. Im Basistunnel befinden sich heute drei Statuen der Heiligen Barbara, je eine in den Zugangsstollen in Amsteg, Faido und Sedrun.

Die Legende der Heiligen Barbara spielt in der Antike. Der reiche Dioskorus von Nikomedien in Kleinasien (dem heutigen Izmit in der Türkei) sperrt seine bildhübsche Tochter Barbara in einen Turm, um sie in seiner Abwesenheit vor übel gesinnten Männern zu schützen. Die schöne und begabte Frau widmet sich dem Studium. Zur Christin wird sie je nach Erzählung auf unterschiedliche Weise: durch einen Austausch mit dem Kirchenvater Origenes oder durch die Erleuchtung durch den Heiligen Geist. Um ihrer neuen Zugehörigkeit Ausdruck zu verleihen, fügt sie den zwei bestehenden Fenstern im Turm ein drittes als Verweis auf die Trinität hinzu. Nach seiner Rückkehr versucht der erzürnte Vater die christliche Tochter zu töten. Auf wundersame Weise öffnet sich ein Spalt in einem Felsen, wo sie sich verstecken kann. Der Hirte, der sie verrät, wird umgehend in einen Felsen und seine Schafe in Heuschrecken verwandelt. Barbara wird ins Gefängnis gesperrt und gefoltert, doch Christus heilt ihre Wunden in der Nacht. Das Repertoire an Marter, die sie erleidet, variiert je nach Darstellung: Ihre Brüste werden abgeschnitten, sie wird mit Fackeln verbrannt, nackt durch die Strasse gezogen. Schliesslich enthauptet der Vater eigenhändig die tapfere Barbara. Unmittelbar darauf fällt ein Feuer aus dem Himmel auf seinen Kopf und tötet ihn.

Abb. 53: Die zwei Verkehrsminister, die sich für den Bau engagiert haben, mit einer Statue der Heiligen Barbara.

Die ältesten Darstellungen der Heiligen Barbara gehen auf das 8. Jahrhundert zurück. Als Attribute kann sie mit einem Pfau, einem Symbol der Auferstehung, dem Turm mit den drei Fenstern, dem Kelch mit einer Hostie und der Krone der Märtyrer dargestellt werden. Im Laufe der Tradition, die sich um diese Figur bildet, kristallisieren sich ihre besonderen Eigenschaften als Patronin von Menschen heraus, die in Not sind. Ihre Schutzfunktion wird vor allem mit dem plötzlichen, unvorhergesehenen Tod, zum Beispiel durch Blitzschlag, in Verbindung gesetzt. Im Alpenraum wird sie als Patronin von Artilleristen und Bergleuten seit dem 17. oder 18. Jahrhundert verehrt.
Die Heilige Barbara wird am 4. Dezember gefeiert. An diesem Tag steht die Arbeit an den Tunnel-Baustellen still. Eine Messe findet im Berg statt; danach wird gemeinsam gegessen und getrunken. In den Alpen ist die Verehrung der Barbara historisch in der römisch-katholischen Tradition zu verorten. Dennoch scheint die religiöse Praxis nicht in einer konfessionell deutlich umrissenen Dimension zu stehen. Dieser Aspekt ist in der Feier vom 15. Oktober 2010 deutlich erkennbar. Während die Heilige keine Rolle im religiösen Ritual spielt, wird sie als eigentliche Protagonistin

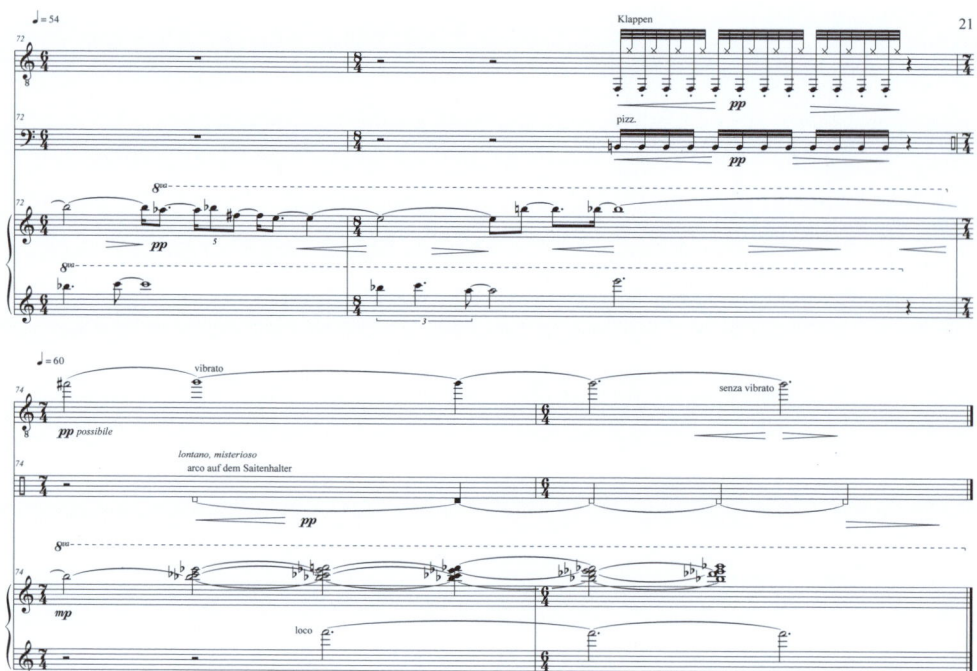

Abb. 54: Partiturseite 21 des Stücks *Tunnel* von Matthias Arter.

 der Feier inszeniert: Die Bergleute tragen ihre Statue, sie wird mit den Toten assoziiert. Im Laufe der Feier taucht sie in vielen Händen auf, schliesslich auch in jenen von Bundesrat Moritz Leuenberger, der sie zu Beginn seiner Rede direkt angesprochen hat.

Die Religion des Tunnels

Wenn es so etwas gibt wie eine Religion des Tunnels, ist diese in der Spannung zwischen zwei weiblichen Verkörperungen unterschiedlicher Kräfte zu verorten: Sissi, die Tunnelbohrmaschine, steht für die Wirkung der Technik, während Barbara, die Heilige der Mineure, die Wirkung einer transzendenten Grösse symbolisiert. Verbunden sind die beiden Frauengestalten durch die gemeinsame Aufgabe, den Berg zu bezwingen. Die Arbeit in den unterirdischen, dunklen, liminalen Bedingungen stellt die Frage der Kontingenz und der Vergänglichkeit menschlicher Existenz auf eine eigene Art und Weise. Der Bezug der Menschen, die auf dem Bau arbeiten, zur Heiligen Barbara und zu den verstorbenen Kollegen gründet nicht auf hoch intellektuellen theologischen Reflexionen oder auf formal korrekt durchgeführten Ritualen einer religiösen Institution. Vielmehr verweist die Heilige Barbara in der zeitgenössischen Welt auf eine menschliche Grunderfahrung im Umgang mit dem Unkontrollierbaren. Die Heilige räumt die Gefahren nicht aus dem Weg, sie macht sie jedoch sichtbar. Die Religion des längsten Eisenbahntunnels der Welt ist eine Alltagspraxis, die in Arbeitsroutinen integriert ist. Sie leistet Kontingenzbewältigung in einem Bereich, der von wissenschaftlicher Innovation und technischen Spitzenleistungen gekennzeichnet ist. Es handelt sich um eine kollektive Form der Sinngebung, die niederschwellig und höchst wirksam ist

Die Züge rasen nun mit Hochgeschwindigkeit durch den Basistunnel, Menschen durchqueren in wenigen Minuten die Alpen. Durch diese Form des Reisens wird das Gotthard-Massiv nicht mehr als alpine Landschaft erlebt, sondern als vorübergehende Dunkelheit. Umso erstaunlicher ist es, dass die Heiligen Barbaras in den Tiefen des Bergs alle, die ihn betreten, nach wie vor schützen.

verschieben

Grenzen

Grenzen sind in dauernder Transformation. Sie wandeln sich, werden aufgelöst, neu geschaffen oder verschoben. Dies betrifft auch die Grenze zwischen dem Kontrollierbaren und dem Unkontrollierbaren, die je nach Epoche und Ort anders geformt wird und sich über die Zeit hinweg verändert.

Der Historiker Jon Mathieu zeichnet im letzten Teil des Buchs, ausgehend von der Stadt Trient im 16. Jahrhundert, die Verschiebung der konfessionellen Grenzen im Alpenraum vom 16. bis zum 19. Jahrhundert nach. Er zeigt auf, dass die Alpen nicht einen Rand des Christentums, sondern im Gegenteil ein Zentrum bildeten, in dem neue Ideen entstanden, sich konfessionelle Debatten ausprägten und auch Streitigkeiten entwickelten. Der Philosoph Paolo Costa beginnt seinen Beitrag auch in der Region Trient, nämlich im Fersental. Dort spielt der Roman *Grigia* des österreichischen Schriftstellers Robert Musil. Paolo Costa hebt die Doppelbödigkeit dieses Romans hervor und verbindet sie mit heutigen Tendenzen, den Berg als Ort spiritueller Suche zu deuten. Die Grenzverschiebung ist hier also eine Veränderung der Frage und des Blicks. Der dritte Artikel führt uns vom Trentino ins Piemont nach Bordo in die Val Antrona. In dem nahezu verlassenen Bergdorf hat sich in den 1980er Jahren eine buddhistische Gemeinschaft niedergelassen. Sie bietet Kurse und Retreats an. Der Religionswissenschaftler Jochen Mündlein fokussiert in seinem Beitrag auf die Transformation dieses Orts von einem bäuerlichen, römisch-katholischen Dorf zu einem buddhistischen Zentrum. Mit einem einfachen Lebensstil und einer egalitären Gemeinschaftsstruktur bietet das transformierte Bergdorf religiöse Einkehr und eine Auszeit für

Sinnsuchende als Gegenprogramm zum als hektisch empfundenen, technisierten urbanen Lebensstil. Auf die Transformation zu Freizeit und Tourismus blickt auch die Religionswissenschaftlerin Anna-Katharina Höpflinger. Sie folgt der Figur Madrisa, die gleichzeitig eine alpine Region rund um die Gemeinde Klosters in Graubünden und eine Bergfee bezeichnet. Madrisa, die in den Sagen, ambivalent gezeichnet ist, wird im Tourismus zu einem Symbol für die Alpen als Sehnsuchtsort, wo man sich, ähnlich wie in Bordo, vom urbanen Lebensstil erholen kann. Dies geschieht jedoch im Gegensatz zu Bordo nicht durch eine einfache Lebensweise, sondern durch ein gut ausgebautes Freizeitangebot, dem die Bergwelt vermeintlich zu dienen hat.

Christlich, katholisch, protestantisch?
Zur Geopolitik der Religion im Alpenraum, 16.–19. Jahrhundert

Jon Mathieu

Der Bischofssitz Trient/Trento liegt auf der Alpensüdseite im breiten Etschtal, zwischen dem Brennerpass und der Poebene. Im 16. Jahrhundert wuchs die Stadt von ungefähr 4 000 auf 7 000 Personen. Sie sprachen vor allem Italienisch, nicht wenige aber auch Deutsch, viele waren zweisprachig. An diesem Sonntag, dem 13. Dezember 1545, um 9 Uhr 30, bewegte sich eine feierliche Prozession von der Kirche der Allerheiligsten Dreifaltigkeit zur unweit gelegenen Kathedrale San Vigilio. Dort folgte die Eröffnungssitzung zu einem Konzil von religiösen Würdenträgern, gelehrten Theologen und politischen Delegierten, das von den Mächtigen Europas seit Langem in Betracht gezogen und immer wieder verhandelt worden war. Schliesslich hatten sich der Papst und der Kaiser auf diesen südalpinen Ort geeinigt, trotz Widerstand des französischen Königs. Trient lag noch im Reich, war aber auch italienisch geprägt, wenngleich weiter entfernt von Rom, als es dem Papst Paul III. lieb war. Sein Pontifikat verfolgte drei Hauptziele: Friede zwischen den christlichen Fürsten und Beilegung der religiösen Spaltungen sowie, derart gestärkt, ein heiliger Krieg gegen die Türken, «unsere gott- und erbarmungslosen Feinde».

In der Kathedrale angekommen, zelebrierte der Kardinal Giovanni Maria Del Monte, Präsident der päpstlichen Gesandtschaft, die Heilige Messe. Anschliessend rief er (weiter in lateinischer Sprache) die Absichten der Zusammenkunft in Erinnerung und fragte die Anwesenden förmlich, ob es ihnen gefällig sei, zu erklären, dass das heilige und allgemeine Konzil von Trient anfange und angefangen habe – worauf diese im Chor antworteten: *Placet*. Das war der Auftakt zu einer religiös-politischen Grossveranstaltung, die mit Unterbrüchen achtzehn Jahre dauern sollte. Nur wenige, die am Anfang dabei waren, erlebten den Schluss. Damals, 1563, sass bereits der vierte Nachfolger von Paul III. auf dem Heiligen Stuhl. Quantitativ handelte es sich jedoch keineswegs um eine Grossveranstaltung: Die Zahl der gemeinsam anwesenden Prälaten und Theologen hielt sich jeweils in Grenzen, und ihre Zusammensetzung war alles andere als repräsentativ für das christliche Europa. Gleichwohl sollte das «Tridentinum» zu einem Meilenstein der Kirchengeschichte werden, beladen auch mit vielen Missverständnissen und symbolischen Stilisierungen.

Unsere Lektüre hebt auf den Alpenraum ab, und zwar in seiner ganzen Ausdehnung von Wien bis Nizza, ein etwa 1 200 Kilometer langer Gebirgsbogen, der die italienische Halbinsel vom Norden des Kontinents trennt. Es sind ungefähr 180 000 oder 190 000 Quadratkilometer Berglandschaft von unterschiedlicher Gestalt. Beim Nachdenken über alpine Religiosität wird manchmal der elementare Umstand übersehen, dass dieser Raum seit dem ersten Jahrtausend flächenhaft in die christliche Kirche einbezogen war. Das Netz der Bistümer erstreckte sich ohne Unterbruch über den grossen Gebirgsbogen hinweg. Der erste Abschnitt des vorliegenden Beitrags will dieser Tatsache ihre Selbstverständlichkeit nehmen und mit Blick auf andere Gebirgsräume der Welt als historischen Faktor hervorheben. Der zweite Abschnitt wählt ein anderes Vergleichsraster und zielt auf die innerchristlichen, konfessionellen Konflikte, in deren Verlauf die Alpen zu einer Grenzzone wurden. Insgesamt decken die zwei Argumente (flächenhafte Christianisierung, konfessionelle Grenze) wesentliche Aspekte der neuzeitlichen Kirchen- und Religionsgeschichte in diesem Raum ab.

Die Alpen waren und sind so christlich wie ihr Umland

An das Bistum Trient schloss sich talabwärts die italienische Diözese Verona an, talaufwärts die Diözese Brixen, die über den Alpenhauptkamm reichte und den nördlichen Teil Tirols einschloss. Vom kleinen bayerischen Teil des Gebirges bis in die Ebene über München hinaus erstreckte sich dann das Bistum Freising. So könnte man für jeden Alpenabschnitt eine Abfolge episkopaler Verwaltungssitze nennen. Auf der Gotthardstrecke zum Beispiel: Mailand und Como (für das Tessin), Chur (für das Urserental), Konstanz (für die Zentralschweiz). Es gab also wenig Gründe zur Annahme, dass sich die Alpen an einem Rand der Christenheit befänden. Das war auch den Machtträgern nicht in den Sinn gekommen, als sie Trient für eine Weile zum Zentrum der Glaubenserneuerung machten. Gleichwohl schwang diese Ansicht in theologischen Diskursen manchmal mit, besonders bei Protagonisten, die von aussen kamen. In den Anfängen der modernen Hexenlehre scheint sie zum Beispiel eine Rolle gespielt zu haben. Die ältesten Schriften, die im 15. Jahrhundert eine neue teuflische Sekte identifizierten, bezogen sich vor allem auf die Westalpen. In den ersten Jahren scheint es nötig gewesen zu sein, den Sabbat in einem alpinen und abgelegenen Dekor anzusiedeln, schreibt eine Expertin.

Hier ist anzufügen, dass der Westen gerade auch das Gebiet war, wo sich die alpinen Bischofssitze – vor dem Hintergrund eines überdurchschnittlichen Urbanisierungsgrads – am frühsten entwickelt hatten und im Mittelalter dicht nebeneinander lagen. Diese Spannung zwischen aussengeleiteter Imagination oder Projektion und tatsächlicher Kirchenorganisation sollte sich in späteren Jahrhunderten noch vergrössern. Gleichzeitig erweiterte sich aber auch der Horizont der komparativen Forschung, die darauf hinwies, dass sich die Alpen global gesehen durch enge Beziehungen zwischen Berg und Umland auszeichneten und nicht durch einen kulturellen Bruch zwischen ihnen.

Das war das Hauptargument des französischen Geografen Jules Blache in seiner Studie *L'Homme et la Montagne* (Die Menschen und die Berge) von 1934. Es handelte sich um ein Pionierwerk, denn bisher hatte niemand die verstreuten, einschlägigen Informationen aus vielen Teilen des vom europäischen Imperialismus überzogenen Erdballs zusammengetragen. Erstaunlicherweise wurde das Buch zu einem Erfolg; der Verlag legte es bis 1950 siebzehn Mal auf. Für eine ganze Generationen angehender Geografen und Historiker gehörte «le Blache» in Frankreich zur Pflichtlektüre. Und obwohl sich die Schrift auch an ein grosses Publikum wandte, fand sie Eingang in zahlreiche wissenschaftliche Arbeiten.

Abb. 55: Schwende-Rüte, Appenzell Innerrhoden.

L'Homme et la Montagne geht von der traditionellen alpinen Ökonomie aus. Laut dem Autor war sie geprägt durch den pastoralen Sektor mit seinen verschiedenen Formen von saisonaler Mobilität. Der «mediterrane» Typ bestehe aus der Wanderschafhaltung zwischen den Winterweiden der Ebene und den Sommerweiden im Gebirge. Der «helvetische» Typ sei die Alpwirtschaft, bei der die Rinderherden in den Sommermonaten von den Ställen der menschlichen Siedlung auf die hohen Bergweiden ziehen. Daneben gebe es in den Alpen auch einen beschränkten Pflanzenbau, eine Hausindustrie und besonders eine saisonale und definitive Migration in die Städte der Ebene. Laut Blache waren Berg und Umland in der «économie alpestre» also eng miteinander verbunden. Ähnliche Verhältnisse ortete er in anderen Bergregionen, nicht aber weltweit und vor allem nicht im Fernen Osten. Dieser sei vielmehr bestimmt von einer strengen Trennung zwischen den durch «Wilde» bevölkerten Berggebieten und den «kultivierten», dicht besiedelten Reisbauregionen in der Ebene. Zwischen den zwei nebeneinanderliegenden, aber unverbundenen Welten herrsche Ignoranz und Hass.

Fernand Braudel griff in seinen globalhistorischen Ausführungen mehrfach auf Blache zurück. Er diente ihm als Vorlage für eurasiatische Vergleiche, die er mit wenig schmeichelhaften Seitenhieben versah. Europa habe seine Bergbewohner sehr früh gezähmt und in sein Leben eingegliedert, statt sie als Ausgestossene zu behandeln, schrieb er 1979 in seiner *Sozialgeschichte des 15.–18. Jahrhunderts*:

> Im Fernen Osten, wo es solche Bindungen nicht gibt, kommt es ständig zu Zusammenstössen von erbarmungsloser Härte. Die Chinesen kämpfen unablässig gegen ihre wilden Bergstämme, diese in stinkenden Hütten hausenden Viehzüchter, und dasselbe gespannte Verhältnis herrscht auch in Indien. (1. Band, S. 58–59)

An anderer Stelle kam der französische Meisterhistoriker aus ökonomischer Sicht auf das Phänomen zu sprechen. Der Ferne Osten mit seinem in Tieflagen verbreiteten Nassreisanbau habe die Gebirgsregionen vernachlässigt und damit «auf jenes aktive Kapital an Menschen, Herden, Lebenskraft, das Europa so erfolgreich zu nutzen verstand, unbegreiflicherweise verzichtet» (S. 159).

Dreissig Jahre später befasste sich der US-amerikanische Politologe und historische Anthropologe James C. Scott mit dem Phänomen. Die Perspektive war jetzt gerade umgekehrt, wie schon der Buchtitel deutlich machte: *The Art of Not Being Governed. An Anarchist History of Upland Southeast Asia.* Bei Scott geht es um das weitläufige Hochland zwischen Indien, Burma/Myanmar, China, Thailand, Laos, Kambodscha und Vietnam. Es erstreckt sich über eine Fläche von 2,5 Millionen Quadratkilometern und bildet laut dem Autor weltweit die grösste übrig gebliebene Region, die noch nicht vollständig in Nationalstaaten integriert ist, sondern aus einer verwirrenden Zahl unterschiedlicher Kleingesellschaften besteht. Zwischen dem dominanten Buddhismus der Tiefebene und der bunten animistischen Welt des Hochlands gebe es keine Verbindung. Heute seien die Tage der Autonomie gezählt. Historisch habe sich die tribale Bevölkerung jedoch Jahrhunderte lang erfolgreich in der Kunst geübt, der Regierungsgewalt der Flachlandstaaten zu entgehen.

Blache, Braudel, Scott: Vor dem Hintergrund dieser einhellig betonten kulturellen Differenz im fernöstlichen Gebirge verblassen die möglichen Unterschiede im europäischen Alpenraum, ob ganz oder nur teilweise imaginiert. Fest steht, dass die christliche Kirchenverfassung seit dem Mittelalter einen relativ einheitlichen Raster über das Gebirge legte, der die Bevölkerung in den verschiedenen Zonen miteinander verband. Das Konzil konnte in einer südalpinen Stadt stattfinden oder anderswo – die Umwelt war dafür nicht ausschlaggebend.

Die Alpen bildeten lange einen konfessionellen Grenzraum

Förmliche Beschlüsse fasste man in Trient in der Kathedrale San Vigilio, während die vorangehenden Diskussionen oft im Palazzo Giroldo abgehalten wurden, heute ersetzt durch ein anderes Gebäude an der Piazza Alessandro Vittoria. Ein brennendes Thema war die religiöse Spaltung, die sich mit der laufenden Reformation vergrösserte und verhärtete. Das Konzil nahm dazu in vielfältiger Weise Stellung. Anfangs 1547 berief der zweite päpstliche Delegierte, Kardinal Marcello Cervini, eine Gruppe von anwesenden Theologen, um die reformatorischen Schriften zu prüfen. Martin Luther hatte beispielsweise behauptet, es gebe bloss zwei Sakramente, und er schien ihre Bedeutung für die Glaubenspraxis herunterzuspielen. Cervinis Kommission extrahierte aus den verdächtigen Schriften 35 Punkte, die der katholischen Lehre zu widersprechen schienen. Die Punkte wurden nachher in der Generalversammlung diskutiert und schliesslich in 13 Artikeln zusammengefasst. Am 3. März 1547 stimmte ihnen die Versammlung einstimmig zu.

Während die südalpine Stadt bald zum Symbol der Gegenreformation und katholischen Reform wurde, entstand auf der anderen Seite des Gebirges, am Alpennordfuss, ein neues religiöses Zentrum: Genf, das calvinistische Rom. Der französische Jurist und Theologe Jean Calvin schuf sich hier in der Mitte des 16. Jahrhunderts eine starke Position, indem er eine neue Kirchenordnung entwarf. Die Stadt zog jetzt viele Studenten und Gelehrte an, die den humanistischen und reformatorischen Strömungen zugetan waren und in ihrer Heimat vielfach in Schwierigkeit gerieten. Schon nur aus Italien scheinen bis um 1560 mehr als tausend Personen in Genf Zuflucht gefunden zu haben. Auf der italienischen Halbinsel gab es für Fürsten und Republiken keinen politischen Raum, um sich offiziell vom römischen Kirchenoberhaupt abzuwenden. Die staatlich stabilisierte Reformation war eine Sache des Nordens. Dort konnten sich bestimmte Territorien eine Autonomie- und Machterweiterung davon versprechen: *cuius regio, eius religio* – wes der Fürst, des der Glaube.

So geriet der Alpenraum in eine Grenzlage zwischen der römischen Kirche und den vielfältigen reformatorischen Richtungen. Im Gebirge selbst blieben schliesslich beinahe alle Regionen katholisch oder wurden nach einer mehrkonfessionellen Phase bis um 1750 rekatholisiert. Nur im Berner Oberland und in der Ostschweiz (Teile von Graubünden, Glarus, St. Gallen und Appenzell) gewann die Reformation langfristig die Oberhand. Das waren etwa fünf Prozent des ganzen Gebiets. Es gibt daher Stimmen, die den Alpen einen grundsätzlich katholischen Charakter zumessen wollen. Dazu passe ein verbreiteter Konservatismus auch in anderen Dingen sowie

Abb. 56: Hockenhorn, Blick auf Blüemlisalpgruppe, Berner Alpen.

eine allgemein wundergläubige und angesichts der übermächtigen Natur passiv-hinnehmende Mentalität. Nicht gut zu diesem behaupteten alpinen Volkscharakter passt allerdings die Tatsache, dass die religiösen Verhältnisse vom 16. bis zum frühen 18. Jahrhundert sehr viel umstrittener und konfessionell gemischter waren, als man manchmal annimmt. Die reformatorischen Strömungen erreichten damals in den Alpen ein weit grösseres Gebiet als im späten 18. Jahrhundert.

Die Literatur macht es nicht einfach, diese turbulente Geschichte raumzeitlich zu überblicken. Sie droht in der etablierten wissenschaftlichen Arbeitsteilung zwischen Stuhl und Bank zu fallen. Die Geografie bietet seit hundert Jahren Überblickswerke zum Alpenraum an, doch Religion gehört nicht zu den Phänomenen, die sie für erwähnenswert hält. Sie erscheint weder bei Emmanuel de Martonne (*Les Alpes,* 1926), noch bei Paul und Germaine Veyret (*Au cœur de l'Europe – les Alpes,* 1967) oder bei Werner Bätzing (*Die Alpen. Geschichte und Zukunft einer europäischen Kulturlandschaft,* 2003). Auch die Volkskunde und die anthropologischen Studienrichtungen entwickelten relativ früh ein gesamtalpines Interesse. Allerdings richtete es sich lieber auf das, was man als «Magie» und «Aberglauben» bezeichnete, als auf die Aktivitäten, die sich in den öffentlichen kirchlichen Gebäuden abspielten (von denen es im Alpenraum Tausende gibt). Auch in allgemeinen

Abb. 57: Tieschutotz / Tysche ob Leukerbad, Wallis.

Werken zur Reformationsgeschichte wird man nicht oft fündig. Räumliche Aspekte und Festschreibungen spielen darin eine untergeordnete Rolle. Die beste Informationsquelle sind daher die regionalhistorischen Standardwerke, die seit mehreren Jahrzehnten fast überall entstanden und die auch Auskunft über die weitere Spezialliteratur erteilen. Wer auf dieser Ebene von Provinzen, Kantonen und Bundesländern den gesamten Alpenraum in den Blick nehmen will, sollte allerdings etwa zwei Dutzend davon konsultieren.

Hier müssen wir uns mit einer Skizze von drei oder vier Beispielen begnügen. Den Beginn macht die Dauphiné in den französischen Alpen, wo zur Zeit der Reformation bereits eine Sonderreligion heimisch war: die introvertierte Kirche der Waldenser. Die Bevölkerung mehrerer Dörfer und Täler beidseits des Alpenhauptkamms hatte sich von Rom abgewandt und verteidigte ihre bäuerliche Häresie überraschend erfolgreich mit militärischer Gewalt. Als die Genfer Reformation zunehmend auf Frankreich übergriff, interessierten sich die Pastoren stark für die Waldenser, nicht zuletzt wegen ihrer (vermuteten) alten Herkunft. Nach etlichen Zerwürfnissen gelang es den Calvinisten, ihnen einen gelehrten Stempel aufzusetzen. Die militärische Tradition war mit ein Grund, dass die Reformation in der Dauphiné, als sie richtig einsetzte, sofort zu einem blutigen Religionskrieg eskalierte. Seit den 1560er Jahren standen sich zwei Armeen gegenüber, allein die calvinistische oder hugenottische zählte zeitweise gegen 12 000 Mann. Bis zum Edikt von Nantes 1598 gelang es den Protestanten, sich in der Provinz einen erheblichen Freiraum zu erkämpfen. Der königliche Erlass gewährte den Hugenotten Toleranz, legte aber den Katholizismus als Staatsreligion fest. Schon vor der Revokation dieses Edikts 1685 begann die Position der Protestanten zu erodieren. Jetzt galten sie wieder als Häretiker und immer mehr auch als Feinde der Monarchie. Zwangskonversion, Geheimreligion oder Flucht ins Exil waren die Folge. Die letzten physischen Verfolgungen in der Dauphiné – mit Kindswegnahme, Kerkerstrafe, Tod am Galgen – fanden in den 1740er Jahren statt.

Die Reformation in Graubünden war geprägt vom politischen Lokalismus, der in diesem zentralalpinen Gebiet herrschte. Die Macht war so wenig zentralisiert, dass der Glaubensentscheid den einzelnen Gemeinden zufiel. Damit entstand ein konfessioneller Flickenteppich. Der Herrschaftsverband des Bischofs von Chur wandte sich mehrheitlich dem neuen Glauben zu und entledigte sich so seines Oberhaupts. Indem sie für oder gegen die Reformation votierten, konnten sich auch Filialsiedlungen emanzipieren und einen kommunalen Status erlangen. Parallel zum vielseitigen Tauziehen vermehrten sich die Pfarrgemeinden, in der Frühen Neuzeit von etwa hundert auf gut zweihundert. Die meisten waren konfessionell einheitlich. Nur in einem Dutzend von ihnen wohnten Reformierte und Katholiken auf Basis gegenseitiger Vereinbarungen zusammen am gleichen Ort. Zwischen 1580 und 1740 lassen sich mehrere Phasen von Konfessionskonflikten unterscheiden. Diese führten wiederholt zu Zerreissproben für das föderative Staatsgebilde und kosteten mehrere Hundert Tote. Den grössten Widerhall in Europa fand der Glaubenskonflikt im südlichen Untertanenland Graubündens, im Veltlin mit Chiavenna und Bormio. Von katholischer Seite wollte man hier ein «Bollwerk gegen den Irrglauben» errichten. 1620, in der Anfangsphase des Dreissigjährigen Kriegs, wurden die Protestanten im Veltlin in einem Überraschungscoups ermordet, und das Tal fiel von Graubünden ab. Während zwanzig Jahren fand nun ein Ringen statt, an dem mehrere Grossmächte beteiligt waren und das weitherum die konfessionellen Leidenschaften schürte.

Die letzten grossen, religiös begründeten Vertreibungsaktionen Europas fanden später in den Ostalpen statt. Salzburg, ein geistliches Fürstentum, hatte trotz früh erlassener Verbote zahlreiche Protestanten und Geheimprotestanten. Sie waren obrigkeitlichen Repressionen ausgesetzt, auch als der Toleranzgedanke international an Bedeutung gewonnen hatte. 1731 spitzte sich der Streit zwischen dem Erzbischof und den an die Öffentlichkeit gelangten Protestanten in den Gebirgstälern zu. Mit Waffengewalt wurden mitten im Winter Tausende von ihren Höfen vertrieben und des Landes verwiesen. Im habsburgischen Herzogtum Kärnten hatte die Reformation im 16. Jahrhundert ebenfalls viele Anhänger gewonnen, besonders beim Adel und bei den grossen Bauern. Mit landesfürstlichen Verordnungen von 1600 und 1628 wurde das Herzogtum offiziell rekatholisiert. Unter der Oberfläche des barocken Katholizismus gab es jedoch weiterhin Gruppen, die sich mit Hausandachten und einer intensiven Buchkultur am Luthertum orientierten. In einigen Regionen war die Existenz dieses «Geheimprotestantismus» offensichtlich. Zu Beginn des 18. Jahrhunderts schätzten die Behörden in Kärnten dessen Anhänger auf 20 000, fast ein Zehntel der Bevölkerung. Sie verspürten damals das Bedürfnis, ihren Glauben auch in der Öffentlichkeit zu bekennen. Nach den Salzburger Deportationen führte dies in Kärnten und anderen habsburgischen Erbländern zu erhöhten Spannungen und Zwangsmassnahmen. Als der aufklärerische Kaiser Joseph II. alleiniger Regent wurde, erliess er 1781 ein Toleranzpatent für Lutheraner und Calvinisten, nicht hingegen für religiöse «Schwärmer». Ausserdem sollte der Katholizismus eine «vernünftige» Gestalt annehmen. Dies galt auch für die Kirchenausstattung, deren barocke Pracht plötzlich tief im Kurs stand. Oft war die Dorfbevölkerung aber anders gestimmt und verteidigte ihre alten religiösen Schätze.

Es ist schwierig, diese komplexen konfessionellen Entwicklungen in einen überschaubaren Rahmen zu bringen. Euan Cameron, einer der besten Kenner der europäischen Reformationsgeschichte, schlägt für das beginnende 17. Jahrhundert eine grobe regionale Kategorisierung vor. Wenn wir sie auf den Alpenraum anwenden, ergibt sich folgendes Bild:

Die Lombardei und Venezien, die 15 % der Gesamtfläche ausmachen, sind katholisch geblieben. Als katholisch mit gewissen protestantischen Rechten zeigen sich Frankreich und Savoyen, die 25 % der Gesamtfläche einnehmen. Rekatholisiert oder auf dem Weg zur Rekatholisierung sind Habsburgisch Österreich und Salzburg (zusammen 45 % der Gesamtfläche). Eine geregelte Konfessions-Koexistenz findet sich in der Eidgenossenschaft und den Zugewandten (15 % der Gesamtfläche).

In den meisten Alpengebieten wurde also heftig um die religiöse Ausrichtung gerungen. Nur die südlichen Regionalstaaten Lombardei und Venezien blieben relativ unangefochten. Hundertfünfzig Jahre später, als sich die staatlichen Ordnungen verfestigt hatten, sah es anders aus. Der Protestantismus war jetzt offiziell nur noch in wenigen Gebieten zu Hause. Wir haben sie oben auf fünf Prozent der Gesamtfläche geschätzt.

Von der Religion zur Sprache

Mit der Aufklärung, der Revolution und der einsetzenden Romantik begannen die religiösen Identitäten an der Wende zum 19. Jahrhundert in den Hintergrund zu treten und andere Formen anzunehmen. Es war auch die Zeit, als die Alpen von Reisenden und Touristen wirklich entdeckt wurden. Die Aussenwahrnehmung spielte eine zunehmende Rolle. Der exotische Blick und die Fremdzuschreibungen, die früher nur sporadisch von Bedeutung gewesen waren (etwa in den Anfängen der Hexenlehre), nahmen immer mehr Raum ein. Der Sprach- und Altertumsforscher Jacob Grimm beteuerte:

> Auf hohen Bergen, in geschlossenen Thälern lebt noch am reinsten ein unveralteter Sinn, in den engen Dörfern, dahin wenig Wege führen, und keine Strassen, wo keine falsche Aufklärung eingegangen oder ihr Werk ausgerichtet hat, da ruht noch an vaterländischer Gewohnheit, Sage und Gläubigkeit ein Schatz im Verborgenen. (nach Steig, S. 133)

Die alten Erzählstoffe von alpinen Drachen, Naturgeistern und Hexenzauber sollten also revitalisiert und für die Moderne aufbereitet werden. Bei einigen nahm der neue Naturmystizismus religiöse Farben an. So schilderte ein französischer Marquis im Rückblick auf seine Schweizer Reise von 1811 die Eindrücke, die das Hochgebirge auf das menschliche Gemüt ausübe: Man befrage die Natur als sie nur anzuschauen; alles werde zum Mysterium, zur Allegorie, alles erscheine als Erleuchtung, und man empfinde ähnliche Eindrücke wie die tiefen Gefühle, welche die Lektüre der heiligen Bücher erzeugen würden.

Während die kirchlich verfasste Religion an identitätsstiftender Kraft einbüsste, wurde die Sprache mit der Formierung von Nationalstaaten politisch aufgeladen und gemeinschaftsbildend. Der Alpenraum war (und ist) eine linguistische Kontaktregion. Die drei grossen europäischen Sprachgruppen kommen hier zusammen, die romanische, germanische und slawische. Jede Gruppe kannte ihre gross- und kleinsprachlichen Entwicklungen, was zu einer reich gegliederten Sprachgeografie führte. Der Kampf um die politische Geltung von Sprachen wurde oft mit historischen oder geografischen Argumenten ausgetragen. Besondere Brisanz erhielt er mit dem italienischen Nationalismus, der alle sogenannt «unerlösten», italienischsprachigen Gebiete in den Alpen für das 1861 geschaffene Königreich beanspruchte. Im Zentrum des Konflikts stand unter anderem die linguistische Übergangszone in und rund um Trient.

Früher hatte sich das Konzil dort in der Kathedrale San Vigilio und im Palazzo Giroldo um die Autorität der römischen Kirche bemüht. Die Kathedrale hielt der Zeit stand, während der Palazzo 1845, wenige Tage nach der Feier zum dritten Zentenar des Konzilbeginns, abbrannte. Ersetzt wurde er durch andere Nutzungen und schliesslich durch das 1934 fertiggestellte grosse Postgebäude im Stil des italienischen Faschismus. Im Jahr darauf erhielt die Stadt ein weiteres faschistisches Monument: ein tempelartiges Mausoleum in Hügellage zu Ehren des Sprachnationalisten Cesare Battisti. Dieser war im Ersten Weltkrieg von Landesschützen festgenommen und dann am Würgegalgen exekutiert worden. Seine letzten Worte sollen gelautet haben: «Viva Trento italiana! Viva l'Italia! (Es lebe das italienische Trient! Es lebe Italien!)» Seit der Teilung Tirols gehörte das Gebiet nicht mehr zu Österreich. Im Beisein des italienischen Königs wurden die Gebeine des Märtyrers auf dem Hügel feierlich neu beigesetzt.

Der wiederverzauberte Berg
Von Musil bis zur zeitgenössischen Suche nach dem Wesentlichen

Paolo Costa

Wenige Kilometer östlich von Trient, auf der Höhe der Stadt Pergine, öffnet sich die Valle dei Mocheni wie ein Fächer. Das Fersental (fersentalerisch Bersntol), das von den westlichsten Gipfeln der Lagorai-Gruppe umgeben ist, ist als Wiege einer deutschsprachigen Sprachgemeinschaft mittelalterlichen Ursprungs bekannt. Inmitten der Wälder und Wiesen des Bersntols, das vom örtlichen Fremdenverkehrsamt als «verzaubert» bezeichnet wird, spielt die Novelle *Grigia* von Robert Musil. Das Werk wurde 1915 von dem österreichischen Schriftsteller während der Monate, die er als Leutnant der österreichisch-ungarischen Armee im Valsugana verbrachte, geschrieben und schliesslich 1921 veröffentlicht.

Im Mittelpunkt von Musils Erzählung stehen die Erlebnisse Homos, des rätselhaften Protagonisten der Novelle. Seine tragische Geschichte kann auf zwei gegensätzliche Arten gelesen und wiedergegeben werden. Man kann sich dafür entscheiden, sie ohne jede Tiefe darzulegen, oder man kann die Bedeutungsschichtung, die sie zu kennzeichnen scheint, hervorheben. In diesem Essay möchte ich die typische Doppelbödigkeit der Musil'schen Erzählung nutzen, um über eine ähnliche Ambivalenz nachzudenken, die heute das Verhältnis der Menschen zu den Bergen charakterisiert. Genauer gesagt, möchte ich mich auf die gegensätzliche Wirkung konzentrieren, die diese beiden Beispiele alpiner Doppelbödigkeit auf diejenigen haben, die mit echter Neugier das typisch moderne Bedürfnis beobachten, sich wieder mit der Natur zu vereinigen.

In Kontakt mit der Natur

Ich beginne also mit einer linearen Zusammenfassung der in Grigia erzählten Geschichte, ohne Ergänzungen und Kommentare: Homo ist ein Mann, der eine klassische Midlife-Crisis durchlebt. Sein einziges Kind ist krank, und die Beziehung zu seiner geliebten Frau ist durch eine nicht minder typische Reihe von Ehepaar-Missverständnissen getrübt. Die Situation ist emotional anstrengend, und der Wunsch nach einer Auszeit ist gross. So nimmt Homo, der von Beruf Geologe ist, das Angebot des Unternehmers Mozart Amadeo Hoffingott an, an der Erneuerung der alten venezianischen Goldbergwerke im Fersental mitzuwirken. Er zieht, nachdem er seine Familie informiert hat, nach Pergine, in den südlichsten Teil des Habsburgerreichs.

Das Leben im Kontakt mit der Natur ist angenehm, und sein Arbeitsaufenthalt gleicht eher einem langen Urlaub. In einem fast exaltierten Zustand lässt sich Homo auf eine Affäre mit einer einheimischen Frau ein, Lena Maria Lenzi, die er beim Namen einer ihrer Kühe nennt: «Grigia» – die Graue. Die Frau ist jedoch verheiratet, und Homo, der die Gefahr des Klatsches unterschätzt, gerät in Schwierigkeiten. In einer Höhle hat er – trotz ihres anfänglichen Zögerns – eine letzte sexuelle Begegnung mit ihr. Das Ende der Geschichte ist tragisch. Von ihrem Ehemann entdeckt, werden die beiden Liebenden lebendig in der Höhle eingemauert, und nur Grigia gelingt es schliesslich, sich zu retten, indem sie einen Riss im Felsen nutzt.

Ich werde nun ein wenig tiefer in den Text eintauchen: Bei näherer Betrachtung zeigt die Novelle ein Gesicht, das zugleich vertraut und unheimlich ist. Sie ist nicht nur die Geschichte eines Verrats, der in einer Tragödie endet, sondern kann auch als Bericht über einen Prozess der Selbstauflösung gelesen werden, der aus nicht leicht zu entschlüsselnden Gründen durch die Interaktion des Protagonisten mit dem neuen Lebenskontext verursacht wird. Das Gefühl der Vertrautheit, das die Geschichte hervorruft, hat damit zu tun, dass die selbstzerstörerische Wirkung des existenziellen Kurzschlusses zwischen einer gespaltenen Realität und einer im Vergleich dazu zauberhaften und bezaubernden Natur nichts vollkommen Neues ist. Tatsächlich liegt dieselbe Doppelbödigkeit einem anderen berühmten Werk der Periode zugrunde: Thomas Manns *Der Zauberberg*.

Auch Musils Erzählung ist von einem vagen Gefühl der Unwirklichkeit beherrscht, die sich in einer träumerischen Atmosphäre langsam entwickelt. Homo ist Geologe und als solcher ein Erforscher der langsamsten und tiefsten Verwandlungen der Biosphäre. Er hat die Aufgabe, die wertvollsten Schätze dieser geologischen Umwälzungen, deren tatsächlicher Wert von Beginn der Erzählung an problematisiert wird, zu finden und auszubeuten.

> Kamen, um Milch zu liefern und Polenta zu kaufen, Männer von diesen Bergen, so brachten sie manchmal große Drusen Bergkristall oder Amethyst mit, die in vielen Spalten so üppig wachsen sollten wie anderswo Blumen auf der Wiese, und diese unheimlich schönen Märchengebilde verstärkten noch mehr den Eindruck, daß sich unter dem Aussehen dieser Gegend, das so fremd vertraut flackerte wie die Sterne in mancher Nacht, etwas sehnsüchtig Erwartetes verberge. (S. 5–6)

Der eigentliche Umbruch, der in der Novelle beschrieben wird, vollzieht sich in Homos Innerem und besteht in der Metamorphose von einem Zustand der Spaltung, des Unbehagens, der inneren Einsamkeit zu einem Zustand der Wiedervereinigung, der Wiederverbindung mit der Natur. Die Wiedervereinigung geschieht jedoch indirekt. Das heisst, sie erfolgt nicht in der ihm vertrauten Umgebung – der kleinen Gesellschaft («ein Privatgelehrter, ein Unternehmer, ein ehemaliger Strafanstaltsinspektor, ein Bergingenieur, ein pensionierter Major» [S. 17], die sich in dem Pfarrzimmer versammelt und «die überall gleiche Einheitsmasse von Seele: Europa» [S. 18] aufweist) – sondern durch den zunehmenden Kontakt mit einer natürlichen und menschlichen Umwelt, die so anders ist, dass sie bei Homo eine Stimmung des ständigen Staunens und der besonderen Aufmerksamkeit hervorruft.

Der Himmel, der Wald, die Farben, die Morphologie der Landschaft, der beiläufige Gebrauch von Körpern, selbst die pathosfreie Gewalt, die Homo unmittelbar miterlebt (die Schlachtung des Schweinchens, der Tod der Fliege, die im Fliegenpapier landete) – all dies trägt dazu bei, eine Atmosphäre der Erwartung zu schaffen, in der ein stillschweigendes Glücksversprechen keimt: «Es war ein schönes Leben, das da seinen Anfang nahm ... in einer riesigen Luft, die schon sanft und schwanger von der kommenden Schneeschmelze war» (S. 7). Worin genau besteht dieses Versprechen?

Zunächst einmal scheint sich die Zeit von Anfang an zu verlangsamen:

> Es gibt im Leben eine Zeit, wo es sich auffallend verlangsamt, als zögerte es weiterzugehn oder wollte seine Richtung ändern. Es mag sein, daß einem in dieser Zeit leichter ein Unglück zustößt. (S. 4)

Mit der Zeit verschwimmen auch die Grenzen, die das bürgerliche Leben prägen. Sowohl die Klassenunterschiede und die Grenze zwischen Tier und Mensch als auch die Polarisierung von Körper und Geist verlieren allmählich an Kontur. Ganz allgemein bemerkt man bei Homo eine zunehmende Kapitulation, eine Hingabe in Gesten, die man vielleicht als Zustand aktiver Passivität bezeichnen könnte: «Er hatte sein Leben außer Kraft gesetzt» (S. 13). In solchen Fällen

> kann es geschehen, daß diese fremden Lebenserscheinungen Besitz von dem ergreifen, was herrenlos geworden ist. Sie gaben ihm aber kein neues, von Glück ehrgeizig und erdfest gewordenes Ich, sondern sie siedelten nur so in zusammenhanglos schönen Flecken im Luftriß seines Körpers. Homo fühlte an irgend etwas, daß er bald sterben werde, er wußte bloß noch nicht, wie oder wann. Sein altes Leben war kraftlos geworden; es wurde wie ein Schmetterling, der gegen den Herbst zu immer schwächer wird. (S. 23)

Und dennoch:

> Von diesem Tag an war er von einer Bindung befreit, wie von einem steifen Knie oder einem schweren Rucksack. Die Bindung an das Lebendigseinwollen, dem Grauen vor dem Tode. Es geschah ihm nicht, was er immer geglaubt hatte, wenn man bei voller Kraft sein Ende nahe zu sehen meint, daß man das Leben toller und durstiger genießt, sondern er fühlte sich bloß nicht mehr verstrickt und voll einer herrlichen Leichtigkeit, die ihn zum Sultan seiner Existenz machte. (S. 14)

In gewisser Hinsicht scheint Homo einem Zauber zu unterliegen. Nach seiner Ansiedlung im Tal haben sich die Motive für sein Handeln verändert, und die Umgebung, in der er sich bewegt, hat das Aussehen einer Zauberwelt angenommen:

> Er erkannte die persönliche Vorsehung, welche sein Leben in dieser Einsamkeit gelenkt hatte, und fühlte wie einen gar nicht mehr irdischen Schatz, sondern wie eine für ihn bestimmte Zauberwelt den Boden mit Gold und Edelsteinen unter seinen Füßen. (S. 14)

In diesem Sinne ist die Beziehung zu Grigia emblematisch. Es ist eine Beziehung, die ebenso frei von Pathos wie immun gegen Intellektualismus ist. Und sie ist ambivalent wie die Natur:

> Es blieb immer etwas Grauen vor der Natur in diesem Eindruck enthalten, und man darf sich nicht darüber täuschen, daß die Natur nichts weniger als natürlich ist; sie ist erdig, kantig, giftig und unmenschlich in allem, wo ihr der Mensch nicht seinen Zwang auferlegt. Wahrscheinlich war es gerade das, was ihn an die Bäuerin band, und zur anderen Hälfte war es ein nimmermüdes Staunen, weil sie so sehr einer Frau glich. (S. 20)

Als er sie berührt, erscheint Grigia dem Geologen fast wie ein Geschöpf aus Erde, «wie weich getrocknete Erde».

> Aber die Vorstellung hatte nichts Ungewöhnliches mehr für ihn, sein Inneres hatte sich schon seltsam damit vertraut gemacht, wie Erde berührt, und vielleicht traf er sie in diesem Acker auch gar nicht zur Zeit der Heuernte, es lebte sich alles so durcheinander. (S. 25)

Durch Lena wird in Homo, kurz gesagt, eine Wiedervereinigung («ein herrliches, von Jugend umflossenes Wort» [S. 14]) mit der Natur vollzogen. Andererseits: «Zwischen den Geheimnissen dieser Natur war das Zusammengehören eines davon» (S. 13). Und doch ist die Überwindung der Spaltung zwischen Mensch und Natur das Vorspiel zu einer nicht-tragischen, «paradiesisch sinnlosen» (S. 20) Selbstauflösung. So fühlte «Homo schließlich [angesichts des drohenden Todes], daß es so ganz in der Ordnung der Natur sei» (S. 29).

Wie aber ist der Schluss der Novelle zu interpretieren? Soll der Ausgang der Geschichte als gültiges Beispiel dafür gelesen werden, was es für ein modernes Individuum wirklich bedeuten kann, den anderen Zustand zu erreichen? Oder wird gar das Versprechen eines glücklichen Ausbruchs aus einer Welt, die von Vergeblichkeit, Zerrissenheit, Unwesentlichkeit beherrscht wird, als selbstgefälliger Selbstbetrug entlarvt? Ist Homo wirklich aus dem stahlharten Gehäuse, aus der Entzauberung, aus dem Nihilismus der bürgerlichen Gesellschaft ausgebrochen, oder hat man ihm nur einen unmöglichen Ausweg aus der Falle der Moderne vorgespiegelt?

Die transformative Kraft der Berge

Wie in Musils Novelle kann auch die heutige Leidenschaft für die Berge auf zwei gegensätzliche Arten beschrieben werden: Einerseits weist die Beziehung zwischen dem modernen Menschen und der alpinen Welt, so leidenschaftlich sie auch sein mag, alle Merkmale einer rein utilitaristischen Beziehung auf. Das heisst, dass die meisten Menschen das Hochgebirge entweder im Winter brauchen, wenn das in Eis und Schnee umgewandelte Wasser das Salzwasser des Meeres als Hauptquelle der Erholung verdrängt, oder im Sommer, wenn die Hitze so drückend wird, dass sie die Kühle der Gipfel und Wälder ersehnen. Für die meisten ist der Wert der Berge lediglich ein kontrastiver, nicht aber ein intrinsischer Wert. Die Berge haben insofern eine Geltung, als sie einen Ausgleich, eine Ergänzung, einen Zusatz zu den individuellen Lebensplänen darstellen, deren Triebfeder das Begehren ist, der absolute Herrscher des modernen Ichs.

Zusammenfassend lässt sich sagen: In der Gesellschaft der Leistung und der chronischen Müdigkeit dient der Berg im Wesentlichen als Fluchtventil, als grüne Lunge der überlasteten Ballungsräume. Da er nicht eine Quelle von Resonanz, sondern eine des geplanten Wohlbefindens ist, müssen unvorhersehbare Ereignisse auf ein Minimum beschränkt und Annehmlichkeiten fast genauso wie in der Stadt gewährleistet werden. Schnee zum Beispiel muss eingeplant werden, und ganz allgemein muss für jeden, der die Alpen als Urlaubsort wählt, ein gewisses Mass an Abenteuer und Verzauberung organisiert und garantiert werden.

Es gibt jedoch eine andere, spirituell reichere und deutlichere Lesart der Beziehung, die der Einzelne heute mit den Bergen eingeht. Man denke nur an den internationalen Erfolg von Paolo Cognettis Roman *Acht Berge* und den gleichnamigen Film von Felix Van Groeningen und Charlotte Vandermeersch, die eine Freundschaft zwischen zwei unterschiedlichen Jungen, dem städtischen Pietro und dem Viehhirten Bruno, inszenieren und dabei den Berg zu einem mehrschichtigen Seelenort stilisieren. In diesem Fall entspricht die Bergwelt einem tieferen Bedürfnis als der herkömmlichen Forderung, «neue Energie zu tanken». Nennen wir es ganz allgemein ein vages Bedürfnis, das eigene Leben zu ändern.

Unter diesem Gesichtspunkt besitzt das «Hochland» eine rätselhafte transformative Kraft. Diese scheint in erster Linie von seiner Fähigkeit abzuhängen, mit Kräften und Motiven in Resonanz zu treten, die sich von denjenigen unterscheiden, die aufhören zu funktionieren, wenn Menschen in eine Krise geraten. In den Bergen kann man eine unmittelbare Form der *agency* erleben, die sich vom modernen Hyperaktivismus unterscheidet. Diese alternative Möglichkeit zeigt sich beispielsweise in der hartnäckigen

Passivität der Bergbewohner und in ihrer nicht depressiven Art, mit dem Zustand der radikalen Verwundbarkeit umzugehen, dem das Leben sie in schwierigen Umgebungen notwendigerweise aussetzt. Das Gefühl der Begrenztheit, das man in den Bergen ständig erlebt, erscheint dieser Gruppe von Menschen als eine Schwelle, die, wenn sie auf die richtige Weise überschritten wird, dazu bestimmt ist, ihren Sinn für die Realität erheblich zu verändern. Diese Gruppe scheint nämlich der Aufgabe der Orientierung, für die sie bestimmt ist, nicht mehr gewachsen zu sein. Genauer gesagt ist es die Unterscheidung zwischen dem, was wirklich ist, und dem, was nur scheinbar ist, zwischen dem, was wirklich wichtig ist, und dem, was wir uns nur wünschen, weil alle anderen um uns herum es wollen, die dringend einer Revision bedarf. Deshalb führt das Bedürfnis nach einer Lebensveränderung, nach einer radikalen persönlichen Metamorphose, das durch die desorientierende Erfahrung der Resonanz mit der Bergwelt geweckt wird, in den meisten Fällen zu einer Suche nach dem Wesentlichen, das die tiefsten Teile des Selbst anspricht: passive Erinnerung, der Wunsch nach wilder Freiheit, die Wiederentdeckung des Leibes, Freundschaft, die die tiefe Verschiedenheit überwindet, Formen der «mechanischen» Solidarität.

Wie in *Grigia* ist die Verzauberung, die die Protagonisten von *Acht Berge* erfahren, nicht selbstdeutend: Sie ist ambivalent, widersprüchlich, in einigen Fällen sogar verstörend. Mit anderen Worten, sie hat nichts von der universellen Lösung, die unter allen Umständen angewandt werden kann und die zu jeder einzelnen Geschichte passt. Anders ausgedrückt: Die Metamorphose, um die es hier geht, ist wie jede Selbsttransformation, die diesen Namen verdient, schmerzhaft und hinterlässt unweigerlich Fragen, Groll, Missverständnisse, unüberbrückbare Gegensätze, ja sogar unschuldige Opfer des Schicksals. Diese Beobachtung aus *Grigia* und dem Roman *Acht Berge* kann auch für eine Betrachtung heutiger Spiritualität, die mit den Bergen verbunden wird, aufschlussreich sein. Elemente, die bei Musil von einer Aura der Dekadenz und metaphysischen Beunruhigung umgeben sind, erscheinen heute in dieser Bewegung oftmals in einem entgegengesetzten Licht der Wiedergeburt und Wiederverzauberung. Wie lässt sich diese Umkehrung erklären?

Es geht nicht nur um den Zeitgeist, auch nicht um einen vermeintlich weltanschaulichen Konflikt zwischen Musils mitteleuropäischem Pessimismus und dem Standardoptimismus der Gesellschaft der zwanghaften Innovation. Das Bedürfnis nach einer Wiederverbindung mit der Natur, nach einer zumindest prekären Wiedervereinigung dessen, was die moderne Zivilisation auseinandergerissen hat, um die Energien zu mobilisieren, die für ihre beispiellose sozioökonomische Beschleunigung erforderlich sind, ist heute kein flüchtiges Bedürfnis mehr. Angesichts der sich am Horizont abzeichnenden Klima- und Umweltkatastrophe ist es nur natürlich, dass sich die Dringlichkeit, sich alternative und weniger räuberische Modelle der Moderne vorzustellen, auf individueller Ebene vor allem in Form einer Suche nach dem Wesentlichen manifestiert. Die Suche nach dem Wesentlichen bedeutet jedoch nicht nur das Erlernen der Kunst des Verzichts, sondern vor allem die Anpassung des eigenen Realitätssinns an die harten Lektionen, die uns die Unannehmlichkeiten und Pathologien der modernen Lebensweise seit ihren Anfängen immer wieder vermittelt haben. Unter solchen Umständen kann Hoffnungslosigkeit nur bedeuten, sich auf die Suche nach einer tieferen Hoffnung zu begeben – der Hoffnung der Hoffnungslosen, von der Walter Benjamin in seinen geschichtsphilosophischen Thesen prophetisch sprach. Sich der Selbstauflösung hinzugeben, ist in diesem Zusammenhang moralisch unvertretbar, denn das Selbst, das den höchsten Preis für unsere Metamorphose zu zahlen hat, ist nicht so sehr unser verfallenes und sterbendes Selbst, sondern die Natur, von der wir uns entfremdet haben. Und gerade aus Liebe zur Welt entsteht heute häufig die geistige Rebellion, aus der die oben erwähnte Suche nach dem Wesentlichen erwächst.

Es ist jedoch wichtig, dass diese *quests* nicht verflachen und die Tiefe verlieren, die sich auch aus der Sorge um die Komplexität des eigenen historischen Horizonts ergibt. Es geht darum, eine stereoskopische Perspektive auf die sogenannt «Grosse Transformation», die die Industrialisierung mit sich brachte, und deren Auswirkungen zu bewahren, die sie im gesamten Alpenbogen und – wenn auch in unterschiedlicher Geschwindigkeit – in den Hochländern des gesamten Planeten hatte und hat. Um neben *Acht Berge* ein weiteres heutiges Beispiel zu nennen: Die Art und Weise, auf die es Robert Schabus in seinem Dokumentarfilm ALPENLAND (I 2022) gelungen ist, das Kaleidoskop der heutigen Existenz in den Alpen darzustellen, ohne die praktische und intellektuelle Spannung, die eine solche Vielfalt unweigerlich mit sich bringt, seiner synoptischen Vision zu opfern, erscheint mir exemplarisch. In diesem österreichischen Film werden Bewohner und Bewohnerinnen aus sechs verschiedenen alpinen Dörfern in unterschiedlichen Ländern gezeigt, die mit je eigenen Herausforderungen konfrontiert sind, etwa der Erhöhung der Mieten durch den Tourismus oder dem Schliessen der Praxis des lokalen Arztes, der Eingliederung von Einwanderergemeinschaften oder der Berglandwirtschaft.

Da, wie gesagt, in der spirituell anspruchsvollen Beziehung vieler Menschen zu den Bergen heute der Realitätssinn und seine Angemessenheit im Hinblick auf die tödlichen Herausforderungen der Spätmoderne auf dem Spiel steht, dürfen wir nichts aufgeben, was uns helfen kann, die Belastbarkeit dieses *sense of reality* zu testen. Unter diesem Gesichtspunkt ist die erneute Lektüre von *Grigia* heute, ob wir uns dessen bewusst sind oder nicht, ein kluger Weg, um unser Verständnis dafür zu verbessern, was hinter der modernen Faszination von Gipfeln, Wäldern, Bergaussichten und Berglichtungen steckt. Und zwar auch, um unsere Fähigkeit zu schärfen, den Sinn des chaotisch erscheinenden, zeitgenössischen spirituellen Suchens zu verstehen, insbesondere jener Suchrichtungen – und davon gibt es viele –, die von der Notwendigkeit angetrieben werden, die modernen Trennungen zwischen Zivilisation und Natur, Aktivität und Passivität, Geist und Körper, Lebendigem und Nicht-Lebendigem usw. neu zu gestalten.

Die Sehnsucht nach dem ganz Anderen
Buddhistische Gemeinschaft im italienischen Bergdorf Bordo

Dennoch glaube ich, dass es – in allen Gesellschaften – Utopien gibt, die einen genau bestimmbaren, realen, auf der Karte zu findenden Ort besitzen und auch eine genau bestimmbare Zeit, die sich nach dem alltäglichen Kalender festlegen und messen lässt.

Michel Foucault

Jochen Mündlein

In seinem Werk *Die Heterotopien. Der utopische Körper* beschreibt der Philosoph Michel Foucault mit diesem Zitat Orte, die durch menschliche Aneignung und Gestaltung eine besondere Qualität aufweisen (S. 9). Diese stellen kulturelle Gegenorte dar, die häufig durch religiöse Praktiken und Traditionen gekennzeichnet sind. Sie sind Orte, an denen alltägliches menschliches Erleben überstiegen und unsere bekannten Räume infrage gestellt werden können. Ein solcher Gegenort lässt sich im norditalienischen Antrona-Tal finden. Folgt man mit dem Auto der gewundenen Bergstrasse von Domodossola in Richtung der Alpe Cheggio, erreicht man nach etwa einer halben Stunde das Dorf Rivera. Oberhalb von Rivera, versteckt zwischen dichter Bewaldung, liegt das Bergdorf Bordo.

Seit den 1980er Jahren lebt dort eine religiöse (Laien-)Gemeinschaft, die sich in der Tradition des tibetischen Buddhismus der Karma-Kagyü-Lehre verortet. Bordo repräsentiert sich als offener Ort für am Buddhismus interessierte Menschen unterschiedlicher Herkunft. Gäste kommen für kürzere und längere Aufenthalte nach Bordo und leben mit den Bewohnerinnen und Bewohnern des Bergdorfs in einer spannenden Gemeinschaft auf Zeit.

Die geografischen Bedingungen und geschichtlichen Entwicklungen in Bordo sind eng verwoben. Als alpines Bergdorf besteht Bordo aus jahrhundertealten Steinhäusern, an denen der Fortschritt mitteleuropäischer Industriegesellschaften vorübergegangen zu sein scheint. Bordo ist ohne eine direkte Strassenanbindung nur über Bergpfade zu erreichen. Das einfache Leben und die erschwerte Zugänglichkeit von Bordo spielen eine wichtige Rolle für das Selbstverständnis des Dorfs. Der fussläufig zu überwindende Aufstieg in das Dorf, die weitestgehende Abwesenheit von Verkehrsgeräuschen und die Wahrnehmung der dicht bewaldeten und kaum besiedelten Berge um das Dorf vermitteln den Eindruck von natürlicher Ursprünglichkeit und Unkontrollierbarkeit. Die Verbindung von geografischen Bedingungen und religiöser Praxis lassen Bordo als einen Gegenort erscheinen, der einen menschlichen Erfahrungsraum in Abgrenzung zu hochtechnisierten urbanen Lebensmodellen bereitstellt.

Ich durfte Bordo zwischen 2012 und 2017 in längeren und kürzeren Aufenthalten besuchen, sodass meine Beschreibungen des Orts vorwiegend auf meinen eigenen Erfahrungen in dieser Zeit beruhen.

Begegnungen mit religiösen Traditionen

Das Bergdorf Bordo liegt auf einer Höhe von ca. 700 m ü. M. und gehört mit einigen umliegenden Dörfern zur italienischen Gemeinde Borgomezzavalle. Das Bergdorf besteht aus rund 30 einfachen Häusern aus Schiefergestein. Erreichbar ist Bordo über einen steilen Fussweg aus dem im Tal befindlichen Dorf Rivera, und über einen weiteren Fussweg nach Cheggio, einem benachbarten Bergdorf auf etwa gleicher Höhe. Eine Seilbahn aus dem Tal dient der Versorgung mit notwendigen Gütern, Lebensmitteln und Materialien.

Bordos Geschichte reicht über 500 Jahre zurück und ist eng verbunden mit dem Erzabbau im Antrona-Tal und der dortigen, kargen Vieh- und Landwirtschaft. Wie so viele Nachbardörfer wurde Bordo im frühen 20. Jahrhundert und nach Ende des Zweiten Weltkriegs fast vollständig aufgegeben und zugunsten eines Lebens im urbanen Raum verlassen. Grund dafür waren nicht zuletzt die herausfordernden Lebensbedingungen in den Bergdörfern des Antrona-Tals.

Aus der heutigen, mitteleuropäischen Perspektive materieller Überflussgesellschaften stellen diese Dörfer einen radikalen Gegenentwurf dar. Bordo ist zwar an das italienische Stromnetz angeschlossen, die Versorgung durch Warmwasser und die Abwasseraufbereitung werden jedoch lediglich durch Sonnenenergie und autonome Klär-Vorrichtungen gewährleistet. Die

Abb. 58: Valle Antrona, der Blick hinauf, zum Pizzo d'Andolla und Weissmies.

Versorgung mit Lebensmitteln, Baumaterialien und Werkzeugen ist mit hohem Aufwand verbunden. Ebenso ist das Heizen der Häuser in den kalten Wintermonaten nur durch selbst beschafftes Holz möglich. Die Witterungsbedingungen der alpinen Landschaft sorgen für einen ständigen Nachbesserungsbedarf an den Häusern und Steinmauern an den Hängen des Dorfs. Ebenso muss die immer drohende Verwilderung Bordos durch eine rückerobernde Flora und Fauna kontrolliert und zurückgehalten werden.

Bordo ist in seiner historischen Entwicklung vergleichbar mit den umliegenden Dörfern der Valle Antrona. Spannend wird die Geschichte Bordos zu Beginn der 1980er Jahre. Der Schweizer Gerard Frei wird auf das Dorf aufmerksam und entwickelt die Idee, dort eine buddhistische Gemeinschaft zu gründen. Auf der Homepage der Bordo-Gemeinschaft erzählt er:

> Eine Bekannte hat mir 1981 ein verlassenes Dorf in den Bergen von Norditalien gezeigt. 1982 fanden in Sikkim die Verbrennungszeremonien für den 16. Karmapa statt, woran ich mit einer Gruppe von Schweizern teilnehmen konnte. Ich erzählte damals meinen Freunden von diesem Dorf, zeigte Fotos und unter dem tiefen Eindruck des Segens von dieser Zeremonie fragten wir Shamar Rinpoche, ob er uns darin unterstützen würde, dieses verlassene Dorf aufzukaufen und wiederzubeleben. Von ihm erhielt das Dorf den Namen «Karma Dechen Yangtse», Ort der höchsten Freude.
>
> Wir waren inspiriert von Berichten über spirituelle Gemeinschaften wie Findhorn, die Farm und anderen und glaubten, auf der Basis des Buddhis-

mus etwas Ähnliches umsetzen zu können. Noch im gleichen Jahr gründeten wir die Genossenschaft.

Um Gerard Frei machte sich eine Gruppe von jungen Menschen auf, das verlassene Dorf wieder zu besiedeln und einen alternativen Lebensentwurf zu etablieren, in dessen Zentrum eine niederschwellige religiöse Gemeinschaft in der tibetisch-buddhistischen Tradition der Karma-Kagyü-Lehre stand. Bordo ist seit diesem Zeitpunkt, mit Ausnahme einiger weniger Privathäuser und einer römisch-katholischen Kapelle, im Besitz der schweizerischen Genossenschaft Cooperativa Bordo, die sich zu einem hohen Anteil aus ehemaligen Bewohnerinnen und Bewohner dieser ersten Wiederbesiedelungsgruppe zusammensetzt. Die Gründung der Genossenschaft war pragmatischer Ausdruck eines Lebensmodells, das nicht auf Konsum und die Steigerung persönlichen Besitzes aus ist, sondern den Erhalt Bordos und die Interessen der Gemeinschaft im Blick hatte. So waren die ersten Jahre in Bordo von der Restaurierung der teils verfallenen Steinhäuser geprägt. Daneben wurden auch gemeinschaftliche Meditationsräume, eine Stupa, eine Schule für die Kinder und Jugendlichen und auch ein buddhistischer Tempel eingerichtet und gebaut.

In den 1990er Jahren verliessen die meisten Bewohnerinnen und Bewohner Bordo und die Gemeinschaft wieder. Lohnarbeit, berufliche Ausbildung der Kinder und existenzielle Gründe sorgten für eine massive Verkleinerung der Gemeinschaft. Heute wohnen in Bordo nur einige wenige Personen dauerhaft. Die Mehrzahl bilden Freiwillige, die – wie ich selbst – kürzere oder längere Zeit im Dorf leben und arbeiten, sowie eine Vielzahl an Gästen, die an saisonalen Kursen, Seminaren und Angeboten buddhistischer Traditionen teilnehmen. Eine weitere kleine Gruppe bilden Urlaubsgäste, welche die Abgeschiedenheit und Ruhe des Orts schätzen.

Bordos jüngere Geschichte ist eng verwoben mit einer steigenden Popularität tibetisch-buddhistischer Ideen und Praktiken in Europa. Die Anfänge der buddhistischen Gemeinschaft in Bordo spiegeln in ihrer lokalen Verortung kulturelle Dynamiken, die zur Etablierung heutiger buddhistischer Vorstellungen und Traditionen in Europa geführt haben. Dies wurde durch eine steigende Migrationsbewegung von Exil-Tibeterinnen und Exil-Tibetern in Richtung Europa, wie auch eine hohe Reiseaktivität von buddhistischen Lehrenden, Nonnen und Mönchen zwischen Indien und Europa befördert. Bordos Selbstverständnis als religiöser Ort, an dem ein Buddhismus der Karma-Kagyü-Linie praktiziert wird, gründet sich neben der Wertschätzung des Orts selbst auf den immer wieder stattfindenden Besuchen von Lamas – buddhistisch lehrenden Exil-Tibeterinnen und Exil-Tibetern aus Indien mit hoher religiöser Bedeutung. Auch der Aufenthalt von Menschen aus Europa, die in den Traditionen des Karma Kagyü unterwiesen wurden und als Laien, Nonnen oder Mönche einer buddhistischen Lehrtätigkeit nachgehen, verstärken die religiöse Ausrichtung des Orts. Bordos jüngere Geschichte rekapituliert verdichtet kulturelle Wechselwirkungen tibetisch-buddhistischer Traditionen zwischen Asien und Europa. Viele der in Bordo tätigen Lehrenden aus Österreich, Deutschland und der Schweiz wurden im Dhagpo Kagyu Ling, einem buddhistischen Kloster und Zentrum in Frankreich, von dem Tibeter Gendün Rinpoche ausgebildet und sind in vielen der seit 2006 bestehenden Bodhi Path Buddhist Centers aktiv, einem Zusammenschluss aus buddhistischen Zentren in Europa, denen auch Bordo angehört. Gegründet wurde dieser Zusammenschluss vom 2014 verstorbenen Shamar Rinpoche, einem der führenden Vertreter und Lehrer der Karma-Kagyü-Tradition und religiösen Leiter Bordos.

Sichtbarkeit religiöser Traditionen

Bei einem Besuch in Bordo ist die Sichtbarkeit religiöser Symbole und Traditionen offensichtlich. Folgt man dem schmalen, steilen Fussweg aus dem Tal nach Bordo, wird der Pfad bald von buddhistischen Gebetsfahnen gesäumt. Der mit Natursteinen eingefasste, gewundene Weg führt durch bewaldete Hänge und an Quellen und kleinen Wasserläufen vorbei zum Eingang des Dorfs. Auch an den alten Steinhäusern sind Gebetsfahnen angebracht, und der gepflasterte Hauptweg führt an einem Steinhaus, das zu einem buddhistischen Tempel umgewidmet wurde, vorbei zum zentralen Platz des Dorfs, der Piazza Milarepa, benannt nach einem mythologischen Yogi-Meister des tibetischen Buddhismus. Folgt man dem Weg weiter, führt dieser leicht bergauf an verschiedenen Steinhäusern vorbei bis zu einer kleinen Kapelle mit dem Namen Oratorio dei Santi Giuseppe e Stefano, die das letzte Haus des Dorfs darstellt, bevor der Weg wieder zu einem ausgetretenen Bergpfad wird. In Bordo findet sich unterhalb des Hauptwegs ein grösserer Platz mit einer geweihten Stupa, in deren Korpus sich eine Buddha-Statue befindet. Sie ist umgeben von Häusern, die für sogenannte Retreats genutzt werden können – Aufenthalte, die der persönlichen Weiterentwicklung in einer buddhistischen Tradition dienen und durch entsprechende Lehrerinnen und Lehrer vor Ort betreut werden. In der oberen Hälfte des Dorfs sind weitere Wohnhäuser zu entdecken, in denen sich Gästezimmer befinden. Das soziale Geschehen konzentriert sich in Bordo auf die Piazza Milarepa, da diese an den Tempel und das Gemeinschaftshaus angrenzt, in dem Gäste sowie Bewohnerinnen und Bewohner gemeinsam kochen, essen und jenseits von Arbeit und religiösen Praktiken ihre Freizeit verbringen.

Wirft man bei einem Gang durch Bordo einen genaueren Blick auf die Häuser, finden sich zahlreiche Abbildungen von biblischen Szenen und Heiligendarstellungen aus der Tradition des römisch-katholischen Christentums. Prominent findet sich ein lebensgrosses Fassadenbild der Kreuzigung Jesu an einer Hauswand an der Piazza Milarepa, umrahmt von buddhistischen Gebetsfahnen.

Im angrenzenden Tempel sind hinter einer Glaswand geweihte Statuen von Buddha-Shakyamuni und unterschiedlichen Bodhisattvas – Erleuchtungswesen, die in der Tradition des tibetischen Buddhismus eine grosse Rolle spielen – wie beispielsweise Tschenresi, die Schutzgottheit Tibets, oder Guru Rinpoche, eine Gründungsfigur des tibetischen Buddhismus, zu finden. An den Wänden des Tempels hängen zudem Bilder tibetisch-buddhistischer Lehrer, die dem Dorf nahe stehen oder es bereits besucht haben, allen voran das Bildnis des 17. Gyalwa Karmapa Trinley Thaye Dorje, des religiösen Oberhaupts der Karma-Kagyü-Linie, und das Bild von Shamar Rinpoche, dem ehemaligen religiösen Leiter Bordos. Doch nicht nur der Tempel wird von den Bewohnenden des Dorfs gepflegt. Auch die Kapelle, das Oratorio dei Santi Giuseppe e Stefano, wird trotz ihrer deutlich sichtbaren Altersspuren bewahrt und betreut. Häufig finden sich in der Kapelle auf dem Altar drapierte Blumensträusse.

Der ganz andere Raum

Shamar Rinpoche, der ehemals geistliche Leiter Bordos, bezeichnet das italienische Dorf als einen besonderen, segensreichen Ort der Mediation und buddhistischen Praxis. Viele Menschen in Bordo teilen diese Wahrnehmung und beschreiben Bordo als einen Ort jenseits alltäglicher Erfahrungen; ein Raum, in dem Körper und Geist Ruhe finden und Menschen Orientierung erfahren. Diese Darstellung teilen Bordo-Besucherinnen und Besucher unabhängig von ihrer spezifischen religiösen Zugehörigkeit. Gäste, auch wenn sie unterschiedlichen buddhistischen Traditionen oder einer anderen religiösen – beispielsweise christlichen – Konfession angehören, beschreiben Bordo als einen heilsamen religiösen Ort, der Transzendenz-Erfahrungen befördert. Auch der Internetauftritt Bordos als Ort buddhistischer Lebensführung und Praxis repräsentiert das Dorf als einen Raum innerer Einkehr und religiöser Erfahrung.

Spannend ist nun die Frage, wie sich der konkrete Ort Bordo als religiöser Raum beschreiben lässt. Dabei ist die wissenschaftliche Reflexion des konkret ausgestalteten Orts als religiöser Erfahrungsraum besonders interessant. Ich folge der Annahme, dass Räume durch menschliches Ge-

Abb. 59: Valle Antrona, der Blick hinab, vom Pizzo d'Andolla.

stalten und Aneignen kulturell konstruiert werden und insofern immer der Veränderung durch menschliche Aktivität unterworfen sind.

Bordo ist ein Ort sichtbarer Religion. Bei einem Besuch im Dorf sind religiöse Symbole, die dem Buddhismus zugeschrieben werden, an vielen Stellen erkennbar. Auch ist in der Interaktion mit den Menschen vor Ort eine religiöse Praxis unmittelbar erlebbar, angefangen von Meditations- und Gebetspraktiken, bis hin zur vegetarischen Küche und dem massvollen Umgang mit Konsumgütern. In dem seit 2007 bestehenden Leitbild der Genossenschaft, einzusehen auf der Homepage Bordos, wird die Verbindung alltäglicher Formen des Lebens mit der Vorstellung einer buddhistischen Lebensführung explizit gemacht. Interessant ist, dass daneben auch weiterhin eine gelebte christliche Tradition spürbar ist. Die kleine Kapelle wurde während meiner letzten Aufenthalte regelmässig von Wanderern aus den umliegenden Tälern aufgesucht, häufig verbunden mit Gesprächen zwischen den wandernden Personen und den Menschen in Bordo.

All diese Gebäude, Bilder und sichtbaren Praktiken stehen in einem Zusammenhang und verweisen durch diese Symbole und durch symbolische Handlungen auf Weltbilder und Transzendenzvorstellungen, die den konkreten Ort Bordo als einen religiösen Raum erfahrbar machen. Religion ist in dieser Perspektive eine performative räumliche Praxis, die einerseits in den Erzählungen über Bordo, und andererseits in der konkreten Materialisierung und Gestaltung des Orts sichtbar wird. Besonders durch die sichtbaren Verweise auf religiöse Traditionen, Praktiken und Narrative bildet das buddhistische Bergdorf einen kulturellen Gegenort, der sich mit dem Begriff der Heterotopie reflektieren lässt.

Der französische Philosoph Michel Foucault entwickelte mit dem Begriff der Heterotopie ein Konzept, um das Phänomen dieser Orte beschreiben zu können. Als Heterotopien beschreibt Foucault in seinem Aufsatz *Von anderen Räumen* konkrete Orte,

> denen die merkwürdige Eigenschaft zukommt, in Beziehung mit allen anderen Orten zu stehen, aber so, dass sie alle Beziehungen, die durch sie bezeichnet, in ihnen gespiegelt werden und über sie der Reflexion zugänglich gemacht werden, suspendieren, neutralisieren oder in ihr Gegenteil verkehren. (S. 320)

Die Besonderheit dieser Räume liegt in ihrer Beziehungsdynamik. Während alle konkreten Orte in einer Kultur durch zugeschriebene Eigenschaften eine spezifische Funktion erfüllen und dementsprechend kategorisiert werden können, liegt die Besonderheit der Heterotopien in ihrer umfassenden Beziehungsdynamik zu allen anderen Räumen einer Gesellschaft. Mit anderen Worten verweisen Heterotopien auf Transzendenz, da sie existenzielle Grundfragen repräsentieren und verhandeln, die Funktion alltäglicher gesellschaftlicher Orte überschreiten und diese kritisch hinterfragen.

Heterotopien sind Orte, die sich im Grenzbereich menschlicher Erfahrungen und Aneignung befinden. In ihnen wird die Erfahrung von Unkontrollierbarkeit mit der Ausgestaltung konkreter Räume verbunden. Sie bilden Gegenorte, in denen alltägliche Ordnungen infrage gestellt und durch andere Ordnungen ersetzt werden. Dabei sind diese Orte abhängig von kulturellen und zeitlichen Kontexten, da sie, wie alle anderen Orte, kultureller Gestaltung und Deutung unterworfen sind. Für Foucault erfüllen Heterotopien in einer Kultur eine spezifische Funktion. Sie sind Orte, die Menschen freiwillig oder unfreiwillig sowie häufig zeitlich befristet aufsuchen, um biografische Übergänge zu gestalten oder um innere und äussere Krisen zu bewältigen.

Heterotopien sind Orte menschlicher Sehnsucht. Sie stellen einen kulturellen Kontrastraum zur Verfügung, an dem wir unsere Vorstellungen, Werte und Normen aufgreifen und reflektieren können. In dieser Perspektive sind Heterotopien religiöse Orte, da sie unsere bekannten Ordnungen infrage stellen. Heterotopien sind damit auf zwei verschiedene Dimensionen bezogen. Zum einen reflektieren sie die Vorstellungen, Werte und Normen einer Gesellschaft, die sich in ihren alltäglichen kulturellen Räumen abzeichnet. Zum anderen sind sie transzendente Räume, da sie menschliches Welterleben und -deuten in einen existenziellen Horizont stellen. Normative

Verbindlichkeiten, wie etwa der Leistungsgedanke mitteleuropäischer Kulturen, werden in der Heterotopie als Konstruktion entlarvt. Heterotopien sind Orte des ganz Anderen. In ihnen wird menschliches Leben in seiner Fragilität erkennbar und die Grenzen menschlicher Weltkontrolle spürbar. Sie bilden einen kontrollierten Raum, in dem die Unkontrollierbarkeit der Wirklichkeit erfahren und bewältigt werden kann.

Räume jenseits von Räumen

Viele der tibetisch-buddhistischen Lehrenden, die Bordo über die Jahre besucht haben, zeigten sich begeistert von Bordo, da sie das Bergdorf an ihre Heimat in Tibet erinnerte. Ähnliches berichten Kurs- und Seminarteilnehmende bei ihrem Aufenthalt. Bordo erscheint wie die Manifestation einer tibetischen Siedlung im Himalaya-Gebirge, in den Alpen mitten in Europa. Interessant ist, dass die Bilder und Vorstellungen über Tibet häufig auf medialen Darstellungen fussen, wie beispielsweise den Spielfilmen SEVEN YEARS IN TIBET (SIEBEN JAHRE IN TIBET, Jean-Jacques Annaud, US 1997) und FLUCHT AUS TIBET (ESCAPE FROM TIBET, Maria Blumencron, CH/DE/IN 2012). Damit verbunden ist ein stark idealisiertes Tibet-Bild, das einen friedliebenden, gewaltlosen und weltoffenen Buddhismus repräsentiert. Bordo stellt einen heterotopischen Ort dar, weil es das verklärte Bild eines abwesenden und idealisierten buddhistischen Tibets an einem konkreten Ort anwesend werden lässt. Gleichzeitig stellt die Sichtbarkeit und Anwesenheit unterschiedlicher religiöser Traditionen, wie etwa durch das Oratorio dei Santi Giuseppe e Stefano und die Fassadenmalereien aus der christlichen Tradition, eine Begegnung verschiedener religiöser Weltbilder und Traditionen dar, die eine blosse idealisierte Tibet-Utopie überschreitet.

In Bordo scheint eine andere Zeit zu herrschen. Die Abwesenheit von befahrbaren Strassen, die minimalistische technische Ausstattung und die jahrhundertealten Steinhäuser illustrieren ein Lebenskonzept, das im radikalen Gegensatz zur fortschreitenden Digitalisierung und Technisierung urbaner Räume in Mitteleuropa steht. Bordo scheint ein Ort aus einem vergangenen Jahrhundert zu sein, in dem der Mensch nur sich selbst und seinem direkten physischen Umfeld begegnen kann.

Die Verbindung von Körper und Raum bildet einen wichtigen Aspekt der heterotopischen Dimension Bordos. Die verpflichtende Mitarbeit bei einem Aufenthalt in Bordo, unabhängig von den konkreten Kurs- und Seminarangeboten, wie auch die Einladung zu täglichen Meditationsangeboten, zeichnen das Bild einer monastischen Lebensführung auf Zeit. Mitarbeit umfasst dabei konkret körperliche Tätigkeiten in und um das alpine Dorf herum, wie beispielsweise Ausbesserungsarbeiten an den Steinhäusern oder Verarbeitung von Brennholz. Diese teils körperlich beschwerlichen Arbeiten erscheinen wie ein Gegenentwurf zu hochtechnisierten Arbeitskonzepten in europäischen Fortschrittsgesellschaften.

Die Sichtbarkeit von Religion in Bordo in ihren konkreten Materialisierungen und religiösen Praktiken, die sich auf alle Aspekte der Lebensführung erstrecken, hinterfragt und reflektiert Vorstellungen und Ideen von gesellschaftlicher Orientierung und persönlichen Identitätsfragen. Aus einer heterotopischen Perspektive stellt Bordo die kritische Frage, welche Werte, Ziele und Normen in unseren mitteleuropäischen Gesellschaften herrschen. Normative Idealvorstellungen und Weltbilder, in denen ökonomischer Erfolg, Konsumverhalten und individuelle Selbstoptimierung zentral sind, werden durch die Perspektive Bordo als gesellschaftliche Konstruktionen erkennbar. Gleichzeitig wird die Ausrichtung auf eine unkontrollierbare transzendente Realität zum gemeinsamen Ausgangspunkt und eröffnet den Horizont für eine Weltdeutung jenseits einer durchstrukturierten, kontrollierten und globalisierten Welt.

Ein Sehnsuchtsort religiöser Authentizität

Das alpine Bergdorf Bordo bildet in seinen unterschiedlichen räumlichen, geschichtlichen und sozialen Dimensionen einen religiösen und gesellschaftlichen Gegenort. Die örtlichen Gegebenheiten, die Gestaltung des Dorfs als ein besonderer Raum und die Wechselwirkung mit alltäglichen Räumen eröffnen eine Perspektive auf Bordo als einen Sehnsuchtsort religiöser Ursprünglichkeit und Authentizität. Die idealisierten Vorstellungen buddhistischer Religiosität und Lebensführung transportieren das Bild eines Orts, der frei zu sein scheint von Leistungsansprüchen, Konsumzwang und gesellschaftlicher Überforderung. Bordo wird repräsentiert als die Realisierung der Utopie eines religiös-kulturellen Miteinanders, das friedliebend nur die eigene Selbstwerdung und positive Selbstbeziehung im Blick hat. Als gesellschaftlicher Gegenort stellt Bordo exemplarisch und grundsätzlich die bestehenden Werte und Normen leistungsorientierter und globalisierter Gesellschaften infrage. Der alpine Standort, die komplexe Verschränkung und Wechselwirkung sichtbarer religiöser Traditionen in der Gestaltung des Raums wie auch die bewusst konsumreduzierte Lebensweise eröffnen einen Horizont auf Religion als potenzielle Erfahrung des Unkontrollierbaren. Der Ort Bordo ist die beispielhafte Realisierung eines religiösen Raums, in dem Menschen ihre Sehnsucht nach Transzendenzerfahrung und einer religiösen Lebensgestaltung artikulieren und leben können.

Die wilde Bergfee im Freizeitparadies
Inszenierungen von Madrisa im Wandel der Zeit

Anna-Katharina Höpflinger

Wenn man das Prättigau, ein Tal im Schweizer Kanton Graubünden, «nach hinten» fährt, den Kreisel bei Saas passiert und schliesslich die Gemeinde Klosters erreicht, kann es geschehen, dass man unterwegs den Namen «Madrisa» entdeckt. Den ersten Hinweis gibt möglicherweise die sogenannte Madrisabahn, deren Talstation sich in der Nähe des Bahnhofs befindet. Zu ihr führt die Madrisastrasse. Steigt man in die Seilbahn ein, schaukelt einen die Gondel sanft in die Höhe. Man schwebt über Höfe hinweg, passiert Waldstücke und steigt am Ende auf der Madrisa-Alp aus. Im Sommer breitet sich dort der alpine Freizeitpark Madrisa-Land aus. Bergrestaurants laden zum Verweilen ein, und verschiedene Wanderwege locken mit Abenteuern für die ganze Familie. Im Winter verwandelt sich die Region in ein Sportparadies, Skilifte entführen in die alpine Schneewelt und ermöglichen Aufstiege und Abfahrten.

Dieses touristische Angebot lehnt sich mit seinem Namen an das Berggebiet an, das sich rund um das Madrisahorn ausbreitet. Jener Gipfel gehört zum Rätikon, einer der westlichsten Gebirgskette der Ostalpen, und liegt auf dem Gebiet der Bündner Gemeinde Klosters, nur einige hundert Meter entfernt von der Grenze zu Österreich. Er blickt mit 2826 m ü. M. auf das Tal hinunter. Ein etwas kleinerer Berg der sogenannten Madrisagruppe mit einer Höhe von 2770 m ü. M. wird Madrisa oder auch Gargellner Madrisa genannt und liegt im Gebiet der österreichischen Gemeinde St. Gallenkirch, in der Nähe des Orts Gargellen. Die Berge können Landesgrenzen schaffen oder sie, wie hier, verschwimmen lassen.

Belegt ist allerdings auch noch ein anderer Aspekt des Namens «Madrisa». Dieser wird deutlich in einem rot bemalten Hausspruch im Ortsteil Klosters-Platz aus dem späten 19. Jahrhundert:

> Madrisa schütz mit Deinen Scharen
> Dies Haus vor Unbill und Gefahren
> Lenk weise der Lawinen Weg
> Und schirm des Thales Flur und Steg

Wie dieser Vers verrät, bezeichnet Madrisa nicht nur eine Bergregion und ein touristisch genutztes Gebiet, sondern verweist auch auf ein transzendentes Gegenüber, das ein Gefolge besitzt und die Lawinen lenken kann.

Die Bergfee, die Milch und das Gewitter

Der Hausspruch verweist auf eine Fenggin, eine Bergfee, die mit der Region rund um Klosters verschmilzt. Mehrere Sagen erzählen von ihr. Eine bekannte Version handelt von einem Bauernsohn aus Saas, der nach dem eigentlichen Alpabzug, also der Rückkehr des Viehs in die tieferen Regionen im Herbst, noch mit einigen Kühen alleine auf der Alp bleibt, um das restliche Heu zu verbrauchen. Als dessen Vater nichts mehr von seinem Sohn hört und sich ausrechnet, dass das Viehfutter unterdessen zur Neige gegangen sein muss, macht er sich Sorgen und beschliesst, den Sohn aufzusuchen. Im Schneetreiben kämpft sich der ältere Mann zum Maiensäss hoch. Dort trifft der Vater seinen Sohn und die Kühe überraschenderweise wohlgenährt und zufrieden an. Letztere können mehrmals am Tag gemolken werden, und auch der Heuvorrat ist noch immer üppig. Der Vater ist erfreut und verwundert zugleich und fragt seinen Sohn, wie dieser merkwürdige Befund zustande komme. Der Sohn deutet auf das Schlaflager im Stall und erklärt, «seine» Madrisa habe das Vieh mit besonderen Kräutern gefüttert, sodass es wunderbare Milch gebe. Der Vater blickt zu diesem Bett und sieht dort eine Fenggin liegen. Betont wird ihr langes, blondes Haar, das bis auf den Boden reiche. Doch Madrisa erwacht und erklärt den beiden betrübt, dass sie wegen des Vaters Ankunft das Maiensäss verlassen müsse. Sie springt auf und eilt zurück in die Bergwelt, aus der sie gekommen ist. Auch im folgenden Jahr bleibt sie verschwunden, obwohl der Bauernsohn nach ihr sucht. Diese Sage erzählt von einer mit dem Berg gekoppelten Figur, die Reichtum und Glück bringt, aber gleichzeitig ihren eigenen Regeln folgt. Die Entdeckung durch den Vater vertreibt sie. Die Kräuter, die gute Milch bringen, nimmt sie mit sich. Man kann in dieser Erzählung eine Erklärung für die Kargheit der Berggebiete ausmachen.

Ebenfalls eine geografische Begebenheit erläutert eine zweite Geschichte, die mit Madrisa verbunden ist und vor allem aus dem österreichischen Gebiet überliefert ist. Diese zweite Narration begründet die Farbe des Gesteins. Während der neben dem Madrisahorn liegende Gipfel der 2703 Meter hohen Rätschenfluh nämlich aus hellerem Kalkstein besteht, ist Ersteres aus dunklerem Gneis. Diese zweite Erzählung dreht sich um die Farbe Schwarz und die Figur einer bösen Madrisa, der sogenannten schwarzen Madrisa: Diese schöne, aber dämonische Bergbewohnerin soll in den Felsen des zunächst noch weissen und leuchtenden Bergs hausen und den Bauernhöfen nur Unheil bringen. Die Geschichte berichtet, wie ein junger Mann aus Schlappin, einer Siedlung oberhalb von Klosters, auf der Gemsjagd ein besonders schönes Tier ins Visier nimmt. Doch als er schiesst und der Rauch der Büchse sich verzogen hat, steht vor ihm eine Frau statt der Gemse. Sie bittet ihn, ihr in eine Höhle zu folgen. An diesem finsteren Ort lockt sie ihn mit dem Angebot, ihn in dunkle Künste einzuweihen und magische Gewehrkugeln zu giessen, die nie ihr Ziel verfehlen würden. Als Lohn verlangt sie jedoch, dass er sie unter dem Patronat des Teufels heirate. Der Jäger merkt, dass dies eine Falle ist, fleht um Gottes Beistand und erbittet sich zwei Tage Bedenkzeit. Die Frau ist einverstanden. Der junge Mann sucht sofort den Einsiedler St. Jakob auf, um dort ein Rezept gegen diese Zauberkunst zu erfahren. Der Heilige schenkt dem Jäger ein Kreuz und befiehlt ihm, dieses im Namen der Trinität zu zücken, wenn er der Madrisa und dem Teufel bei jenem Eheritual gegenüberstehe. Der Jäger folgt diesem Rat und hält dem Teufel und der Braut bei der Hochzeitszeremonie das Kreuz vor die Nase. In Panik fliehen Madrisa und der Bockfüssige ins Innere des Bergs. Der Jäger verlässt hingegen hastig die Höhle. Doch ein gewaltiges Gewitter ist aufgezogen und umtobt den Berg. Als sich der Himmel wieder öffnet, ist der weisse Gipfel schwarz geworden. Von da an wird er die schwarze Madrisa genannt.

Die Suche nach vorchristlichen Frauenfiguren

Beide Geschichten, die der Fee Madrisa, die für gute Milch sorgt, und jene der schwarzen Madrisa, die mit dem Teufel im Bunde steht, erklären Begebenheiten der alpinen Welt. Die eine das karge Gras, die andere die Farbe des Gesteins. Aber haben sie darüber hinaus noch weitere Bedeutungen?

Noch heute wird die Figur Madrisa gerne als vorchristliche Göttin gedeutet und mit anderen transzendenten alpinen Frauengestalten konnotiert.

Abb. 60: Erste Partiturseite des Stücks *Refrain* von Matthias Arter.

Vor allem ein als ältester rätoromanischer Gesang rezipiertes Musikstück, der *Canzun de Sontga Margriata*, das Lied der Heiligen Margaretha, wird als Parallele hinzugezogen. Dieses Lied, das vor allem aus der Surselva überliefert ist, berichtet davon, dass die heilige Margaretha fast sieben Jahre lang als Zusenn auf der Alp arbeitet, und zwar verkleidet als Mann. Doch eines Tages rutscht sie über eine Steinplatte, und ihr Busen wird sichtbar. Der *paster petschen*, der Hirtenknabe, erkennt, dass sie eine Frau ist und will dies dem Senn verraten. Margaretha verspricht ihm, wenn er seine Entdeckung für sich behält, immer wertvollere magische Geschenke, wie Hemden, die nie schmutzig werden, Kühe, die dreimal pro Tag gemolken werden können, und zum Schluss eine Mühle, die nie stillsteht. Doch der Hirtenknabe ist seinem Vorgesetzten gegenüber loyal und will das Geheimnis verraten. Da lässt ihn die Heilige bis zum Hals in den Boden versinken. Erst darauf verspricht der Bub, das Gesehene für sich zu behalten. Margaretha befreit ihn. Doch sofort will der Hirtenknabe das Entdeckte wieder dem Senn erzählen. Da tötet Margaretha den Jungen, indem sie ihn ganz in den Boden versinken lässt, und eilt über den Kunkelspass (bei Tamins) hinweg. Hinter ihr verdorrt das Gras, die Quellen versiegen, die Kühe geben keine Milch mehr.

Die Konnotation zur Fenggin Madrisa wird über diese Verbindung der beiden Figuren zur Fruchtbarkeit der Alpenregion gezogen. Auch Madrisa kann Kühe mit magischen Kräutern aufpeppen oder ihnen diese Gunst entziehen. Beide sind deshalb bereits als vorchristliche Göttinnen, manchmal sogar als dieselbe, gedeutet worden. Allerdings wird bei diesem Vergleich zwischen Sontga Margriata und Madrisa oft zu schnell vergessen, dass beide Erzählungen nicht nur zentrale inhaltliche Unterschiede aufweisen, sondern auch aus verschiedenen Gebieten in Graubünden stammen und dabei mit geografischen und religiösen Begebenheiten dieser Regionen gekoppelt sind.

Die Suche nach (vermeintlich) vorchristlichen Überbleibseln in Sagen und Legenden war im 19. und in der ersten Hälfte des 20. Jahrhunderts besonders *en vogue*. Der oben genannte Hausspruch, der Madrisa zur Göttin stilisiert, die mit ihrem polytheistischen Gefolge über Lawinen herrscht, ist ein Beispiel davon. Nur leider ist sehr wenig über eine vorchristliche alpine Religion, abgesehen von der des antiken römischen Reichs, bekannt. Diese Suche nach einer vorchristlichen Göttin bleibt spekulativ. Sie ist eng mit jeweils zeitgenössischen Identitätsprozessen, etwa der Konstruktion von etwas altem «Rhätischen» verbunden und legitimiert diese Zugehörigkeits- und Abgrenzungsmechanismen durch die Idee, dass alte Sagen wertvoller oder irgendwie reiner seien als neuere Interpretationen davon. Im Falle von Madrisa und Sontga Margriata kommt zu dieser Idee eines vermeintlich Ursprünglichen im 20. Jahrhundert eine Suche nach prominenten transzendenten Frauenfiguren, die eine «weibliche Spiritualität» symbolisieren können, hinzu. Manchmal verwebt sich diese mit der These eines «Urmatriarchats», das mit der Vorstellung eines paradiesischen Zusammenlebens konnotiert wird. So beginnt beispielsweise die Autorin und Filmemacherin Luisa Francia in ihrem Buch *Die Göttin im Federkleid* die Beschreibung der Madrisa-Erzählung folgendermassen:

> In den Alpen lebten die Menschen früher friedlich und gut zusammen. Ihre Göttin hiess Madrisa. Sie war die grosse Mutter, die alle gleich liebt, die allen hilft und für alle da ist. (S. 98)

In solchen Betrachtungsweisen werden transzendente Frauenfiguren allerdings oft vorschnell alle über einen Kamm geschert, Madrisa wird etwa mit der griechischen Göttin Artemis und/oder der mesopotamischen Ishtar gleichgesetzt. Als Begründung ist hierbei zu finden, dass alle drei mit der Wildnis und mit Fruchtbarkeit gekoppelt seien, dass ihr Rückzug den Herbst und Winter symbolisiere. Solche Analogien hinken, da sie die jeweiligen historischen, geografischen, religiösen und sozialen Kontexte ausser Acht lassen und Mythen aus verschiedenen Teilen der Erde als gleich betrachten. Aber die Welt der Sagen und die der Berge sind komplexer.

Abb. 61: Hausspruch, Klosters-Platz, spätes 19. Jahrhundert.

Verschiedene Spannungsmomente

Was mich an der Geschichte der Madrisa und der Heiligen Margaretha fasziniert, ist nicht, dass sie möglicherweise fragmentarische vorchristliche Momente in sich tragen, sondern umgekehrt, dass sie Teil einer schillernden christlichen Lebenswelt sind, die breiter ist, als wir es auf den ersten Blick vermuten. Diese Erzählungen verraten uns etwas über alpine Vorstellungen in einer gewissen Zeit. In diesem Fall haben wir das 19. und 20. Jahrhundert im Blick, also die Zeit, aus der schriftliche Belege von diesen Figuren und ihren Bedeutungen überliefert sind. Denn die mündlichen Vorfassungen sind kaum mehr zu rekonstruieren. Die heute überlieferte schriftliche Form bringt jedoch Aufschlussreiches über die Ideen der Alpenwelt hervor, zeigt Normen und Werte, Gefahren und Hoffnungen. Dabei fällt zunächst auf, dass in den Madrisa-Erzählungen der Berg als schöne Frau repräsentiert wird. Er wird zu einem aktiven Gegenüber. Dieses folgt eigenen Regeln, die jedoch je nach Geschichte unterschiedlich ausgeformt sind.

Die Erzählung der schwarzen Madrisa baut auf einem binären Weltbild auf, in dem Gut und Böse klar definiert sind. Der Inbegriff des Guten sind Gott und die Heiligen, der des Bösen der Teufel. Aufschlussreich ist,

Abb. 62: Wegweiser in Klosters, neben der Madrisabahn. Über dem Wegweiser «Madrisastrasse» findet sich links neben dem Parkplatz- und Rollstuhl-Signet ein brauner Kleber mit dem Logo der Klosters-Madrisa Bergbahnen. Darauf steht: «Madrisa – geniesse den Moment».

dass diese Einteilung in Gut und Böse nicht geografisch bestimmt ist: Beide, die Guten und die Bösen, gehören der alpinen Berglandschaft an. Es ist hier kein Dualismus zwischen Siedlung und Berg zu finden, sondern die Narration spielt ganz in der alpinen Wildnis. Sowohl der Jäger als eine Person, die sich im unbewohnten Raum bewegt, als auch der Einsiedler, der sich von den Menschen zurückgezogen hat, gehören der Berglandschaft an. Aber auch Madrisa und der Teufel, die in einer Höhle wohnen und sich am Ende ganz in den Berg zurückziehen, sind Gestalten dieser Region. Der hauptsächliche Unterschied zwischen Gut und Böse besteht im Resultat der Handlungen: Die böse Madrisa zerstört, die guten Figuren begrenzen den Schaden. Am Ende erklärt die Geschichte die Farbe des Bergs. Diese unterliegt nicht der Kontrolle der Menschen, sondern der der Wildnis. Madrisa und der Teufel werden dabei mit dem Wetter konnotiert, genauer mit dem Unwetter, also einer für den Menschen unkontrollierbaren, ungünstigen Wetterlage. Dieses Gewitter, ausgelöst durch die Vertreibung der bösen Gestalten, ändert die Farbe des Bergs, der wie ein Mahnmal an die Menschen stehen bleibt. Der Berg ist in der Geschichte auch ein moralisches Denkmal und erinnert daran, dem Bösen nicht zu dienen.

Während bei der schwarzen Madrisa die Wertungen klar sind, erweist sich die Sage um die Fenggin Madrisa, die dem Jungbauern in Saas hilft, in dieser Hinsicht als nicht so deutlich. Die Fee erscheint ambivalenter als ihre böse Namensgefährtin. In dieser Geschichte fallen zwei Spannungen auf. Die erste ist diejenige zwischen dem dörflichen und dem alpinen Raum. Madrisa gehört zur Alpenwelt, der Vater zum Dorf. Das Maiensäss, in dem der junge Mann zurückbleibt, um das letzte Heu zu verbrauchen, ist ein liminaler Raum zwischen beiden. Es steht in den Alpen, aber gehört zum Siedlungsgebiet. Madrisa interagiert nun mit diesem Schwellenraum. Aber als der Vater aus dem Dorf ohne Ankündigung in dieses Zwischengebiet eindringt, verlässt die Fenggin diesen Raum und zieht sich wieder ganz in die Wildnis zurück. Die Spannung zwischen den Generationen ist ein zweiter wichtiger Aspekt der Sage. Sowohl der Bauernsohn als auch Madrisa werden als jung beschrieben, der Vater hingegen mischt sich – aus Sorge – in diese Welt der Jungen ein. Er kontrolliert seinen Sohn, obwohl dieser die Lage im Griff hat. Der Sohn verliert daraufhin die Beziehung zu der Fee. Diese Geschichte spielt also nicht mit Gut und Böse, sondern mit verschiedenen sozialen und geografischen Räumen, die sich durch den Kontrollgang des Vaters überschneiden und in Spannung geraten. Aufschlussreich ist allerdings, dass auch in dieser Geschichte das Wetter eine Rolle spielt. Der Winter bricht ein, der Vater kämpft sich durch den Sturm, um zu seinem Sohn zu gelangen. Auch hier wird die Witterung mit einem unkontrollierbaren Moment verbunden.

Wiederum ganz anders thematisiert das oben genannte Lied der Heiligen Margaretha die Bergwelt und ihre Spannungen. Ich will es hier ebenfalls kurz ansprechen, weil es, wie beschrieben, oft mit den Madrisa-Geschichten verbunden wird. Die Heilige Margaretha arbeitet verkleidet als Zusenn auf der Alp, einem hier als männlich konnotierten Raum, und wird vom Hirtenknaben entdeckt. Er möchte dies dem Senn sagen, handelt also eigentlich gemäss menschlichen Normen korrekt und ist seinem Vorgesetzten gegenüber loyal. Margaretha versucht, ihn davon abzuhalten und verspricht ihm immer bessere magische Geschenke. Der Bub lehnt ab und möchte das Gesehene kundtun. Hierbei wird die gängige Praxis des Bittgangs eines Menschen zu einer transzendenten Figur umgedreht. Es ist nun die Heilige, die den Knaben bittet, und es ist der junge Mensch, der immer wieder auf das Erblickte verweist. Am Ende tötet die Heilige das Kind und verlässt den Ort, wobei sie die Gegend zerstört. Die Kategorien «gut» und «böse» funktionieren hier zur Interpretation gar nicht mehr. Vielmehr dreht das Lied transzendente und menschliche Regeln um, die in Spannung geraten. Die Heilige folgt ihren eigenen Regeln, der Knabe möchte den menschlichen gehorchen – beide finden nicht zusammen. Am

Ende demonstriert Margaretha ihre Macht, aber gleichzeitig scheint auch sie einer übergeordneten Regel zu folgen, denn das Lied endet damit, dass die Heilige sich traurig von allem verabschiedet, hinter ihr alles verdorrt und versiegt und schliesslich sogar der Klöppel der Glocken der Kirchen des Sankt Georgs und des Sankt Gallus herausfallen. Die Heilige wird mit dem Verstecken und dem Unkontrollierbaren verbunden. Der Knabe dringt in diese verborgene Welt ein und will sie den anderen eröffnen. Doch dies entspricht nicht den Regeln der Heiligen. Sie bringt ihn deshalb zum Schweigen, muss in der Folge jedoch auch selbst die Alp verlassen.

In diesem direkten Vergleich sehen wir, wie unterschiedlich diese drei Sagen die Bergwelt thematisieren und mit welchen Möglichkeiten sie die jeweiligen transzendenten Figuren ausstatten. Dies zeigt sich besonders prägnant an den Gaben, mit denen die jeweilige Frauengestalt verbunden wird: Die schwarze Madrisa verspricht magische Gewehrkugeln, die eine bessere Jagd ermöglichen, also die Verbindung zwischen Berglandschaft und Menschenwelt betonen. Die Fenggin Madrisa nährt die Kühe mit speziellen Kräutern, also Bestandteilen der alpinen Welt. Und die heilige Margaretha schliesslich verspricht Nutztiere und Kulturgegenstände, die aber besser sind als die, die Menschen bisher besassen. Im Gegensatz zur Fee Madrisa ist Margriata deshalb enger mit der kulturellen Welt der Menschen verbunden.

Alpine Gegenwelten

Alle drei hier nacherzählten Geschichten handeln, auch wenn wir die Suche nach vorchristlichen Motiven ausser Acht lassen, von Transzendenz, von für den Menschen Unkontrollierbarem und von den Bergen als Gegenwelt. Dabei sind die Rollen der menschlichen Figuren im Kontakt mit diesen transzendenten Gestalten und Räumen sehr unterschiedlich bestimmt. In der Geschichte der schwarzen Madrisa wissen die Menschen, was sie zu tun haben; und zwar setzen sie die gute Transzendenz gegen die böse ein. In der Erzählung der Fenggin Madrisa wird der Vater als Kontrastfigur zur Bergwelt aufgebaut. Und im Lied der Heiligen Margaretha wird die schenkende, aber auch die zerstörerische Macht einer transzendenten Figur, die nicht entdeckt werden will, thematisiert. Dass Letztere eine römisch-katholische Heilige ist, wertet das Lied nicht ab, sondern zeigt, wie facettenreich alpine Religion sein kann. Der Alpenraum ist in allen drei Erzählungen selbst als ambivalent gekennzeichnet: Es ist der Raum, in dem Leute arbeiten und wohnen, aber er wird auch gekoppelt mit Unwetter, mit Mangel, mit Verdorren und Versiegen. Er ist gleichzeitig ein unwirtlicher Raum, der sich der

Kontrolle der Menschen entzieht, und ein Ort, der im Alltag genutzt wird, ja, genutzt werden muss, um zu überleben.

Dies hat sich mit den heutigen Freizeitangeboten, die den Namen Madrisa tragen, verändert. Die Alpen sind in diesen Angeboten nicht mehr verbunden mit dem Ambivalenten oder sogar Bösen, sondern sie werden nun als utopische Gegenwelt zum Alltag inszeniert. Die Grenzen zwischen Bergwelt und Siedlungsgebiet, zwischen Kontrollierbarem und Unkontrollierbarem haben sich verschoben. Das Madrisa-Gebiet, das touristisch genutzt wird, ist zu einem Sehnsuchtsort geworden. Man kann unter den Sternen übernachten, (kontrollierbare) Abenteuer erleben, sich kulinarisch verwöhnen lassen, Yoga vor dem überwältigenden Bergpanorama ausprobieren und sich dabei von der Arbeit und dem Alltag erholen. Die Alpen werden gezähmt und zu einem Paradies umgedeutet. Von einer gefährlichen Arbeitszone, die für den Lebensunterhalt unentbehrlich war, ist das Madrisa-Gebiet zu einem Raum der Freizeit geworden, in den man sich freiwillig von der Arbeit zurückzieht.

Diese Transformation kann ins 19. Jahrhundert zurückverfolgt werden. Es ist kein Zufall, dass parallel zur Suche nach alpinen vorchristlichen Fragmenten eine Verherrlichung der Bergwelt im Tourismus einsetzte. Verbesserte Technik, die einfacheres Reisen ermöglichte, und aktualisierte Ideen von Gesundheit sind nur zwei der vielen Gründe, die den frühen Tourismus förderten. Zunächst war es der Kurtourismus, der die Berge formte, später das Freizeitvergnügen. Popularisiert wurde beides durch Gäste, die die Schönheit der Berge in Briefen, Romanen, Gemälden und Abhandlungen in der Welt verkündeten. Dabei war Graubünden mittendrin. Friedrich Nietzsche beschreibt das Engadin als Paradies, Thomas und Katia Mann weilten unter anderem in Davos, Arosa und St. Moritz. Hermann Hesse, Hans Christian Andersen und viele mehr fügen sich in diese Reihe ein. Es waren Leute, die in den Schweizer Alpen Gesundheit oder eine Auszeit suchten und sich einen Sehnsuchtsort schufen. Heute wirbt die Madrisa-Region genau damit: mit einer idyllischen Auszeit von Leistungsdruck und Alltagsstress, einem Freizeitparadies mit Spass für die ganze Familie und einem sportlichen Abschalten. Sie bildet einen Kontrast zu den Sagenfiguren, die mit dem Teufel im Bunde stehen oder das Gute mit sich wegnehmen. Die gegenwärtige Madrisa-Region versucht, das Kontrollierbare der Berge hervorzuheben. Die Sagen hingegen zielen auf die Spannung zwischen den Menschen und denjenigen Bereichen ab, die sich ihrer Kontrolle entziehen.

Mit diesen beiden Perspektiven auf den Berg sind jeweils unterschiedliche Momente von Identität verknüpft: auf der einen Seite die Identität der Menschen, die in der alpinen Region arbeiten müssen; auf der anderen Seite diejenige von Leuten, die die Alpen als Möglichkeit zur Auszeit von der Arbeit sehen. Eine Gegenwelt bleibt der Berg aber in beiden Madrisa-Modellen: Im Tourismus ist es die scheinbar paradiesische Gegenwelt, die neue Kräfte verleihen soll; in den Sagen rund um die Fee ist es die Bergwelt, die sich dem Menschen entzieht und ihren eigenen Regeln folgt.

Die Alpen als Raum der Grenzerfahrung
Ein imaginärer Reisebericht

Boris Previšić

Reisebilder I

Bei klarem Winterwetter begleiten uns die Alpen auf dem Weg von Triest über Venedig und Mailand immer als weiss überglänzte und irreal überhöhte Horizontlinie rechterhand, die sich uns spätestens in Turin von vorne entgegenstellt – gegen links sanft auslaufend. So wird von Süden der Alpenbogen als einheitlicher Grenzraum erahnbar. Bildet diese geomorphologische Erfahrbarkeit die Grundlage für spezifische kulturelle Ausprägungen, wie sie sich seit der frühen Neuzeit über die Moderne bis ins heutige Anthropozän manifestieren? Oder ist es umgekehrt, und bilden die Alpen einen idealen Projektionsraum für kulturell spezifische Sehnsüchte?

Um es vorwegzunehmen: Beide Fragen müssen wir mit Ja beantworten. Nur ist je nach ökonomisch-sozialer und historischer Situation der Einfluss der Topografie auf kulturelle Muster (Geodeterminismus) und umgekehrt von spezifischen Lebens- und Denkformen auf die Landschaft (Projektionsraum) unterschiedlich ausgeprägt. Der fliessende Übergang und die Reziprozität zwischen Geodeterminismus und Projektionsraum machen den ganzen Alpenbogen zu einem reichen Fundus mit lokal sehr unterschiedlichen Erfahrungsräumen.

Historisch sind in den Alpen zwei Extrempunkte von Geodeterminismus und Projektionsraum auszumachen: die geodeterministische Variante der alpinen Wallfunktion des angeblich katholischen Südens gegen den angeblich protestantischen Norden, einerseits; andererseits die projektionsfördernde Exotisierung der Alpen seit der frühen Aufklärung ab dem 18. Jahrhundert. Die beiden Extrempunkte finden faktisch kaum einen Niederschlag, sind aber bis heute diskursprägend. Zwischen ihnen treffen wir auf eine breite Varianz von gegenseitigen Abhängigkeiten zwischen Raum und Kultur. ⑬ Steigen wir in Verona um und nehmen den alpenquerenden Eurocityzug nach München, tauchen wir ein ins biblische Land der Verheissung einer äusserst fruchtbaren Schwemmebene mit Obst- und Rebbau, flankiert von schroffen Kalkfelsen.

Dabei lassen wir Trient, den Ort des Konzils, der der konfessionellen Spaltung Herr werden wollte, links liegen und tauchen ein ins Fersental, wo die Erzählung von Musil spielt, die er als österreichisch-ungarischer Offizier zu Beginn des Gebirgskriegs gegen Italien verfasste – als Kontrapunkt zur ersten hochindustrialisierten Kriegsführung. So sehr der Geologe so etwas wie Natur direkt zu erfahren scheint, so sehr wird er sich seiner eigenen Verwundbarkeit und der Begrenztheit zivilisatorischer Errungenschaften bewusst. ⑭

Letztlich ist es die Kopplung vom Wissen um die Begrenztheit der eigenen Ressourcen mit den planetaren Grenzen. Der religiösen Naturzuwendung begegnen wir nach unserer Weiterfahrt über den Brenner Richtung Innsbruck. Hier hatte der Mönch Spescha auf dem Höhepunkt der Auseinandersetzung zwischen alter und neuer Ordnung Zugang zu einem breiten Wissen. Sowohl ideologie- als auch technologiehistorisch befand sich der gelehrte Bergsteiger auf dem epochalen Scheitelpunkt. Genau hier entstand eines der ersten alpinistischen Lehrbücher. **9**

Und von genau hier aus wird die Bergspitze des Gross-Glockners sichtbar, fast zur selben Zeit wurde sie mit einem Gipfelkreuz versehen. Damit erhält zwar Religion in ihrer spezifischen konfessionellen Ausprägung ein Symbol. Doch kaschiert dieses nicht einfach das Instrumentarium der aufkommenden Meteorologie, die Messreihen zu erstellen beginnt, die wiederum entscheidend sind, um den menschlichen Einfluss auf das Klima festzuhalten? Oder markiert das Kreuz einen spezifischen Erfahrungswert von Transzendenz, der sich erst aus der alpinistischen Erschliessung lebensfeindlicher Orte wie derjenigen des Mont Blanc ergibt? **6**

Hier steckt der Mensch dank der Vertikalität der Berge den Kopf ins schwarze Weltall. Ihm schwindelt vor Erhabenheit, die sich ihm im Hochgebirge erschliesst. Diese Erfahrung ist nicht zu überschätzen: Die Ahnung des Extraterrestrischen und – damit verbunden – der Lebensfeindlichkeit ausserhalb der schützenden Atmosphäre unserer Erde unterstreicht die Notwendigkeit, nicht nur die eigene Begrenztheit und Verletzlichkeit, sondern auch diejenige der eigenen Lebensgrundlage und des eigenen Lebensraums anzuerkennen und bewusst aufzusuchen. Der *genius loci* hat also nicht einfach mit einer spirituellen Kraftort-Erfahrung zu tun, sondern mit der Primärerfahrung physischen Überlebens. An Orten wie am Untersberg Massiv deckt sich die transzendentale mit der ökologischen Obdachlosigkeit. **11**

Unweit davon entfernt, in Oberammergau, treffen wir auf eine historisch entwickelte Inszenierung von Zeit und Raum. Auch hier stellt sich die Frage, ob sich die Gleichzeitigkeit von Gegenwart und imaginierten Zeiten der Pest, des Neuen und des Alten Testaments erst in der Bergkulisse – mit Anspielung an Golgota und Sinai – spiegelt. **7** Oder ist es nicht auch die Sichtbarkeit geologischer Tiefenzeit, welche die inszenierte Simultanität der vergleichsweise kurzen historischen Epochen zur Selbstverständlichkeit werden lässt?

Wir folgen der Donau flussabwärts und wieder dem Inn flussaufwärts bis ins Unterengadin, um über den Vereinapass ins Prättigau und dann hoch auf die Alp Madrisa zu gelangen. Exemplarisch werden hier die bewirtschafteten Alpweiden als in den letzten zwei Jahrhunderten imaginierter Grenzraum zwischen Wildnis und Siedlungsraum erfahrbar. Hier gelten – wie auch in der Surselva – eigene Regeln, denn die Kargheit der Alpen verlangt Verschwiegenheit darüber, wie der Mensch der Natur noch Nahrungsmittel abringen kann. 16

Weiter oben im Tal, Speschas Tödi rechts im Blick, in Sedrun, beginnt der Abstieg ins Berginnere, in den sakralen Raum des europäischen Transits, wo dem Restrisiko, dem Berg ausgeliefert zu sein, eine universelle Heiligenfigur entgegengehalten wird 12 –, bis uns der Basistunnel Richtung Norden ausspuckt in einer Innerschweiz, die sich vor Natur- und Menschengefahr noch immer mit Glockengeläut zu schützen weiss. 5

Zwischenhalt

Wie klingen die Alpen? So fragen wir uns auf diesem Zwischenstopp im Urner Hauptort. Es ist wildes Rauschen von Wasser und Wind, dumpfes Grollen von Felsstürzen und Gewittern, aber auch das Knallen von Lawinensprengungen, das Rattern von Helikoptern und Heubläsern, das Aufheulen von Motorsägen in Wäldern und Motorrädern auf Passstrassen oder das Surren von Drohnen – ein Sammelsurium einer abstrakten Musik, übersetzt durch eine Technik des 19. Jahrhunderts, durch Stahlsaiten des Klaviers, gewickelt zu Seilbahnseilen – akustische Schwingungen und Resonanzen ganzer Talschaften erfassend.

In dieser Materialitätsübersetzung siedeln sich die Stücke von Darija Andovska und Matthias Arter an, jeweils als konkrete Kommentare zu einzelnen Geschichten: zum Gotthard-Basistunnel, zur Sage von der Alp Madrisa, zum Mönch Spescha, zur vom Gletscher berstenden Alp, zum Wetterläuten, zu Gipfelkreuzen, zum Abschmelzen der Gletscher – und zu gerissenen Stahlseilen und dem Tod. Bleibt das Bild auf Distanz, assoziiert und verinnerlicht die Musik die Geräuschkulisse als Seelenlandschaft.

So ist der Dekor der Kulisse nicht vom Elementaren der physischen *conditio humana* zu lösen. Und dennoch die Frage: Was zeichnet Religion in den Alpen aus? Wahrscheinlich weder ihre rituelle Inszenierung noch ihr institutioneller Charakter, sondern ihre Verankerung in einer Alltagskultur des Überlebens. Dazu liefert Marco Volken in seiner Fotoserie eine differenzierte Antwort mit Blick auf Details: Hüttengeselligkeit, alpinistische Ausschilderung und Zwischenverpflegung, Alpwirtschaft oder Freizeitvergnügen in Kombination mit Grabsteinen, Gipfelkreuzen, Gebetsfahnen, Barockengelchen oder hölzerner Betruf-Figur.

Es ist ihre Unauffälligkeit, ihre beabsichtigte oder zufällige Kombination, welche die Omnipräsenz religiöser Grenzgänge im Alpenraum auszeichnet. Neben der Alltäglichkeit ist es die Kontrastfigur, die je nach Blick anders ausfällt: Als urbane Städterin finde ich vielleicht die vom Wasserrohr durchbohrte Brust der Holzfigur Jesu skurril, als Älpler hingegen praktisch – verankert in einem selbstverständlichen Jenseits. Absurdität ist dem Effekt der Gleichzeitigkeit von Dies- und Jenseits, von Vergnügen und Ernsthaftigkeit, von Verrichten und Beschwören geschuldet. Hier vollzieht das Bild in der Zusammenschau den Grenzgang zwischen Immanenz und Transzendenz in nuce.

Reisebilder II

Buchstabieren wir nochmals zurück und nehmen einen neuen Anlauf von Süden her. Wir verlassen unsere Ost-West-Route im Piemont und gelangen über Domodossola ins Bergdorf Bordo, einen Realort der Utopie, weil er selbst im heutigen Zeitalter scheinbar unbegrenzter Mobilität nur erschwert zugänglich ist. Gerade hier weitet sich der Raum ins Planetare, wenn sich Gebirgssolidarität zwischen Alpen und Himalaya im Zusammenhang verschiedener Religionen als Palimpsest der Orte materialisiert. Die kulturelle Bewältigungsstrategie, Gegenorte zum entfesselten Extraktivismus in unserer Gegenwart zu schaffen, bildet die Grundlage und damit auch den Ausgangspunkt für ein anderes Leben nicht nur als Möglichkeit, sondern als realisierter Ort des Rückzugs. **15**

Gelangen wir übers Centovalli ins Maggiatal, realisieren wir, dass die materiellen Voraussetzungen Realitäts- und Möglichkeitsraum verbinden: Sei es in Bottas Kombination des Organischen mit dem Anorganischen, des Granits aus Riveo mit dem Marmor aus Peccia; sei es im Wasser als erodierende und für die Energiegewinnung genutzte Kraft; sei es in der Gleichzeitigkeit von Zeigen und Gezeigtem, vom Bild in der kleinen Kapelle und der kleinen Kapelle im Bild. **10** Dadurch entsteht eine Glaubenslandschaft gegenseitiger Bezugnahmen wie im Nebental der Verzasca: Lebenswelten werden hier in erzählten Gegenwelten für den Menschen wohnbar gemacht, etwa im Ritual des Waschens zur Vertreibung des Bösen oder in der Imagination des Unverfügbaren, das im Akt des Erzählens in die Realwelt integriert wird. ①

Durch unwegsames Gelände am Pizzo Barone vorbei gelangen wir in die Leventina und von dort ins vermeintliche Zentrum der Schweiz, ein paar Kilometer von der italienischen Grenze entfernt, auf den Gotthardpass, wo im Moment grösster Bedrohung und maximaler Gewinnmaximierung mit den Achsenmächten Deutschland und Italien während des Zweiten Weltkriegs ein neues altes Europa im Rahmen eines zyklischen faschistoiden Weltbilds beschworen wird. ④ Hier wird die Materialisierung zu einem Problem, indem sie in ihrer Geschichtsvergessenheit lebensbedrohlich wird. Legt die Aufklärung bei der Verklärung der Alpen nicht wenigstens ihre Karten offen, weil sie ihre Konstruktion und Partikularität von Gesellschaft und dadurch ihre mediale Bedingtheit immer mitthematisiert? ③

So lassen wir Hallers Kernland nach der Überquerung von Furka- und Grimselpass – linkerhand Schreck- und Wetterhorn im Blick – hinter uns und geniessen den Ausblick auf den Brienzer- und Thunersee. Wir besuchen aber nicht Hallers patrizisches Bern, das in den frühen Kolonialhandel eingebunden war, sondern ziehen ins Tal hoch nach Kandersteg, wo ein späteres Paradies, das Paradies der Belle Epoque, reinszeniert wird. ⑧ Von da zieht es uns wieder Richtung Süden durch den Tunnel ins Wallis. Und dann hoch ins dystopische Val d'Hérens, wo die Sonne nicht mehr zu kommen droht, der Gletscher birst und der Blick nochmals zurückschweift Richtung Nordwesten zu den Diablerets, die im Jahrhundert der Alpenidyllisierung Derborence verschüttet haben. ②

Was ist das für ein Mensch, der diesen Raum zu Himmel und Hölle machen kann? Welche Wirkmächte hat er inzwischen entfesselt, dass er sie nicht in ein kohärentes Bild bringen kann? So sind die Alpen ein genuin mystischer Raum – nicht der Verklärung und des Weltentzugs, sondern eines grossen Zugeständnisses, dass uns die materielle Beschaffenheit des Gebirges wie deren Beschreibung und Erzählung gleichermassen prägen: Geodeterminismus *und* kulturelle Konstruktion, Immanenz *und* Transzendenz. In diesem Zugeständnis an das «und» führt uns die Grenze zur Inklusion.

Literatur

Legenden der Valle Verzasca
Erzählungen, die die alpine Lebenswelt erhalten
Baldassare Scolari

Blumenberg, Hans, Beschreibung des Menschen, Frankfurt a. M.: Suhrkamp 2006.
Bonini, Domenico / Bottani, Sandro / Pedroli, Amleto / Ritter, Roberto / Zabelloni, Franco (Hg.), Il meraviglioso. Leggende, fiabe e favoli ticinesi, Bd. 1, Locarno: Armando Dadò Editore 1990.
Chiesa, Virgilio, L'anima del villaggio, Lugano: Gaggini 1934.
Garobbio, Aurelio, La Cima del Frate, in: ders., Montagne e valli incantate, Bologna: Cappelli 1959, 221–223.
Gschwend, Max, Das Verzasca Tal. Seine Bevölkerung, Wirtschaft und Siedlung, Aarau: H. R. Sauerländer & Cie 1946.
Rosenfeld, Hellmut, Legende, Stuttgart: J. B. Metzler 1961.
Zoppi, Giuseppe, Leggenda dei serpenti, Almanacco ticinese, Lugano: Mazzuconi 1933, 73–75.

Die letzte Unverfügbarkeit erzählen
Zu Charles-Ferdinand Ramuz' Alpenromanen
Pierre Bühler

Berney, Jérôme, La Grande Peur dans la montagne de C. F. Ramuz ou la naissance d'une légende, A contrario 4/1, 2006, 53–70.
Cordonier, Noël (Hg.), Ramuz et la nature. Perceptions et interdépendances, Colloques Fabula 2023, https://www.fabula.org/colloques/sommaire8918.php, konsultiert am 01.04.2023.
Kant, Immanuel, Die Religion innerhalb der Grenzen der blossen Vernunft, in: ders., Werkausgabe, hg. von Wilhelm Weischedel, Bd. VIII: Die Metaphysik der Sitten, Zürich: Ex Libris 1977 (Wiesbaden: Insel 1956), 645–879.
Maggetti, Daniel / Pétermann, Stéphane (Hg.), Vies de C. F. Ramuz, Genf: Slatkine 2013.

Ramuz, Charles-Ferdinand, Derborence. Roman. Aus dem Französischen von Hanno Helbling, Zürich: Limmat 2021 (1987), 2. Aufl.
Ramuz, Charles-Ferdinand, Werke in sechs Bänden, Frauenfeld: Huber 1972.
Ramuz, Charles-Ferdinand, Wenn die Sonne nicht wiederkäme. Aus dem Französischen von Werner Johannes Guggenheim, Zürich: Unionsverlag 1982 (1937), 2. Aufl.
Ramuz, Charles-Ferdinand, Œuvres complètes, 29 Bände, Genf: Slatkine 2005–2013.
Ramuz, Charles-Ferdinand, Die große Angst in den Bergen. Aus dem Französischen von Hanno Helbling. Mit einem Nachwort von Beatrice von Matt, München: Nagel & Kimche 2009.
Rosa, Hartmut, Unverfügbarkeit, Frankfurt a. M.: Suhrkamp 2021, 2. Aufl.
Schuchmann, Kathrin / Hamann, Christof / Honold, Alexander / Previšić, Boris (Hg.), Bergstürze, Schliff. Literaturzeitschrift N°15, 2022.
Schuchmann, Kathrin / Honold, Alexander / Previšić, Boris (Hg.), Gletscherbersten, Schliff. Literaturzeitschrift N°16, 2023.
Utz, Peter, Kultivierung der Katastrophe. Literarische Untergangsszenen aus der Schweiz, München: Fink 2013.
von Matt, Beatrice, Nachwort, in: Ramuz, Charles-Ferdinand, Die große Angst in den Bergen. Aus dem Französischen von Hanno Helbling. Mit einem Nachwort von Beatrice von Matt, München: Nagel & Kimche 2009, 173–189.

Zwischen Gotthard und Schreckhorn
oder wie *Die Alpen* Hallers an ihre Grenzen kommen
Boris Previšić

Detering, Heinrich, Menschen im Weltgarten. Die Entdeckung der Ökologie in der Literatur von Haller bis Humboldt, Göttingen: Wallstein 2020.
Gessner, Salomon, Idyllen, Zürich 1756.
Gottsched, Johann Christoph, Versuch einer Critischen Dichtkunst vor die Deutschen, Leipzig 1730.
Haller, Abrecht von, Die Alpen und andere Gedichte, Stuttgart: Reclam 1984.
Haller, Albrecht von, Versuch schweizerischer Gedichte, Bern 1734, 2. Aufl.
Stuber, Martin, Vom Simmental bis Spitzbergen. Albrecht von Haller als europäischer Vermittler regionaler Kultur und Ökonomie, Zeitenblicke 11/1, 2012, https://www.zeitenblicke.de/2012/1/Stuber, konsultiert am 08.07.2024.

Mysterienraum Gotthard
Eine Exkursion im Rausch der konservativen Revolution
Andreas Bäumler

Botschaft des Bundesrates an die Bundesversammlung über die Organisation und die Aufgaben der schweizerischen Kulturwahrung und Kulturwerbung vom 9. Dezember 1938. Bundesblatt 1938, Band II, 985–1033. Online unter: https://www.fedlex.admin.ch/eli/fga/1938/2_985__/de.
Keller, Gottfried, Der grüne Heinrich. Erste Fassung, hg. von Thomas Böning und Gerhard Kaiser, Frankfurt a. M.: Deutscher Klassiker Verlag im Taschenbuch 2007.
Liehburg, Max Eduard, Das neue Weltbild, Zürich: Orell Füssli 1932.

Liehburg, Max Eduard, Sankt Gotthard, Sonderdruck aus: Nationale Hefte, August 1942.

Polzer-Hoditz, Ludwig, Das Mysterium der europäischen Mitte. Eine welthistorische Schicksalsbetrachtung. Mit zwei Ausführungen Rudolf Steiners, Stuttgart: Orient-Occident 1928.

Steiner, Rudolf, Der Hüter der Schwelle, in: ders., Schriften. Kritische Ausgabe. Bd. 7: Schriften zur Erkenntnisschulung, Stuttgart: Frommann-Holzboog 2014, 144–150. Online unter: https://www.steinerkritischeausgabe.com/we-hueter-i, konsultiert am 08.07.2024.

Zander, Helmut, Die Anthroposophie. Rudolf Steiners Ideen zwischen Esoterik, Weleda, Demeter und Waldorfpädagogik. Paderborn: Schöningh 2019.

Zaugg, Thomas, Bundesrat Philipp Etter (1891–1977). Eine politische Biografie. Basel: NZZ Libro 2020.

Mit Glockenläuten gegen Unwettergefahren
Eine klangliche Spurensuche in den Innerschweizer Alpen
Aline Stadler

Bär-Vetsch, Walter, Kraft aus einer anderen Welt. Zeichen und Handlungen des Volksglaubens und der Volksfrömmigkeit in Uri / Ein «sagenhafter» Streifzug ins Riedertal / Kirchenglocken in Uri, Online-Plattform URIkon: www.urikon.ch/UR_pdf/WB_Kraft_aus%20einer_andern_Welt.pdf www.urikon.ch/UR_pdf/17_WB_Riedertal.pdf www.urikon.ch/UR_Gebaeude/GEB_Glocken.aspx, konsultiert am 18.12.2023.

Corbin, Alain, Die Sprache der Glocken. Ländliche Gefühlskultur und symbolische Ordnung im Frankreich des 19. Jahrhunderts. Aus dem Französischen von Holger Fliessbach, Frankfurt a. M.: S. Fischer 1995.

Degelo, Ludwig, Loiwi. Giswil 1629. Der Untergang der alten Kirche, die anschliessende Hexenverfolgung und der Fall der Familie Bergman, in: Giswiler Geschichtsheft, Bd. 12, 2013.

Imfeld, Karl, Bedeutung der Glocken im katholischen Raum, in: Bundesamt für Kultur BAK (Hg.), Glocken – Lebendige Klangzeugen, Bern: BAK 2008, 61–65.

Lussi, Kurt / Raselli, Carlo / Hirtler, Christof, Lärmen und Butzen. Mythen zwischen Rhein und Alpen, Luzern: Brunner Verlag 2004.

Müller, Josef, Sagen aus Uri. Aus dem Volksmunde gesammelt. Band I von III, in: Schriften der Schweizerischen Gesellschaft für Volkskunde. Schweizerische Gesellschaft für Volkskunde 18, 1978, 117.

Niederberger, Hanspeter / Hirtler, Christof, Geister, Bann und Herrgottswinkel, Altdorf: Bildfluss 2000.

Renner, Eduard, Goldener Ring über Uri. Ein Buch vom Erleben und Denken unserer Bergler, von Magie und Geistern und von den ersten und letzten Dingen, Zürich/Freiburg i. Br.: Atlantis 1976, 147ff.

Sauter, Marion, Schächental und unteres Reusstal, in: Gesellschaft für Schweizerische Kunstgeschichte GSK (Hg.), Die Kunstdenkmäler der Schweiz. Die Kunstdenkmäler des Kantons Uri, Band III, Bern: GSK 2017, 205.

Das schein-heilige Kreuz
Zur Geschichte unseres prominenten Gipfelzeichens
Martin Scharfe

Benz, Ernst, Theologie der Elektrizität. Zur Begegnung und Auseinandersetzung von Theologie und Naturwissenschaft im 17. und 18. Jahrhundert, Wiebaden: Steiner 1971.

Blumenberg, Hans, Der Prozeß der theoretischen Neugierde, in: ders., Die Legitimität der Neuzeit, 2. Aufl., Frankfurt a. M.: Suhrkamp 1999, 261–528.

Kunz, Wolfgang, Gipfelkreuze in Tirol. Eine Kulturgeschichte mit Gegenwartsbezug, Wien/Köln/Weimar: Böhlau 2012.

Löwer, Hans-Joachim, Gipfelkreuze. Träume, Triumphe, Tragödien, Bozen: Athesia Verlag 2021, 2. Aufl.

Mathieu, Jon, Mount Sacred. Eine kurze Globalgeschichte der heiligen Berge seit 1500, Köln/Wien: Böhlau 2023.

Reichard, Heinrich A., Malerische Reise durch einen großen Theil der Schweiz vor und nach der Revolution, Jena: Seidler 1805.

Saussure, Horace Bénédict de, Versuch einer Montblanc-Besteigung, in: Richard Weiss (Hg.), Die Entdeckung der Alpen. Eine Sammlung schweizerischer und deutscher Alpenliteratur bis zum Jahre 1800, Frauenfeld/Leipzig: Huber 1934, 161–178.

Scharfe, Martin, Berg-Sucht. Eine Kulturgeschichte des frühen Alpinismus 1750–1850, Köln/Weimar/Wien: Böhlau 2007.

Scharfe, Martin, Das Herz der Höhe. Eine Kultur- und Seelengeschichte des Bergsteigens, Berlin: Schwabe 2021.

Scharfe, Martin, Menschenwerk. Erkundungen über Kultur, Köln/Weimar/Wien: Böhlau 2002.

Scherer, Egid, Rede des Herrn Egid Scherer, in: Erhöhung des Kreuzes oder feyerliche Einweihung der von Sr. Kaiserlichen Hoheit dem durchlauchtigsten Erzherzoge Johann, als Radgewerk zu Vordernberg in Steyermark, auf der Höhe des Erzberges errichteten Kreuzes am 3. Juny 1823, in: Johann Georg Köberle (Hg.), Magazin für katholische Geistliche, Bd. 1, Landshut: Verlag der Joseph Thomann'sche Buchhandlung 1828, 194–210.

Tagebuch einer Reise auf den bis dahin unerstiegenen Berg Gross-Glockner an den Gränzen Kärntens, Salzburgs und Tirols im Jahre 1799, in: Karl Erenbert von Moll (Hg.), Jahrbücher der Berg- und Hüttenkunde, Bd. 4, Salzburg: Mayer 1800, 161–248.

Tschofen, Bernhard, Berg, Kultur, Moderne. Volkskundliches aus den Alpen. Wien: Sonderzahl 1999.

Zschokke, Heinrich (Red.), Reise auf die Eisgebirge des Kantons Bern und Ersteigung ihrer höchsten Gipfel; im Sommer 1812, in: Miszellen für die Neueste Weltkunde, 1813, 52 (205–207), 53 (209–211), 54 (215–216), 56 (223–224) und 57 (225–227).

Es ist vollbracht!
Passionsspiele in Oberammergau
Hannah Griese

Bayerischer Rundfunk, Passionsspiele Oberammergau: Wer spielt die Maria Magdalena? Zwischen Spessart und Karwendel, https://www.youtube.com/watch?v=QwvGho8Jzfg, konsultiert am 01.06.2023.

Beck, Sebastian / Lutz, Christiane, Glaube, Spiele, Hoffnung. Die wundersame Entstehung der Oberammergauer Passion 2022, SZ Edition, München: Bruckmann Verlag GmbH 2022.

Bell, Catherine, Ritual Theory, Ritual Practice, Oxford: Oxford University Press 1992.

Fritsch, Anne, Theater unser. Wie die Passionsspiele Oberammergau den Ort verändern und die Welt bewegen, Berlin: Theater der Zeit 2022.

Passionsspiele Oberammergau, 2022, Die Oberammergauer Passionsspiele https://www.youtube.com/watch?v=ez22rvaQ_3E, konsultiert am 01.06.2023.

Passionsspiele Oberammergau, 2020, Die Oberammergauer Passionsspiele 2022, https://www.youtube.com/watch?v=v25FUI0chNg, konsultiert am 01.06.2023.

Schenz, Viola, The Story of the Oberammergau Passion Play. How a Village Captivates the World, München: Volk Verlag 2022.

Weis, Othmar / Daisenberger, Joseph Alois / Stückl, Christian / Huber, Otto, Passionsspiele Oberammergau, Oberammergau: Gemeinde Oberammergau 2022.

Im Rückblick auf das gute Leben
Edle Alpenräume an der *Belle Epoque Woche* in Kandersteg
Verena Marie Eberhardt

Assmann, Aleida, Zeit und Tradition. Kulturelle Strategien der Dauer, Darmstadt: Wissenschaftliche Buchgesellschaft 2022.

Halbwachs, Maurice, Das Gedächtnis und seine sozialen Bedingungen, Frankfurt a. M.: Suhrkamp 2006.

Hobsbawm, Eric, Introduction. Inventing Traditions, in: ders. / Terence Ranger (Hg.), The Invention of Tradition, Cambridge: Cambridge University Press 1983.

Martig, Peter (Hg.), Berns moderne Zeit. Das 19. und 20. Jahrhundert neu entdeckt, Bern: Stämpfli 2011.

Schärli, Arthur, Höhepunkt des schweizerischen Tourismus in der Zeit der «Belle Epoque» unter besonderer Berücksichtigung des Berner Oberlandes. Kulturgeschichtliche Regionalstudie, Bern: Peter Lang 1984.

Mythos Placidus Spescha
Ein «kurioser» Mönch auf Abwegen?
David Atwood

Donatsch, Peter, P. Placidus a Spescha als Pionier des Alpinismus, in: Pater Placidus a Spescha – «il curios pader», Aktenband des Kolloquiums in Trun vom 21. August 1993, Beiheft Nr. 4 zum Bündner Monatsblatt, Chur 1995.

Müller, Iso, Das Kloster Disentis in der Aufklärungsliteratur, Zeitschrift für schweizerische Kirchengeschichte 39, 1945, 215–237.

Müller, Iso, Pater Placidus Spescha: 1752–1833; e. Forscherleben im Rahmen d. Zeitgeschichte, Disentis: Desertina 1974.

Pieth, Friedrich / Hager, Karl, Pater Placidus a Spescha. Sein Leben und seine Schriften, Bern-Bümpliz: Bentelli 1913, S. XXXXIII (B 42 II T).

Simler, Rudolf Theodor, Der Tödi-Rusein und die Excursion nach Obersandalp, Bern: Haller 1863.

Zopfi, Emil, Tödi, Sehnsucht und Traum, Zürich: AS 2002.

Drei sakrale Bauten der Lavizzara
Annäherungen
Rudolf Meyer

Botta, Mario, Tra passato e futuro. La storia della mia prima chiesa, in: Giuseppe Zois (Hg.), La chiesa che catturò il cielo. Mogno: Associazione ricostruzione chiesa di Mogno 2006.

Donadini, Fabio, Die Sackung von Peccia, oberes Maggiatal. Diplomarbeit am Geologischen Institut der ETH Zürich und am Geologischen Institut des Kantons Tessin IGCT, 1999.

Martini, Plinio, Fest in Rima. Geschichten und Geschichtliches aus den Tessiner Tälern, Deutsch von Susanne Hurni, Zürich: Classen 1979 (Originaltitel: Delle streghe e d'altro 1979).

Zoppi, Giuseppe, Das Buch von der Alp. Über den Dörfern des Tessins, Deutsch von Josy Priems, Einsiedeln / Köln: Benziger 1939 (Originaltitel: Il libro dell'Alpe 1922).

Korrespondenzen
Sondierungen zwischen Himmel und Höhle
Jens Badura

Bennett, Jane, Vibrant Matter. Apolitical Ecology of Things, Durham: Duke University Press 2010.

Baumann, Zygmut, Retrotopia, Berlin: Suhrkamp 2017.

Blumenberg, Hans, Die Sorge geht über den Fluss, Frankfurt a. M.: Suhrkamp 1987.

Böhme, Hartmut, «Berg», in: Ralf Konersmann (Hg.): Wörterbuch der philosophischen Metaphern, 3., erweiterte Auflage, Darmstadt: WBG 2011, 49–63.

Heidegger, Martin, Bauen, Wohnen Denken, in: ders., Vorträge und Aufsätze, Stuttgart: Neske 1994 (Orig. 1954).

Ingold, Tim, Correspondences, Cambridge: Polity Press 2021.

Norberg-Schulz, Christian, Genius Loci. Landschaft – Lebensraum – Baukunst, Stuttgart: Klett-Cotta 1982.

Valery, Paul, Die Krise des Geistes, in: Paul Valery, Werke Bd. 7, Frankfurt a. M.: Insel/Suhrkamp 2021 (Orig. 1919).

Die Religion des Tunnels
Den Berg bezwingen im Zeitalter von Mobilität und Technik
Daria Pezzoli-Olgiati

Das Gilgamesch-Epos, neu übersetzt und kommentiert von Stefan M. Maul, München: Beck 2006.
Gotthardpass, in: Historisches Lexikon der Schweiz (HLS), https://hls-dhs-dss.ch/de/articles/007466/2016-08-30/, konsultiert am 04.06.2023.
Bruns, Stefan, Alpenpässe. Geschichte der alpinen Passübergänge. Vom Genfersee zum Bodensee, München: L. Staackmann Verlag 2012.
Eberhart, Helmut, Heilige Barbara, Graz: Verlag für Sammler 1988.
Previšić, Boris (Hg.), Gotthardfantasien. Eine Blütenlese aus Wissenschaft und Literatur, Baden: Hier und Jetzt 2016.
Ratti, Remigio, L'asse ferroviario del San Gottardo. Economia e geopolitica dei transiti alpini, Locarno: Armando Dadò editore 2016.
Sigrid, Reiner, Die heilige Barbara: eine Laudatio, Ferrum: Nachrichten aus der Eisenbibliothek, Stiftung der Georg Fischer AG 80, 2008, 69–76.
Schueler, Judith, Materialising Identity. The Co-construction of the Gotthard Railway and Swiss National Identity, Amsterdam: Aksant Academic Publisher 2008.

Christlich, katholisch, protestantisch?
Zur Geopolitik der Religionen im Alpenraum, 16.–19. Jahrhundert
Jon Mathieu

Bligny, Bernard (Hg.), Histoire du Dauphiné, Toulouse: Privat 1973 [auch stellvertretend für die vielen Regionalgeschichten im Alpenraum, die seit etwa dieser Zeit erschienen sind].
Braudel, Fernand, Sozialgeschichte des 15.–18. Jahrhunderts, 3 Bde., München: Kindler 1990.
Cameron, Euan, The Reformation of the Heretics. The Waldenses of the Alps, 1480–1580, Oxford: Clarendon 1984.
Cameron, Euan, The European Reformation, Oxford: Oxford University Press 2012.
Dowley, Tim, Der Atlas zur Reformation in Europa, Neukirchen: Neukirchener 2016.
Guichonnet, Paul (Hg.), Histoire et Civilisations des Alpes, 2 Bde., Toulouse: Privat 1980.
Leeb, Rudolf / Scheutz, Martin / Weikl, Dietmar (Hg.), Geheimprotestantismus und evangelische Kirchen in der Habsburgermonarchie und im Erzstift Salzburg (17. / 18. Jahrhundert), Wien: Böhlau 2009.
Mathieu, Jon, Long-Term History of Mountains. Southeast Asia and South America Compared, in: Environmental History 18/3, 2013, 1–19.
Mathieu, Jon, Die Alpen. Raum – Kultur – Geschichte, Stuttgart: Reclam 2015.
O'Malley, John W., Trent. What Happened at the Council, Cambridge MA: Harvard University Press 2013.
Religion und Konfessionen, Dossier, in: Histoire des Alpes – Storia delle Alpi – Geschichte der Alpen 18, 2013, 13–176.
Steig, Reinhold, Jacob Grimms Plan zu einem Altdeutschen Sammler, in: Zeitschrift des Vereins für Volkskunde 12, 1902, 129–138.

Der wiederverzauberte Berg
Von Musil bis zur zeitgenössischen Suche nach dem Wesentlichen
Paolo Costa

Cognetti, Paolo, Acht Berge. Roman, Übersetzung Christiane Burkhardt, München: Deutsche Verlags-Anstalt 2017.

Costa, Paolo, Le otto montagne, Alpenland, Alpinestate. Le terre alte come caleidoscopio moderno, in: Le Parole e le Cose, 2023, https://www.leparoleelecose.it/?p=46194, konsultiert am 27.11.2023.

Costa, Paolo, L'arte dell'essenziale. Un'escursione filosofica nelle terre alte, Udine: Bottega Errante Edizioni 2023.

Costa, Paolo, «This Can't Be All There Is». Spirituality within the Immanent Frame, in: Ignacio Sepúlveda del Río / Ángel Viñas Vera (Hg.), Repensando la espiritualidad, la religión y el cristianismo en un mundo postsecular, Valencia: Tirant lo Blanch, 2024, 24–45.

Fontanari, Alessandro / Libardi, Massimo, Musil en Bersntol. La grande esperienza della guerra in Valle dei Mocheni, Palù del Fersina: Istituto Culturale Mocheno 2012.

Fontanari, Alessandro / Libardi, Massimo, Verso l'altro stato. Nachwort zu: R. Musil, Grigia, übersetzt ins Italienische von P. M. Filippi, Scurelle: Silvy 2012, 71–89.

Jupp, Peter C. / Flanagan, Kieran, A Sociology of Spirituality, Farnham: Ashgate 2010.

Libardi, Massimo, Verso l'altro stato. La strana guerra del tenente Musil (im Druck).

Mathieu, Jon, Die Alpen. Raum – Kultur – Geschichte, Stuttgart: Reclam 2015.

Meijer, Michiel / De Vriese, Herbert (Hg.), The Philosophy of Reenchantment, London: Routledge 2012.

Musil, Robert, Grigia, in: Der Neue Merkur, 5/9, 2021, 587–607 (später, in: Drei Frauen, Berlin: Rohwolt 1924; zitierte Ausgabe: Drei Frauen, München: Anaconda Verlag 2013).

Palmisano, Stefania / Pannofino, Nicola, Religione sotto spirito. Viaggio nelle nuove spiritualità, Milano: Mondadori 2021.

Filmografie
ALPENLAND (Robert Schabus, AT 2022)
ACHT BERGE (Felix van Groeningen / Charlotte Vandermeersch, BE/FR/IT, 2022)

Die Sehnsucht nach dem ganz Anderen
Buddhistische Gemeinschaft im italienischen Bergdorf Bordo
Jochen Mündlein

Baumann, Martin, Geschichte und Analyse der Anpassung und Etablierung des Buddhismus in Ländern außerhalb Asiens, in: Peter Antes / Heinz Bechert / Manfred Hutter / Günter Mayer / Jörg Rüpke / Bettina Schmidt (Hg.), Der Buddhismus III. Ostasiatischer Buddhismus und Buddhismus im Westen, Stuttgart: Kohlhammer 2018, 379–462.

Foucault, Michel, Von anderen Räumen, in: Jörg Dünne / Stephan Günzel (Hg.), Raumtheorie. Grundlagentexte aus Philosophie und Kulturwissenschaften, Frankfurt a. M.: Suhrkamp 2015 [1967], 317–329.

Foucault, Michel, Die Heterotopien. Der utopische Körper. Zwei Radiovorträge, Berlin: Suhrkamp 2017 [2013].

Fritz, Natalie/Höpflinger, Anna-Katharina/Knauss, Stefanie/Mäder, Marie-Therese/Pezzoli-Olgiati, Daria, Sichtbare Religion. Eine Einführung in die Religionswissenschaft, Berlin/Boston: De Gruyter 2018.

o. A., Bordo – der Ort, an dem der Geist zur Ruhe kommt, in: Homepage der Cooperative Bordo, 2018, https://bordo.org/, konsultiert am 31.05.2023.

Filmografie

SEVEN YEARS IN TIBET (SIEBEN JAHRE IN TIBET, Jean-Jacques Annaud, US 1997).

FLUCHT AUS TIBET – WIE ZWISCHEN HIMMEL UND ERDE (ESCAPE FROM TIBET, Maria Blumencron, CH/DE/IN 2012).

Die wilde Bergfee im Freizeitparadies
Inszenierungen von Madrisa im Wandel der Zeit
Anna-Katharina Höpflinger

Caminada, Christian, Die verzauberten Täler. Die urgeschichtlichen Kulte und Bräuche im alten Rätien, Chur: Desertina 2006 [1961], 269–280.

Derungs, Kurt, Struktur des Zaubermärchens II, Hildesheim/Zürich: Olms-Weidmann 1994, 150–157.

Francia, Luisa, Die Göttin im Federkleid. Das weibliche Universum bei Kelten und Germanen, München: Nymphenburger 2010.

Müller, Iso, Die christlichen Elemente des rätoromanischen Margaretha-Liedes, in: Schweizerisches Archiv für Volkskunde 58/2-3, 1962, 125–137.

Rüegg, Robert, Haussprüche und Volkskultur. Die thematischen Inschriften der Prättigauer Häuser und Geräte, Kirchen und Glocken, Bilder und Denkmäler, Basel/Bonn: Verlag G. Krebs / Rudolf Habelt Verlag 1970.

Sererhard, Nicolin, Einfalte Delineation aller Gemeinden gemeiner dreyen Bünde, neu herausgegeben mit einem Nachwort von Rudolf Schenda, Chur: Verein für Bündner Kulturforschung 1994 (Original: Seewis 1742).

Vetsch, Jakob, Ds Goldbrünneli. Eine Sagensammlung aus Klosters und Umgebung, Klosters: Brassel 1998 [1982], 45–47; 55–57.

Bildnachweis

Abb. auf S. 5: Am Paternkofel / Monte Paterno, Sextener Dolomiten
Abb. auf S. 270/271: Aiguilles Dorées, Mont-Blanc-Massiv, Wallis

Abb. 8, 26, 42, 54, 60: © Matthias Arter
Abb. 14, 22, 23, 32: © Darija Andovska
Abb. 25: Foto: Kurt Lussi
Abb. 27: Österreichischer Alpenverein, Museum
Abb. 28: © Sebastian Beck, Süddeutsche Zeitung Photo
Abb. 29: Illustrierte Zeitung, Leipzig (u. a.), Bd. 35, Nr. 895 vom 25.08.1860, S. 124, bereitgestellt durch die Bayerische Staatsbibliothek München, 2 Per. 26–34 / 35
Abb. 30, 31: Foto: Verena Marie Eberhardt
Abb. 43–53: Szenenbilder aus der Live-Übertragung vom 15.10.2010, RSI.
Abb. 61, 62: Foto: Anna-Katharina Höpflinger

Alle anderen Fotos: Marco Volken